La indignación activa

BALTASAR GARZÓN

LA INDIGNACIÓN ACTIVA

Una mirada personal para transformar la realidad

Con prólogo de E. Raúl Zaffaroni

Planeta

Av. Diagonal, 662-664, 08034 Barcelona
www.editorial.planeta.es
www.planetadelibros.com

Primera edición: enero de 2018
Depósito legal: B. 26.608-2017
ISBN: 978-84-08-17983-2
Preimpresión: J. A. Diseño Editorial, S. L.
Impresión: Cayfosa
Printed in Spain – Impreso en España

El papel utilizado para la impresión de este libro es cien por cien libre de cloro y está calificado como **papel ecológico**

Este libro está dedicado a quienes siguen abriendo camino en el esfuerzo común de muchas generaciones para conseguir una sociedad más libre, democrática, solidaria, plural, integradora, defensora de los más vulnerables, y donde bienestar y felicidad sean conceptos prioritarios para el conjunto de la ciudadanía. Aquí estamos todos: quienes nos precedieron, nosotros, nuestras hijas e hijos, nuestros nietos —mis pequeños Aurora y Héctor, entre ellos— y quienes aún no han nacido y tendrán que tomar el relevo. Que lo que en estas páginas se expresa sirva de humilde contribución, inspiración y objetivo.

Índice

Prólogo

La teoría del Big Bang muestra un universo que se expande y se enfría, cómo comienza nadie sabe, quizá un soplo divino: el origen queda librado a la fe. Pero, al parecer, esa energía en expansión se manifestó en galaxias de millones de soles. En el suburbio de una de las galaxias y en torno de una estrella no muy grande, la energía se expresó en un pedrusco sobre cuya superficie se convirtió en un musgo de vida y se sincretizó durante millones de años hasta manifestarse en una vida que, al parecer, genera cierto grado de consciencia y razón. La energía cósmica, por tanto, tiende a eso; lo tiene en potencia desde el Big Bang y lo expresa en nosotros, los humanos, mujeres y hombres. Esto encierra interrogantes cruciales: ¿somos la manifestación máxima de esa potencia de autoconsciencia y razón? ¿Habrá otras expresiones en el cosmos? Hasta ahora, no lo sabemos. Pero hay otras preguntas más acuciantes aún para nosotros: ¿seremos acaso el máximo de actuación de esta potencia? ¿No habrá habido otros brotes que se hayan extinguido o fracasado? ¿Acaso no tendremos nosotros la misma posibilidad de fracaso y la potencia seguirá volviéndose acto en otro espacio y tiempo cósmico? ¿No será insuficiente nuestro grado de razón para evitar el fracaso cósmico?

Esto que escribe Baltasar Garzón tiene forma de libro, pero su contenido es un alarido, curiosamente no histérico, sino racional, y es una apuesta que se juega por la respuesta negativa, es un *no* rotundo a la última pregunta y un grito de afirmación: la energía cósmica se manifiesta en nosotros con suficiente capacidad como para seguir avanzando; no es cierto que vayamos a la extinción como rama truncada del proceso cósmico. Hay aquí un fuerte acto de fe en la racionalidad humana. No puedo dejar de recordar a Martin Buber cuando afirmaba que el ser humano no es racional, pero puede llegar a serlo. Claro, con un esfuerzo, y Garzón responde en voz alta que ese esfuerzo es posible.

Quien echa un vistazo sobre el mundo actual queda espantado: avanza un impulso totalitario corporativo, la política está manejada por los operadores de grandes masas de dinero que son cifras de ordenador, porque en realidad ni siquiera existen esos billetes, dado que, si todos retirásemos nuestros depósitos de los bancos, estos quebrarían en todo el mundo. Además, nadie sabe de quién son esas cifras de billetes inexistentes, porque quienes las manejan son tecnócratas que acaparan dinero (forman la nueva aristocracia planetaria) y concentran en el 1 % de la humanidad una cifra igual a la que utiliza el 57 % más pobre para sobrevivir o para morirse con paciencia.

Estos operadores (o *chiefs executive officers*), que no pueden hacer otra cosa que romper todos los límites legales y éticos para obtener mayor renta financiera en el menor tiempo (porque de lo contrario los reemplazan sus competidores), caen en el macrodelito: la crisis del 2008 no pasa de ser una vulgar estafa tipificada en cualquier código penal, solo que en dimensiones colosales; la explotación de la mano de obra esclava no es más que el delito de reducción a servidumbre; el endeudamiento externo ruinoso no es otra cosa que una administración fraudulenta (la *Untreue* alemana); los refugios fiscales (llamados *paraísos*) son una gran asociación ilícita de encubrimiento por receptación de los beneficios de la evasión fiscal y de la criminalidad organizada mundial; y podríamos seguir. En síntesis: avanza por el mundo un totalitarismo corporativo que está ocupando el lugar de la política y que se impone con delitos, o sea, el mundo va camino de ser manejado por delincuentes de grandísimo porte.

El totalitarismo corporativo emplea todos los medios a su alcance —legales e ilegales, mafiosos y criminales— para ocupar el lugar de la política y, en especial, su debilitamiento por la vía de la corrupción. El casi infinito poder corruptor a su disposición lo ejerce mediante cohechos activos que luego se utilizan para desacreditarla y mostrarla como corrupta. O sea, que los corruptores se valen de su propio delito para imputar a los que corrompe. Cada funcionario o político que acepta sus cohechos se entrega como rehén del totalitarismo corruptor y criminal.

La ceguera de este sistema de poder totalitario no la detiene ni siquiera la elemental pulsión de conservación de la especie que, como todo el aparato instintivo, está debilitada en el ser humano que, en este sentido, es una suerte de animal mal terminado, pero cuya falencia filogenética le permite la cultura y la debe compensar con la razón. En verdad, avanzamos hacia un gravísimo deterioro de las condiciones de habitabilidad humana del planeta.

No en vano, todos los creacionistas llaman la atención sobre este incipiente pero acelerado suicidio de la especie: la *Laudato si'* afirma claramente que este sistema no se sostiene y precisa que no hay una crisis ambiental y otra social, sino una única crisis socioambiental, pero no son ajenos a esas valoraciones todos los participantes del diálogo interreligioso. Hasta el momento, la razón no parece haber sustituido suficientemente el defecto instintivo, puesto que el totalitarismo corporativo no se detiene ya por razones éticas, sino que tampoco lo hace por razones pragmáticas de supervivencia.

Como todo totalitarismo del pasado, el actualmente pulsionante impone un discurso y una creación de realidad también única: ejerce el monopolio del saber académico copando sus centros, y también el de los medios de comunicación masiva audiovisual y escrita, equipos de servicios de inteligencia dedicados a intervenir en las redes sociales con *troll*, violación de la privacidad, difusión de noticias falsas, etc. El mundo en que creen muchos vivir no suele ser el de la realidad, sino el creado por el totalitarismo monopólico: los alemanes creían que Hitler estaba ganando la guerra; los rusos, que vivían en el paraíso socialista de Stalin, los argentinos, que estaban echando a los ingleses de las Malvinas.

La segunda parte de este libro pasa revista a atrocidades, violencias, crímenes, hipocresías, mezquindades y, en definitiva, una ausencia de solidaridad humana con los semejantes y con la naturaleza; la pérdida total del sentido de que todos somos producto de la misma Creación o bien, al menos, parte de la energía cósmica. No olvidemos que nuestra especie es la de mayor agresividad intraespecífica y también interespecífica, somos los animales más destructivos del planeta. Solo por efecto del miedo reunió a sus jefes de manadas para declarar apenas en 1948 que todo ser humano es persona. Esto puede llamarse *alienación*, Freud detectó al respecto una neurosis civilizatoria y Teilhard de Chardin vaticinó una huelga de la noósfera.

Pero Garzón no duda, confía en que el ser humano hará el esfuerzo de racionalidad reclamado por Buber para superar esta pereza de la inteligencia, y confía en el fortalecimiento del derecho, en el reclamo de los pueblos, en la movilización, en la lucha por el derecho, en la racionalidad humana, en síntesis. Apuesta firmemente por eso y somos muchos los que hacemos lo mismo, mientras otros se deprimen. Nunca el camino del derecho fue lineal, nunca la democracia triunfó de una vez para siempre y plenamente, porque siempre —a lo largo de toda la historia— hubo avances y retrocesos, tiempos de empujar y otros de resistir.

La justicia universal y la justicia internacional no son perfectas ni mucho menos, el poder punitivo siempre es selectivo en alguna medida y no por internacionalizarse dejará de serlo. Pero ninguna institución nació perfecta, ni siquiera la propia democracia formal: se señala como pionera a Gran Bretaña, pero se olvida lo que allí se demoró para otorgar el voto a los que no eran propietarios. Olvidamos que cuando nací mi madre no podía votar, que cuando nació mi madre mi abuela no podía disponer de sus bienes sin el consentimiento de mi abuelo; pero, hace poco, en el sur de Sudamérica teníamos tres presidentas mujeres. Se objeta que hoy en nuestra región hay países que penan las relaciones entre personas del mismo sexo, pero se olvida que hace pocas décadas esas personas eran perseguidas penal o policialmente en casi todos los países, y hoy se expande la institución del matrimonio igualitario y lo consagran las leyes de países que representan la mayor parte de la población latinoamericana.

El derecho es lucha, como decía Jhering, los derechos no se regalan, sino que se obtienen y no sería exagerado afirmar que se arrancan a los privilegiados. En los momentos de retroceso deben defenderse, lo que —como también decía Jhering— no hacen quienes los heredaron sin esfuerzo y, al igual que los cómodos receptores de bienes que no contribuyeron a conseguir, los dilapidan o subestiman. Pero los derechos son como los órganos internos del cuerpo: notamos que los tenemos y la falta que nos hacen cuando fallan.

Garzón llama a la lucha por el derecho. Lo hace desde su perspectiva y le duele su patria. No ahorra sus opiniones ni tampoco sus calificativos, aunque el libro está más repleto de hechos que de descalificaciones. Podríamos hacer lo mismo desde otro hemisferio, pero no se trata de lamentos ni de descripción gratuita de cuadros dramáticos, sino de tomar fuerzas para luchar, mirar la historia para verificar que no hay poder absoluto, y menos eterno, que cayeron imperios y regímenes oprobiosos, que nada detiene la dinámica del tiempo, porque nosotros mismos somos tiempo, movimiento que impulsa la energía cósmica de la que todos somos parte. No nacimos de ella, no rompimos ningún cordón umbilical porque no lo podemos hacer, dado que permanecemos en ella y, por ende, en el movimiento del espacio-tiempo. La razón que impulsa la lucha por el derecho solo la podremos impulsar cuando volvamos a hablar con el hermano humano, pero también con el hermano lobo y con la hermana estrella.

E. Raúl Zaffaroni
Profesor Emérito de la Universidad de Buenos Aires
San José de Costa Rica, noviembre de 2017

Introducción

La Indignación Activa

Este es el principio de Indignación Activa:
la acción que haga frente a los ataques que sufrimos,
buscando y exigiendo respuestas,
pero contribuyendo también,
en forma responsable, a su elaboración.

Cada día, cada hora, cada instante, vivimos atenazados por múltiples factores que tratan de sumirnos en un nirvana de incertidumbre. Una falsa realidad que hemos aceptado, en la que nos encontramos tranquilos gracias a la indiferencia que configura este fenómeno.

Medios de comunicación, redes sociales, opinadores espontáneos, voceros de organizaciones políticas, gobiernos fatuos (y a veces delincuentes) nos controlan y tratan a través de sus noticias, informaciones, opiniones o actuaciones. Tratan de dirigir nuestras vidas, despojándonos de cualquier signo de personalidad rebelde. Esta realidad existe y se impone de manera imperceptible, subliminalmente, hasta el punto de que nos penetra y nos arrastra casi de manera irremediable. A partir de cierto instante, surge una especie de mecanismo de autoprotección o tabla de salvamento que nos hace desconectar y deja que el relato fluya como algo ajeno, lejano y permanente. En esta nueva dimensión, incluso el miedo se hace burocrático, se estabiliza y, finalmente, casi ni nos sorprende, porque hemos pasado a formar parte de ese todo indiferente y adormecedor de la mediocridad oficial en la que nuestra capacidad de reacción desaparece y nos adentra en la parálisis social frente a quienes provocaron este resultado.

Los hechos, los acontecimientos pasan a formar parte de una

especie de película frente a la que somos meros espectadores pasivos. Los ojos ven, pero no observan; los oídos oyen, pero no escuchan. Nuestra capacidad de análisis resulta anulada por un cúmulo inmenso de datos inconexos e informaciones manipuladas o vacías de contenido. Vivimos con una venda cubriéndonos los ojos, en una especie de ceguera voluntaria dominada por la *posverdad* y la dictadura de las redes sociales, de su inmediatez y superficialidad.

Es lo que identifico como el efecto adormidera. La realidad se convierte en mera apariencia y la aceptamos porque nos favorece o nos interesa, a la vez que eliminamos los elementos que nos preocupan o nos pueden perjudicar pese a que afecten de lleno a nuestra propia subsistencia, convivencia o pérdida —o riesgo de pérdida— de nuestras libertades y derechos. Consentimos una especie de realidad virtual en la que estamos muy cómodos. Cuestiones que nos deberían hacer saltar y enfrentarnos a quienes las propician nos conducen hacia una quietud y pasividad alarmantes. La fuerza centrífuga que tendría que servir para responder con contundencia frente a la agresión de la corrupción, el terrorismo, el crimen, la manipulación... se transforma en fuerza centrípeta que nos acerca a tales fenómenos y nos hunde aún más en una especie de limbo sin fin.

La reacción frente a estas situaciones exógenas debe surgir de la Indignación Activa que necesariamente debemos configurar para cambiar el rumbo de los acontecimientos. Se impone la reacción propositiva que nos conduzca no solo a quejarnos, sino a responder y confrontar esas calamidades. El impulso debe ser tanto reactivo para situaciones pasadas como preventivo para agresiones futuras. No se trata de una reacción alocada o inconsciente, sino de la meditada respuesta que permita contrarrestar la negatividad de la acción u omisión que la provoca. La indiferencia no resulta una opción válida en los momentos en los que se pone en riesgo la convivencia democrática o se agrede a valores esenciales en los que se apoyan la defensa de los Derechos Humanos, la seguridad de la ciudadanía y el propio sistema democrático. La contestación debe ser de alcance equivalente a la importancia y trascendencia del ataque, y estamos obligados a identificar a los responsables como medida de regeneración democrática.

Este es el principio de la Indignación Activa: la acción que haga frente a los ataques que sufrimos, buscando y exigiendo respuestas, pero contribuyendo también, en forma responsable, a su elaboración. Pasar de la queja a la responsabilidad; del conformismo, a la participación crítica, aunque ello comporte riesgos para cada uno de nosotros. No es suficiente con mostrar la herida o el daño. Es necesario contribuir a su sanación.

PARTE PRIMERA

DE LA IMPOTENCIA A LA ESPERANZA

1

Política y ética

Cuando la corrupción se convierte en sistémica e impune, destruye las bases de la legitimidad democrática y propicia la llegada de los peores totalitarismos.

Contra la impotencia y el tedio

La política no consiste en ocupar cargos, sino en dinamizar las ideas, en integrarlas, en buscar el bienestar y la felicidad del ciudadano. Y debe ser creíble. La credibilidad de un sistema radica en la existencia y realidad de los controles a los que se somete el poder; quien más poder tiene debe ser el más controlado, ya que al administrarlo o al desplegar la acción legislativa sus detentadores deben ser conscientes de que son meros usuarios del mismo, en tanto que el pueblo al que sirven es su titular y ante él deben responder. Por ello la recuperación de la ética en la gestión pública es básica y fundamental. Si queremos que la sociedad actual y la del futuro resulte fortalecida, necesitamos líderes cuya marca sea la de la ética y la responsabilidad para hacer real la necesidad de seguridad física y jurídica, apoyada en los valores básicos del Estado de Derecho que la defienden de las agresiones, sean estas internas o externas, y que la dotan de una fortaleza institucional indiscutible.

Creo que fue Napoleón Bonaparte quien dijo que dos fuerzas guían al hombre: el miedo y el egoísmo. Es posible que esta definición sea válida para cierta categoría de individuos: aquellos insolidarios, que carecen de empatía, que priman la satisfacción personal sobre los valores de la convivencia. Personas individualistas y sin duda temerosas de perder un estatus que parecen pasar la vida persiguiendo, para luego aferrarse a él por encima de cualquier otra consideración.

En mis años de judicatura he tenido ocasión de conocer a demasiadas personas que nutren la patología social en sus peores ejemplos. Desde luego, otro de los escenarios en los que se constata esa máxima, ampliada con el cinismo y la soberbia, es el de la política. Es cierto que estas patologías están en la base de muchos males. Y producen un efecto multiplicador, ya que la carencia de valores alienta el desapego y la búsqueda del propio bienestar, un bienestar basado en la cultura del dinero, el consumismo, la envidia, el aprovechamiento y la corrupción por conseguir aquello que tiene el otro.

En el entorno vital más primario, en el profesional, laboral e incluso lúdico, hay muchos individuos que reúnen estas características y que no son capaces de salir de ese bucle de mediocridad que, a la postre, los mantiene en una situación inducida por diferentes agentes, por los poderes económicos, por el consumo, por demasiados políticos, por los medios de comunicación que hacen de altavoz a los anteriores ahogando otras voces que llaman a corregir actitudes.

¿Qué ocurre con los niños y con los jóvenes? El mal ejemplo de sus mayores puede llevarlos a obviar el esfuerzo y perseguir un futuro de adultos acomodados a la espera de que un golpe de suerte mejore la situación y los convierta en personajes ricos y famosos. Despojar a la escuela de elementos como la educación ciudadana u otras materias que contribuyen al bagaje humanista de los que se están formando es perverso. Supone negar a la persona herramientas para forjar su valía personal, su madurez, su capacidad de crítica, su formación social y política, su afán de superación, el brillante aliento de tener la alegría y la aspiración legítimas de unirse a otros seres humanos, con el fin de colaborar en conseguir una vida mejor y más plena, de avanzar, descubrir y plantear como meta la felicidad propia y del conjunto.

Frente a esos elementos nocivos, es bien cierto que también existen otras personas que se levantan cada día con el ánimo activo y bien dispuesto a combatir la indiferencia. Seres admirables que son capaces de denunciar un atropello a la convivencia, de defender a las víctimas de crímenes horribles, de apoyar causas justas enfrentándose a poderes omnímodos y temibles. Personas que se ponen en el lugar del otro, no para aprovecharse de él, sino para comprenderlo, respetar su diferencia, integrarse en una diversidad cada vez más diferente, pero más igualitaria, o para construir un país más justo, menos excluyente; o para exigir transparencia a los gobiernos o una justicia independiente. Todo ello, anteponiendo el servicio público al interés personal; el sacrificio por los demás, a la comodidad; la beligerancia y la indignación ante la injusticia, al adocenamiento de la indiferencia, y la defensa de las víctimas, a la impunidad de los perpetradores prepotentes y obscenos.

Definitivamente, este tipo de buenas personas están en todas partes, ya sea en la convivencia diaria o en ámbitos más cotidianos y de toda clase social, ya en lugares humildes o en los prósperos, en países que luchan por la subsistencia y en otros que no sufren apenas carencia alguna. Desde quien cede su asiento en el bus a alguien que lo necesita hasta los hombres o mujeres capaces de prestar algo de su tiempo como voluntarios en un comedor social, acompañando a gente que vive en soledad o repartiendo por la noche sopa caliente a desafortunados que sufren el invierno en la calle. Son el contrapunto necesario en un mundo hostil, por la voluntad de quienes más lo agreden y propagan la desesperanza y el miedo. Y son de quienes deberíamos aprender que es posible cambiar lo que nos queda por vivir y construir, y con ello dibujar un futuro con menos desigualdad y más afecto.

Comparto con todos ellos un sentimiento de urgencia por dar un cambio radical a la expresión de hastío en la que naufraga una parte de la sociedad ante la falta de respuestas o ante la arbitrariedad de las mismas. Si permanecemos inermes, pasivos, acomodados, corremos el riesgo de que nos consuma el tedio y nos conduzca a una especie de adormecimiento inducido.

Entonces, ¿qué respuesta daremos a la pregunta que subyace

en todo este planteamiento? ¿Cómo salir de esta impotencia para evitar que fermente y dé vida a los peores demonios que cada uno de nosotros albergamos?

Desde luego no queda otra que gritar con indignación «ya basta», «no en mi nombre», y a continuación levantarse y actuar. Siempre adelante, siempre convencidos de que se puede cambiar el curso de los acontecimientos y que el determinismo no es la filosofía que debe guiar nuestras vidas. No todo está perdido. Cada día, cada momento, podemos hacer diferente lo que hasta ese instante parecía imposible. La utopía no tiene por qué ser una frustración, sino el aliciente que alimente esa confrontación permanente del ser humano en la lucha por su supervivencia armónica en un entorno natural y sostenible.

La triple crisis de España

El poder de infección de la corrupción
es más letal que el de las pestes.

AUGUSTO ROA BASTOS

Los teóricos de la Ciencia Política, con enfoque historicista y de análisis evolutivo, resaltan la existencia de determinados puntos de inflexión en la historia política de toda sociedad, identificándolos como momentos de contingencia, ante los que se abren vías alternativas que serán determinantes para nuestro futuro como sociedad. Fijar el rumbo, en este punto, hacia uno u otro camino marcará toda la posterior evolución política de esa sociedad.

Nuestro país se encuentra actualmente ante otro momento de contingencia destinado a marcar un antes y un después en aquella evolución. La relativa estabilidad de la arquitectura político-institucional que nos gobernaba desde 1978 se está tambaleando. La crisis que hemos experimentado en los últimos años se ha manifestado principalmente en tres aspectos: el grave deterioro económico, la ruptura del modelo territorial y la creciente corrupción. Estos tres conflictos han confluido en un cóctel explosivo que ha golpeado el andamiaje político creando graves fisuras que deben ser apuntaladas y restauradas.

Así, la crisis económica que estalló en 2008 puso en duda gran parte de nuestro marco político de convivencia; se expandió por el sector privado financiero, destruyendo el castillo de naipes productivo que se sostenía sobre una burbuja inmobiliaria alimentada por la desregulación neoliberal. El estallido de ese sector productivo creó una bolsa de desempleo insostenible que llevó a la exclusión económica a una gran parte de los españoles. Las instituciones, sin capacidad de articulación de respuestas contundentes, soportaron el progresivo deterioro de las cuentas públicas debido a la falta de ingresos que impedía alcanzar un nivel de recaudación tributaria aceptable para el mantenimiento del gasto público. A esa mella de las cuentas públicas tampoco ayudó el rescate al sector financiero, medida que terminó de vaciar las arcas del Estado. Más de 40.000 millones de euros nos ha costado la broma de la crisis bancaria.

La historia es conocida: para garantizar el gasto público hubo un endeudamiento masivo con emisión alarmante de títulos de deuda pública, con intereses que hipotecaban a generaciones a causa de la actuación fraudulenta de agencias especulativas de calificación que jugaban con la soberanía. Cuando ese modelo de sostenimiento del gasto público por mero endeudamiento se hizo inviable, pasamos al *austericidio*, política preferida del presidente Rajoy en estos últimos años. Con los recortes al gasto público, principalmente al gasto social, se pretendió lograr el equilibrio en las cuentas públicas, en lugar de buscar la activación económica con el incremento del consumo y el gasto público. Es decir, las recetas neoliberales que generaron la crisis se impusieron como forma de solución de la misma, algo así como apagar el fuego echándole gasolina. Un claro exponente de ello fue la reforma laboral, que precarizó el trabajo y provocó una brutal pérdida del poder adquisitivo de las familias. La consecuencia ha sido una catástrofe económica cuyos signos distintivos han sido los de la expansión de la pobreza y el grave riesgo de exclusión social de un sector importante de la población.

El problema territorial no es menor. El modelo de convivencia en España ha experimentado recurrentes convulsiones en los últimos siglos. Es una de las grandes fuentes de crisis política de nuestro país. Sin embargo, el Estado de las autonomías de 1978 ha evolucionado pacíficamente hasta agotarse en nuestros días. La crisis soberanista de Cataluña que se manifestó sin ambages en septiembre y octubre de 2017 (leyes de desconexión y transitoriedad y referéndum, respectivamente, con la pseudodeclaración unilateral de independencia, posterior aplicación del artículo 155 de la Constitución y convocatoria de elecciones para dicha Comunidad Autónoma por decisión del Gobierno de España) es el mejor ejemplo de esa crisis territorial. Lo que nos sirvió provisionalmente en 1978 hoy parece inservible. Se precisa, pues, un modelo en el que encajemos todos y que erradique la agresividad centrífuga de unos respecto del inmovilismo centrípeto que ha practicado el gobierno del Partido Popular.

Pero, además, la alarmante corrupción ha propiciado la desafección política y generado una insalvable brecha entre los ciudadanos y sus representantes. Los escándalos de corrupción en el actual gobierno han producido una total repulsa del ciudadano hacia los partidos políticos, poniendo en riesgo la legitimidad institucional. El corrupto no solo asalta las arcas públicas, sino que atenta contra la esencia del orden democrático y, cuando esa corrupción se convierte en sistémica e impune, destruye las bases de la legitimidad democrática y propicia la llegada de los peores totalitarismos.

Esta crisis de tres aristas ha impactado en la estructura económica, en el modelo de convivencia territorial y en la legitimidad democrática, dejándonos una quiebra institucional incuestionable que nos sitúa ante un momento de contingencia histórico en el que tenemos que reparar todo el sistema de gobernanza para dar respuesta eficaz a aquellos retos.

El gobierno que quedó formado después de la frustrante experiencia política electoral vivida entre diciembre de 2015 y junio de 2016 no ha sido capaz de guiarnos hacia ese nuevo modelo, formado por la conjunción racional de las tres aristas de la crisis sufrida; antes al contrario, ha profundizado el estado de la cuestión, solapando unas con otras y cubriendo con ello su propia impotencia. España se ha convertido en un gran escenario judicial en donde se subastan los procedimientos judiciales y se utiliza a la fiscalía, y se intenta hacerlo con los jueces, dejándonos perplejos y nuevamente frustrados.

La segunda Transición

Pienso que, después de todo lo acontecido en este tiempo, dentro y fuera de los partidos políticos, de las intenciones separatistas de una parte de los catalanes y catalanas, de los efectos de la crisis económica y del impacto de la corrupción que durará mucho tiempo, se debe acometer lo que sería una segunda Transición. El camino elegido en este momento de contingencia marcará profundamente la evolución política de nuestro país. Si se elige el modelo conservador, se profundizará en el fracaso actual, la desregulación masiva de los mercados, el *austericidio* económico materializado en el recorte de todo atisbo de servicio público universal, la contracción del gasto público en favor de un mercado que impere a su libre arbitrio, la profundización en la desigualdad social y con una defensa a ultranza de un modelo territorial. Un modelo en el que subyace un peligroso unitarismo centralista de nefastas consecuencias, defendido por aquellos que han producido un daño irreparable, permitiendo que la corrupción se haya esparcido por nuestras instituciones, dinamitando la base de nuestra democracia.

O podemos apostar por abrir un nuevo camino basado en un modelo económico sostenible, que garantice los servicios públicos esenciales, regule férreamente los desmanes de los mercados, apueste por el gasto público como motor de crecimiento, garantizando el gasto social y los servicios públicos universales, a través de una reforma impositiva que grave a los que más tienen en beneficio de los que menos tienen, generando así una necesaria redistribución de la riqueza que saque del riesgo de exclusión social a tantas familias españolas. Con una política progresista que reconozca la diversidad de los ciudadanos, sus orientaciones sexuales y los modelos de familia alternativos que surgen. Un modelo que apueste por avanzar hacia un nuevo orden territorial en el que encajemos todos los españoles, sin agresiones regionalistas o centralistas. Y por supuesto con una intachable ética en la gestión de lo público, plantándose ante la corrupción como única forma de recuperar la legitimidad democrática que se ha socavado en estos últimos años.

No es el momento de marcar líneas rojas, sino de llegar a acuerdos fraguando una alternativa diferente, una propuesta progresista. Ese fue el mandato claro que la sociedad española dio por dos veces a los políticos: la encomienda para acabar con la austeridad, solucionar el problema territorial y ser intransigentes con la corrupción. Desafortunadamente, parece que los únicos que no se han dado cuenta son los líderes de una política escrita con letras pequeñas y torcidas, que no dan cobertura siquiera a una nota a pie de página.

Los partidos progresistas, que quieren avanzar hacia algo diferente a lo que tenemos, están obligados al acuerdo, una vez más. La historia ha demostrado que, mientras los demócratas y progresistas se enfrascaban en peleas y rencillas inocuas, se cedió ante el avance del fascismo, dejando a nuestro país en manos de una de sus mayores desgracias históricas, el franquismo. Bajo ningún concepto el pueblo se merece una falta de ética y de responsabilidad política en quienes le representan a través de los votos depositados en las urnas. No caben más frustraciones; no caben más errores que, de hecho, ya no serían tales, porque todas las alarmas están dadas. Sería la irresponsabilidad de aquellos líderes la que habría propiciado las regresiones al pasado que se atisban en estos tiempos, reflejadas en ciertos comportamientos muy poco democráticos.

El liderazgo: reivindicación de Maquiavelo

La figura de Nicolás de Maquiavelo (Florencia, 1469-1527) me ha cautivado siempre y, al contrario que muchos, siempre le he reivindicado. Maquiavelo se desempeñó como diplomático ante el rey de Francia, el emperador Maximiliano I y César Borgia. Asimismo, fue secretario de la segunda cancillería encargada de los Asuntos Exteriores y de la Guerra de la ciudad de Florencia.

Una de las principales preocupaciones de Maquiavelo fue la Soberanía de los Estados y la grandeza de estos. Admiraba el Imperio romano.

Su obra *El Príncipe* vio la luz un día emblemático para nosotros en la historia del siglo XX: el 10 de diciembre de 1513. Ese día, 435 años después, se aprobó la Declaración Universal de los Derechos Humanos. Hoy, 504 años más tarde, sigue estando vigente la obra de este pensador florentino.

Como dice Roberto Raxchella, que escribió la introducción a *El Príncipe* en un volumen de 2008 de la editorial Losada: «Sus 26 capítulos son en general breves… y están atravesados tanto por ejemplos históricos como por agudas y desmitificadoras definiciones de la condición humana, expuestas a menudo con la dureza de los silogismos perfectos o la taxativa determinación de un sí o un no».

El Príncipe constituye un complejo sistema de consejos extraídos de la propia experiencia del autor (y de su increíble capacidad de observación y de análisis de la naturaleza humana), y de reflexiones que dan forma al ideal de gobernante. En la obra se dibujan las virtudes que deben adornar a un buen gobernante, así como los vicios del ejercicio torcido del poder, y su contenido ha servido, junto con las demás obras del autor, para configurar el pensamiento político posterior y ofrecer una especial visión del mismo a partir del análisis del comportamiento humano.

Si bien es cierto que *El Príncipe* puede ser entendido como un *manual para gobernar*, también lo es que las enseñanzas en él descritas son más de orden pragmático que moral. Por esta razón, lo descrito por Maquiavelo no es el «deber ser» de la política, sino la realidad de la misma.

Se ha demostrado que el *eje transversal* de *El Príncipe* es el tema del *buen gobierno*, dividido en tres grandes temáticas: *el aseguramiento de la soberanía*, *el uso adecuado de las armas* y, finalmente, *la convivencia de las clases sociales en el interior del Estado*.

Maquiavelo reconoce que en los Estados conviven dos clases de ciudadanos contradictorias: *la de los «nobles» y la del «pueblo»*. Así, en el libro *Discursos sobre la primera década de Tito Livio,* el autor considera que las dos clases pueden ser entendidas como fuerzas contradictorias. En esta obra, la preocupación de Maquiavelo va más encaminada al tema de la libertad («ninguna fuerza doma, ningún tiempo consume, ningún mérito iguala el nombre de la libertad») y no al tema del ejercicio del poder, como en el caso de *El Príncipe*.

Sin embargo, en *Discursos* también se hace presente la noción de paz en el interior de un Estado. Maquiavelo afirma que un pueblo que se maneje por sí mismo en todo puede caer en conflictos internos. En razón a lo anterior, el autor proclama: «Un pueblo que puede hacer lo que quiere no es sabio. Una multitud sin cabeza es, en efecto, inútil. El pueblo necesita siempre un guía que le muestre su auténtico bien y lo libre de engaños». Así lo recoge Luis Villoro en su trabajo sobre los dos discursos de Maquiavelo. Por otro lado, Maquiavelo también mantiene que un absoluto dominio de los «nobles» termina en una tiranía.

Ante este panorama, la mejor opción es un gobierno mixto con iguales representaciones entre las dos clases. Este sería «un sistema duradero en la medida en que se controlara la ambición de los poderosos con el poder del pueblo, y la inclinación al desorden de este con la autoridad de la nobleza. Superando la discordia, se lograría imponer un «bien común a las distintas clases. Bien común que se traduce en la consecución de la paz en el interior de los Estados».

Estas consideraciones me llevan a un par de reflexiones sobre el liderazgo y sobre el modelo o los modelos políticos de hoy, cuando se titulan democráticos.

La ausencia de liderazgo político se ha convertido hoy en una constante; el príncipe, es decir, «el señor prudente» del que habla Maquiavelo, está autorizado a faltar a su palabra «cuando tal fidelidad se vuelve en contra de sus intereses y cuando las razones que motivaron sus promesas han caducado. Y si los hombres fueran todos buenos —continúa Maquiavelo—, este precepto no sería bueno, pero, como son malos, y no observarían contigo la palabra dada, tampoco tú tienes por qué observar con ellos tu palabra. A un príncipe (líder), por otro lado, nunca le han faltado las razones legítimas para disfrazar esta inobservancia». De este hecho, concluye que «podría darse una infinidad de ejemplos modernos y mostrar cuántos acuerdos de paz, cuántas promesas se han vuelto nulas y vanas por la infidelidad de los príncipes; y justamente el que mejor imitó al zorro fue el que más éxito ha tenido». Dicho de otro modo, es bueno que el líder tenga las virtudes de la clemencia, de la fidelidad, del humanismo, de la integridad y de la prudencia, pero lo realmente importante para este planteamiento es que parezca que tiene cada una de esas cualidades. «Todos ven lo que pareces, pocos palpan lo que eres y esos pocos no se atreven a oponerse a la opinión de muchos que cuentan en su defensa con la majestad del Estado».

De lo anterior se desprende que esta visión del liderazgo contradice lo que en un sistema democrático debe exigirse del gobernante. Abusar de los ciudadanos en los que te has apoyado para obtener el mando, prescindir de la verdad y la integridad a la hora de adoptar decisiones porque conviene a la apariencia o al propio interés del partido político al que perteneces quiebra el principio de confianza que en democracia debe regir hacia quien ejerce el poder.

En este sentido, puede afirmarse que, con escasas excepciones, los políticos de hoy en día viven la política sin dotarla de argumentos morales. El pragmatismo es la única ideología que comprende a la práctica totalidad de aquellos que anteponen la consecución del poder a cualquier otra circunstancia de interés público. De alguna forma, el ejercicio actual de la política impone olvidarse de los principios que deben regir el ejercicio del servicio público y podría decirse que se ha mercantilizado, entregándose en las manos de las corporaciones que utilizan los intereses económicos y financieros, la comunicación, el marketing y los lobbies, en beneficio propio, en una especie de escenario de imágenes irreales en el que estos, y no los políticos, manejan y dirigen la escena como los verdaderos *príncipes* que gobiernan un mundo cada vez más globalizado y material. Michael J. Sandel, discrepando claramente del pensamiento de Maquiavelo, advierte que nuestra política está recalentada porque en su mayor parte es inane y está vacía de todo contenido moral y espiritual. Es decir, que no se compromete en cuestiones de calado, que son las que preocupan a la gente.

Esta «decadencia» de la política va pareja a la certeza cada vez más evidente de que vivimos en una democracia aparente en la que la participación del pueblo es más formal que real, concretándose en la mera emisión del voto, sin ningún control sobre los elegidos y quienes ejercen el poder, y dejando en sus propias manos, o en las de los que les han conseguido la posición, la justicia y la ponderación del mismo poder, que es tanto como iniciar el camino hacia la tiranía. Todo ello disfrazado de mayorías electorales, pero realmente bajo el control de intereses espurios diferentes al interés general en una democracia.

Cuando los controles fallan, no existen o estos se hacen arbitrarios y se ponen en manos de quienes no se rigen por los principios de la ética y la responsabilidad de la que hablara Max Weber, sino por los del aprovechamiento personal, la opacidad o el oscurantismo, el sistema ha fracasado y es necesario desarrollar otro modelo de participación y control del poder como único medio de garantizar la verdadera protección en un sistema democrático de los ciudadanos.

Hoy en día, es una realidad que el poder difícilmente tiende a autocontrolarse, y son la sociedad democrática y todos sus componentes los que deben ejercer ese control. Pero esa vigilancia debe materializarse en forma directa e inmediata, sin intermediarios. La rendición de cuentas, la transparencia, tanto en el sector público como en el privado cuando este tenga intereses estratégicos que interfieran los derechos de los ciudadanos, la evaluación ante los electores, la integración de esos mecanismos en el ejercicio del poder hará a este verdaderamente democrático.

El contrato electoral o acuerdo entre gobernantes y gobernados es el que plasmará a través de su cumplimiento la «guía» que muestre al pueblo el auténtico bien y lo libre de engaños de quienes los dirigen o manipulan por intereses extraños al uso del poder democrático que el mismo pueblo puso en sus manos.

La sucesión de élites (los «nobles» de los que hablaba Maquiavelo) vuelve endogámico al propio sistema y aproxima la República a la Monarquía en la que los derechos dinásticos están por encima de los méritos democráticos y los deberes por debajo de los derechos.

La continuidad de élites políticas en la detentación del poder, a modo de patriciado romano, hace desconfiar al pueblo del sistema que propicia esa realidad y determina el divorcio entre dirigentes y administrados y que estos vuelvan la espalda a un mecanismo que pierde sentido buscando otras salidas o intereses.

Los partidos: parte del problema y parte de la solución

Es muy habitual que, en múltiples debates políticos, tertulias, charlas de café o conversaciones, surjan expresiones que descalifican a los partidos y a los políticos que los integran. La percepción de que son estructuras opacas, oscuras, más atentas a la consolidación del poder en el propio aparato que al servicio a los demás, focos de corrupción, de puertas giratorias, de aprovechamiento del poder, en vez de mecanismos de fortalecimiento ciudadano, es una sensación tan peligrosa como permanente.

Por ello, los partidos políticos —esencia de la democracia— no pueden convertirse en guetos separados, en iglesias obedientes o en fetiches sagrados e intocables, sino que deben ser plataformas de negociación, de intercambio y de diálogo: la función política es necesariamente un acto de valor que no puede huir de las confrontaciones, del análisis profundo de las realidades, bajo pena de ser una farsa. Solo así la acción política queda expuesta a los ciudadanos, transparente y práctica, lejos de oscuros hermetismos que se pueden convertir en rampas deslizantes hacia la corrupción del político y al descrédito de su acción.

En este sentido, dialogar no es claudicar, sino tener oportunidad de ceder ante los argumentos del adversario, superando un tipo de cultura política cerrilmente dualista que encona y crispa, que forcejea inútilmente y en la que los ciudadanos no encuentran valores de solidaridad, de rearme ético y de actitud honrada en el servicio público. En nuestro país echamos de menos la honradez en los planteamientos políticos; necesitamos creer en que es posible confiar en quienes nos representan, y no solo acudir a ellos, como ellos a nosotros, por meros intereses coyunturales o de conveniencia.

En todo trance político es preciso abrir las ventanas del diálogo, es necesario desentumecer la musculatura política de los representantes del pueblo, es imprescindible articular una sociedad más solidaria, más justa y más dinámica, y en este empeño debe implicarse el hombre público, servidor de la ciudadanía.

Es notorio que mis argumentos se plantean desde una mirada de izquierda, lo que significa vocación por integrar a las minorías, hacerlas partícipes y promover la igualdad y la transparencia en las políticas públicas. Ser de izquierdas quiere decir creer en la defensa y promoción del Estado del Bienestar, sin menoscabar su capacidad de gestión, para poder garantizar los Derechos Humanos y sociales de la ciudadanía, sin adelgazarlo para privatizarlo bajo los criterios de aumentar su eficiencia. Ser de izquierdas supone promover las herramientas para la movilidad social, la participación, la transparencia, la meritocracia, la integración en armonía de todos los ciudadanos que conforman una sociedad a través de políticas públicas incluyentes y universales.

La peste de la corrupción

Marco Aurelio *(Reflexiones IX, 2)* indicaba como sería propicio para un hombre agradecido el morir sin haber llegado a contagiarse de la falsedad, la hipocresía y la vanidad del lujo. Consideraba que morir saciado de ello es morir dos veces. Para concluir en que la peste de la corrupción es la peste de la inteligencia. A pesar de la antigüedad de la cita, como bien dice Bertrand de Speville, no siempre se ha considerado la corrupción como algo malo. Hasta hace relativamente poco, ciertos economistas respetables decían que en términos económicos la corrupción podía ser una cosa buena. Sin embargo, la afirmación de que, en un sistema democrático, ciertas dosis de corrupción son necesarias para sostener el esquema de partidos políticos, que lleva a la aceptación de irregularidades en su financiación, es inaceptable porque la credibilidad de una formación política debe radicar no solo en la coherencia ideológica y el carácter democrático de sus mecanismos, sino también en la transparencia de sus recursos, que será el reflejo de la honradez de sus dirigentes.

A pesar de que la corrupción hunde sus raíces en la noche de los tiempos, en tiempos modernos, solo hace poco más de veinticinco años el mundo comenzó a tener conciencia del problema y reconoció el poder destructivo de la corrupción.

Algunos fijan el impacto y reconocimiento en el colapso de la URSS. A partir de este momento Occidente dejó de combatir para ganar la influencia de los Países No Alineados, muchos de los cuales estaban dominados por la corrupción.

En el régimen totalitario con estructuras rígidas y control absoluto, las organizaciones criminales no tenían posibilidad de existir porque su espacio lo cubría el Estado; al desaparecer aquel, las estructuras mafiosas se desplegaron en toda su amplitud llegando a cubrir todo el espacio disponible en los países resultantes. Esta realidad hizo que estos tomaran súbitamente la corrupción en serio y la lucha contra la misma comenzó a resultar prioritaria para organismos internacionales y países democráticos.

De alguna forma se generó un consenso sobre los efectos, aunque no sobre las causas. «La corrupción amenaza al Estado de Derecho, la democracia y los Derechos Humanos, socava la gobernabilidad y la imparcialidad e independencia judicial, distorsiona la competitividad, obstaculiza el desarrollo económico y pone en peligro la estabilidad de las instituciones democráticas y la base moral de la sociedad». (Preámbulo de la Convención Penal sobre la corrupción del Consejo de Europa).

Quedaba clara también la vinculación, que se extiende hasta el día de hoy en múltiples países, entre corrupción y crimen organizado, hasta el punto de afirmar que la primera es un instrumento idóneo para la expansión, consolidación e impunidad del segundo. Asimismo, aparecían vínculos entre el lavado de activos y el terrorismo. Michael Hershman señala cómo la bomba que mató en un teatro de Moscú a más de 100 personas fue transportada en un autobús desde Grozny (Chechenia) que fue detenido cincuenta veces en barricadas, y en cada ocasión, se pagó un soborno y dejó de efectuarse una inspección.

El concepto de corrupción es confuso y amplio porque en su sentido físico es aplicable a cualquier objeto, y en sus aspectos intelectual, sentimental, político, social y económico, al ser humano en general. Se trata de un fenómeno global cuyas prácticas están presentes en los diferentes estratos y niveles de la sociedad. Aunque se ha convertido en un tema de moda, siempre ha existido.

Hoy en día, la corrupción, tanto la que afecta al sector público como al privado, es uno de los mayores desafíos a los que se enfrentan las sociedades, tanto las más avanzadas como las menos desarrolladas. En ambos casos supone un riesgo que afecta a la propia esencia de los valores democráticos, en un triple sentido:

1. Los principios de mercado en los que se asienta el poder económico y financiero de los Estados y la sociedad civil se ven alterados, pudiendo verse comprometidos los mercados internacionales. Ténganse en cuenta los acontecimientos financieros que motivaron la crisis del 2008, que afectaron a los mercados y economías mundiales, todavía no superados.
2. La quiebra y pérdida de los valores de confianza y respeto de los ciudadanos en las instituciones públicas y privadas.

3. El peligro de infiltración de los grupos organizados en las estructuras de los poderes del Estado, que en definitiva puede suponer un ataque o menoscabo de los principios de libertad, seguridad y justicia. Al respecto podemos tomar como ejemplo los casos de México (55.000 muertos y casi 30.000 desaparecidos a causa del crimen organizado en los últimos diez años) y especialmente el del denominado *nuevo triángulo de oro*: Guatemala, Honduras y El Salvador, donde los grupos criminales organizados detentan el poder absoluto, ante la falta de institucionalidad, o están cuestionando al propio Estado, que, a pesar de la ayuda a la justicia nacional de mecanismos internacionales como las comisiones de la ONU y la OEA para combatir la corrupción y el crimen organizado, se ve impotente para responder con una política eficaz ante la magnitud del desafío y la corrupción generalizada en todas las estructuras del Estado. O el del aumento del tráfico internacional de heroína, con la reactivación de los mercados internacionales que la comercializan. Afganistán, de nuevo, se ha puesto al frente de este tráfico ilícito.

El Banco Mundial, en su «Informe sobre el Desarrollo Mundial» del ya lejano año 1997, definía el fenómeno de la corrupción como el abuso de autoridad pública para conseguir un beneficio privado. El enunciado sigue plenamente vigente. Las motivaciones de quienes caen en la corrupción van más allá de lo económico. La propia convicción, el odio, la venganza, los intereses de cualquier orden, incluido el de favorecer a los suyos, pueden corromper a una persona, aunque no se lucre ni beneficie de otra forma. Hoy, sigue siendo válida esta reflexión. Lo único que ha cambiado son las fórmulas más sofisticadas para hacerla efectiva.

La corrupción, sobre todo y con independencia de su clase, es un fenómeno que genera injusticia y desigualdad entre los ciudadanos y desconfianza entre los mismos y las instituciones que los representan. Así, ante la falta de respuestas adecuadas por parte de quienes tendrían obligación de perseguir las prácticas corruptas y no lo hacen, se presume la corrupción del sistema. De esta forma aumenta el desinterés por la defensa de lo público y crece la apatía ante la necesidad de generar un rearme ético que tenga como base la educación y el aprendizaje y que sirva para hacer frente al fenómeno a medio y largo plazo.

La corrupción política, de la mano de la económica, se traduce en una especie de privatización del Estado. Quienes deberían servirlo pasan a ser «dueños» de aquellos elementos públicos que gestionan tomando así fuerza el concepto de patrimonialización de los mismos, en detrimento de la idea democrática de atención al ciudadano que debería regirlos.

Si uno de los significados de la corrupción es «la utilización de un cargo público en beneficio propio», tendremos que asumir que las ganancias que consiguen los corruptos con sus actividades perjudican a todos los ciudadanos en general, por cuanto suponen o generan una especie de «impuesto implícito» al que se refería en 2011 el presidente en España de Transparencia Internacional cuando hablaba de sobreprecios en las obras y servicios públicos. Por tal razón, deberían devolver lo obtenido por estas prácticas.

Si además se añade que el objeto de la corrupción, en el sentido del bien producido, objeto de consumo, carece de los controles de calidad adecuados o de la seguridad precisa y eso perjudica a los ciudadanos, la pregunta es ¿cómo, a pesar de ello, la corrupción es algo consentido o disculpado por aquellos, en España en particular, hasta el punto de no castigar a políticos corruptos en las urnas, o asumiendo que todos son iguales? ¿Cuál es la causa real y verdadera por la que, partiendo de esa realidad, importe o se valore más que no te sorprendan que el hecho mismo del comportamiento corrupto?

Es decir, se descubre en forma muy preocupante que la corrupción es un fenómeno que, aunque rechazado en las encuestas, es aceptado socialmente en España (el 61,6 por ciento piensa que los españoles somos tolerantes con la corrupción) y ha supuesto la creación de una clase de personas que viven de la sumisión de la política a los intereses particulares.

La era del crimen organizado

Raymond Aron identifica la dialéctica del antagonismo a través de tres conceptos que constituyen modos de actuación orientados a influir en la conducta de los demás hombres considerados como objetos o entes neutros. Son la disuasión, la persecución y la subversión.

Por su parte, Jean François Gayrand subraya que la ley del antagonismo reposa en tres modos de acción similares: la intimidación, la corrupción y el asesinato. Estas tres armas se valen de dos sentimientos naturales y universales que a la vez son motores que se predican de la naturaleza humana: el miedo y la codicia. El temor generalizado permite economizar y evitar el uso de la violencia. Cuando el miedo no es suficiente (intimidación), el interés (corrupción) puede resultar muy eficaz. De hecho, la intimidación y la corrupción son dos procesos íntimamente unidos: un individuo también puede dejarse corromper por miedo.

Es sabido que las mafias, parafraseando a Carlo Alberto Brioschi, prefieren «estrategias de baja intensidad» y que escogen «estrategias de baja visibilidad, con un control estricto de la violencia. Un proverbio siciliano afirma que «el crimen perfecto es el que hace desaparecer el cuerpo y el recuerdo de lo ocurrido».

Una mafia necesita para su supervivencia el control del aparato político de un país, una región o un municipio. Con ello consigue dos objetivos: neutralizar la persecución de sus miembros y apoderarse de los recursos económicos.

Esencialmente, el mafioso es un animal económico que aprovecha las libertades y las oportunidades que le brinda el sistema político para corromper y enriquecerse, o mejor dicho, para enriquecerse a través de la corrupción, por lo que esta no es un fin en sí misma, sino un instrumento del que se sirve. Todo aquello que pueda corromperse y manipularse lo será por el mafioso, que se convierte en un «demócrata neutro», como decía Tomaso Busceta, el mafioso arrepentido que dio lugar al maxiproceso contra la mafia en Sicilia.

Las relaciones de un Estado, o determinadas estructuras de poder del mismo, con las mafias que operan en su territorio son las de dos poderes que coinciden en el mismo e intentan ignorarse mutuamente, y de no poder hacerlo, convivir.

Se discute mucho sobre si en un sistema no democrático existe la mafia o si esta encuentra su verdadero acomodo en el democrático. Realmente, si se trata de un Estado totalitario, podría decirse que este es o representa en sí mismo a la mafia y la corrupción, por lo que no habría cabida para una estructura que cuestione o quiera disputarle el espacio a aquel. Sin embargo, en sistemas en los que las libertades propician mayores espacios de movimiento, las organizaciones criminales encuentran mejor acomodo, su desarrollo se hace más fácil y sus estructuras más fuertes aprovechando, en su caso, la ausencia de eficacia represiva del Estado.

Las relaciones entre la mafia, o criminalidad organizada, y la política van de la seducción a la intimidación en la forma y en el fondo, del intercambio de servicios a la corrupción. Hay un trueque y favores recíprocos. La mafia demanda privilegios ilícitos (autorizaciones administrativas, adjudicaciones de contratos públicos y subvenciones) y benevolencia policial y judicial (suspensión de investigaciones y sobreseimiento de causas). A cambio, los políticos piden dinero y votos. Es decir, el mercado político se criminaliza.

Este trueque y una gran disponibilidad de fondos permiten a las mafias ejercer un dominio sobre la sociedad civil. Tomaso Busceta contó también cómo la relación de los políticos y la Cosa Nostra, en los años cincuenta, sesenta y setenta, fue permanente y continua. La Democracia Cristiana de Giulio Andreotti fue el principal actor de este «compromiso histórico».

El siguiente paso de la criminalidad organizada, en mayor o menor escala, según el poder de la organización de que se trate, es la infiltración en las finanzas y la economía mundiales. Realmente esta infiltración es algo que se da por hecho y de la que se habla cuando se cuantifican las ganancias del narcotráfico, la trata de seres humanos u otras formas de crimen organizado. En definitiva, los actores ilegales pretenden un intento de criminalizar la economía mundial, sus actores y sus instrumentos, frente al que hay que interponer mecanismos que lo combatan con medidas de alcance equivalente.

Nos podemos preguntar ¿quién posee realmente el control sobre la economía mundial? ¿Quién está detrás de algunas sociedades que incluso cotizan en Bolsa? Cuando hablamos de las cifras del crimen organizado, estas son de tal magnitud que nos llevan a concluir que invierten necesariamente en la economía y las finanzas mundiales legales.

Las mafias intentan imponer un modelo: el de la economía mafiosa. Se trata de una especie cambiante, híbrida, mestiza, que diluye las fronteras entre la economía sana y la economía criminal. La economía mafiosa resulta de la inquietante combinación de cinco elementos, la imbricación de los niveles económicos legales e ilegales, la captación de recursos y contratos públicos, la importancia de la violencia como un complemento de la intimidación, el modo de producción específico constituido por el parasitismo y la inversión masiva tanto en actividades legales como ilegales.

Además de todo ello, la presencia mafiosa en la economía tiende a perpetuarse y estructurarse a través de un entramado complejo y sutil de relaciones de continuidad, colaboración y cohabitación. El mundo de las mafias reposa en tres modos de acción similares: intimidación, corrupción y asesinato. Estas tres armas se valen de dos sentimientos: el miedo y la codicia.

Los actores de la corrupción no son necesariamente (por lo general nunca) los agentes económicos más eficaces, son simplemente los más corruptos.

En la medida en que muchas empresas tienen códigos de conducta internos que les impiden ser corruptos (o que al menos los limitan), resulta que en muchos casos los que se benefician de este ambiente corrupto son auténticas organizaciones criminales. Las actividades económicas corruptas son una actividad más dentro de la panoplia de actividades delictivas que pueden desarrollar. Este protagonismo de la criminalidad organizada en la actividad corrupta, algo que el público en general desconoce, pero que es bien sabido para los investigadores policiales, tiene funestas consecuencias referidas a la infiltración en el tejido económico, político y social de poderosos grupos de criminalidad organizada. En concreto: la pérdida o grave disminución de competitividad por parte de las empresas que no son corruptas, la condena a su desaparición o su conversión en empresas corruptas (relacionándose o integrándose en organizaciones criminales); una clara desincentivación de la inversión privada y muy especialmente de la inversión privada extranjera; y una desmoralización de la sociedad civil y de los ciudadanos, que ven que los poderosos no están sometidos a las mismas restricciones, controles y reglas que los ciudadanos de a pie.

Todo lo anterior y la ausencia de respuestas eficaces producen un debilitamiento de las convicciones democráticas, del Estado de Derecho y de todas las instituciones públicas; un alejamiento y desafección del ciudadano respecto a sus políticos y en definitiva una fractura de la sociedad democrática y social, siendo por tanto un caldo de cultivo idóneo para ideologías extremistas.

El combate, necesario y complejo

La lucha contra la corrupción debe desarrollarse, tanto desde un punto de vista *preventivo*, a través de la identificación de las áreas proclives a la misma dentro de las administraciones estatales, regionales y locales, como desde el *represivo*, mediante investigaciones policiales minuciosas, prolongadas y complejas. Estas investigaciones se deberán dirigir a demostrar la correspondiente tipificación penal de los hechos, y a la eliminación de las ventajas patrimoniales que pueden obtenerse, mediante el establecimiento de un sistema eficaz de comiso.

Siendo por tanto un instrumento idóneo de la delincuencia organizada, esta recurre a la corrupción con un doble objetivo: preservar la inmunidad del grupo o de sus miembros de forma individualizada, frente a la acción policial y judicial, y llevar a buen fin los negocios de la organización, obteniendo trato favorable de la Administración en cuestiones como la consecución de licencias o de permisos administrativos de cualquier tipo, en aspectos fiscales, etcétera.

Las investigaciones se tienen que llevar a cabo a través de complejas actuaciones de funcionarios especializados, absolutamente independientes de cualquiera de los actores implicados, incluido el gobierno. Debe tenderse a objetivar dichas investigaciones sobre corrupción, de modo que queden al margen de cualquier cuestionamiento, especialmente cuando se trata de corrupción política en la que pueden darse ciertas sospechas de intereses parciales. Es necesario que exista un organismo de control de tales investigaciones que garantice no solo el interés y necesidad de las mismas, sino su solvencia y justificación, ante el perjuicio claramente irreversible que se puede causar al afectado cuando las meritadas investigaciones carecen de sustrato suficiente y que además asegure la integridad de la acción investigadora, protegiéndola de los ataques interesados contra el investigador y su independencia.

Responsabilidad irresponsable

La Constitución instaura el principio de igualdad ante la ley. Sin embargo, todos sabemos que esto dista mucho de ser verdad, como no lo es el ejercicio de la defensa ante un tribunal, o el trato que pueda recibir un inmigrante comparado con el que obtengan los imputados por presunta corrupción, ya sea pública, privada, nacional o internacional.

Por ejemplo, comparemos esas dos situaciones. En la primera hablamos de personas sumamente vulnerables, ya se trate de persecución por motivos políticos, étnicos, religiosos, o que han sido, o pueden serlo, objeto de maltrato o tortura; o personas que huyen de la miseria, las hambrunas, la falta de recursos o de la pobreza extrema. En estos casos se discrimina en contra de quienes se hallan en esta última categoría, como si estar en una u otra dependiera de quienes se ven abocados a migrar fuera de las fronteras de su país. ¿Qué impresión se puede esperar que tenga el ciudadano acerca del sistema judicial cuando un ser humano solo por el hecho de ser inmigrante y no tener papeles se puede ver de inmediato, y sin espera alguna, recluido en un centro de internamiento? ¿O perseguido o expulsado sin contemplaciones, quebrantando incluso las leyes que le protegen? ¿Se imaginan a un inmigrante subsahariano presentando una denuncia al juzgado por la falta de atención médica o por otras causas factibles de ser notificadas, aterrado, desvalido, sin conocer el idioma y vulnerable ante su propia situación?

Frente a esta situación extrema, veamos la contraria: ¿qué pasa con un político del que existen indicios, pruebas fehacientes de que ha cometido un delito? Seguro que su escenario será muy diferente. En el primer caso, probablemente, las garantías de quien se encuentre en aquella situación se vulnerarán incluso para evitar que la autoridad judicial pueda intervenir. Sin embargo, lo habitual en el segundo caso será la defensa del partido y de los compañeros del afectado, frente a cualquier agresión de afuera. Recuerden la célebre frase de Mariano Rajoy, en referencia al caso Gürtel, cuando dijo, recién estallado el escándalo: «Esto no es una trama del PP, sino una trama contra el PP». Sin comentarios. Los hechos que han acontecido desde ese momento (11 de febrero de 2009) hasta ahora son suficientemente explícitos para que nos ahorremos cualquier comentario.

Es cierto que, a consecuencia de la presión ciudadana y la intransigencia con los comportamientos corruptos, la defensa irrestricta de los «nuestros» se ha difuminado un poco y se ha hecho más discreta. Tal defensa inicial se mantiene como una especie de mantra oficial impuesto por las estructuras del partido y se refiere el comportamiento corrupto a los contrarios. El célebre «y tú más» es el método habitual de defensa con el que se ensucia aún más la vida pública, sin que importe demasiado destrozar a las mismas instituciones que se dicen defender, especialmente la Justicia. Todo vale con tal de quedar fuera de esa diana.

Posteriormente, cuando las evidencias sean tales que se corre el riesgo de que el partido se vea afectado, se optará por la expulsión del afectado a modo de lastre que se lanza por la borda. En ese momento, se le excluirá internamente, y, siempre que mantenga la boca cerrada y proteja las estructuras partidarias, su «seguridad» estará garantizada por el partido. De hecho, seguirá siendo «uno de los nuestros».

La experiencia demuestra que los responsables del partido en cuestión intentarán levantar cortinas de humo sobre la propia situación desviando la atención hacia otros temas. Si les resulta posible intentarán incidir en los nombramientos del Poder Judicial para tenerlo a su favor. Un sistema poco tendente a la equidad y al sistema real de méritos lleva a que esas situaciones de favor puedan llegar a darse. De ese modo, el político que delinque se siente más interesado en la impunidad, en su tarea de ver de qué forma puede sacar rentabilidad al país para su propio interés, que en ofrecer respuestas a los ciudadanos, y en cómo falsear los hechos y sus intenciones para que el público le crea antes que en reconocer los hechos y rendir cuentas.

No deja de llamarme la atención, cuando reflexiono sobre estos temas, la reacción que se produce desde el partido político afectado por la conducta reprochable. Se decide, con efecto sanador, que la posible responsabilidad desaparece con la mera expulsión del sujeto. Con este argumento torpe pero eficaz, consigue transmitir una sensación de compromiso responsable contra la corrupción, cuando lo que revela es su más evidente responsabilidad, porque ha sido durante el tiempo en el que el investigado estuvo en esas estructuras, y gracias a la cobertura que estas le proporcionaban, cuando pudo consumar esos ilícitos comportamientos. Por ende, en todos los casos, el partido debería ser responsable de la conducta cuestionada. Sin embargo, solo excepcionalmente es así. Lo normal es que esa doctrina o planteamiento adecuadamente aderezados por periodistas o medios «amigos» triunfe.

Intencionadamente se confunde responsabilidad política con responsabilidad judicial para evitar responder ante los ciudadanos que votaron al sujeto en cuestión. La responsabilidad judicial discurre por unos cauces totalmente diferentes y en su determinación rige el principio de presunción de inocencia. Sin embargo, la responsabilidad política se rige por el principio de rendición de cuentas y de transparencia. Si un responsable público no es capaz de explicar su gestión o cómo quedó contaminada la misma, o cómo se enriqueció o consintió que otros lo hicieran, debe ser excluido de la vida pública, aunque sea declarado inocente si es que se le acusó de algún delito relacionado con su gestión. La responsabilidad política es exigible *ex ante* y no *ex post.*

Cuando ser corrupto no da miedo

La pregunta es ¿qué podemos hacer cada uno de nosotros para que esta realidad deje de ser algo insuperable? ¿Cómo combatir eficazmente esta deriva de la función pública que ha hecho que más de 3.000 cargos públicos, miembros de partidos políticos y servidores públicos en general, estén sometidos a proceso penal en los últimos años? Frente a esta debacle moral, resulta fundamental consolidar una actitud vigilante que acabe con el «no da miedo ser corrupto» y se constituya en una exigencia de un compromiso ético y del cumplimiento de las promesas políticas.

Pero, desafortunadamente, aún no estamos en esa fase. Y no podemos estarlo porque, en nuestro país, el Congreso reprueba al ministro de Justicia y al fiscal general, y nada ocurre; cuando un partido saturado de corrupción sigue siendo el partido más votado; un país en el que no existe regulación alguna para las «puertas giratorias» de la justicia o muy laxa en otros ámbitos de la función pública; o un país que tiene un estómago flácido para la corrupción. «Esto siempre ocurre y, si ocurre, mejor que sean los míos y no los otros», te dicen. Y viene de lejos. La vigente corrupción hunde sus raíces en el franquismo, en el que fue norma y hábito la ausencia de límites a la voluntad de quienes lo dirigían. Esquema que, con contadas excepciones, se mantuvo durante la Transición y se consolidó bajo las estructuras democráticas. Cuando se creó la Fiscalía Anticorrupción en 1995, no daba miedo ser corrupto, no se criticaba a quien era corrupto, sino al que era demasiado torpe y le sorprendían. El caso Roldán fue paradigmático en este sentido.

Es cierto que la corrupción ha estado presente en los diferentes sistemas y, de una u otra forma, siempre se ha distinguido lo correcto de lo inaceptable, pero también es cierto que algunos pensadores la han justificado como indispensable en un sistema democrático para sostener el esquema de partidos, de modo que se admite que puedan acudir a ciertas prácticas irregulares de financiación que garanticen suficientemente su actividad, porque su existencia es esencial. Sin embargo, tal postura es inaceptable porque la credibilidad de una formación política debe radicar no solo en el hecho de que se apoye en unas ideas coherentes, sino también en la transparencia de sus finanzas, que conlleva la honradez de sus dirigentes.

La intransigencia y la Indignación Activa frente a la corrupción son la única medida para forzar que el sistema cambie. Es absolutamente necesario cambiar los modelos educativos, especialmente diseñados para acabar con los falsos modelos sociales, en base al triunfo económico o financiero, y sustituirlos por aquellos otros referentes éticos en cuya acción nos podamos reflejar como pueblo. Por tanto, es indispensable poner freno al capitalismo salvaje imperante y a la cultura peligrosísima del consumismo absurdo y de la desesperación que caracteriza esta época —al menos en España—, que redundan en una falta de orientación y compromiso político de la juventud con la complicidad de la sociedad con las oligarquías partidistas dominantes; o cuando menos la aceptación de que esto sea así.

La disculpa del triunfador en nuestro país, sin importar los medios utilizados para ello, ha sido total. La sociedad española ha sido muy permisiva con aquel que especulaba y ganaba y se le adoraba como un nuevo ídolo, constituyendo el modelo social y político a seguir. De esta forma se ha favorecido una cultura de la evasión en el cumplimiento de los deberes para con la comunidad, y una cultura de la insolidaridad como producto *lógico* del cinismo y de la apatía que genera la percepción de que existe un poder, unos funcionarios, unos hombres de negocios y unos políticos corruptos, creándose una atmósfera de impunidad y una ausencia de temor a delinquir.

Con la crisis la gente ha sentido en sus carnes los efectos de esa corrupción y se observa una mayor intransigencia, pero continúa arrastrándose un déficit, porque no hay una respuesta desde la izquierda. El Ejecutivo no tiene conciencia de ser vigilado o controlado. Esa es la cuestión. Pero sí ponen desde el gobierno todas las trabas posibles a que esa corrupción se investigue. Convocaron al presidente a testificar ante un tribunal y remoloneó para no acudir en persona; el portavoz parlamentario de esa formación cuestionó la decisión de los jueces. Finalmente compareció, pero con una serie de beneficios escénicos innecesarios y que dañó la imagen de la justicia. El presidente de Gobierno no compareció como tal, sino para deponer sobre determinados hechos que afectaban a su partido, mientras él tenía la máxima responsabilidad en el mismo, y que, de una u otra forma, le afectaban y, de ahí, su obligación de declarar. En esta ocasión, la Justicia y su presentación, al menos en lo que se trasladó a la opinión pública, no dio apariencia de trato igualitario. Conductas muy poco edificantes en un sistema democrático.

Otro asunto en el que la ciudadanía debe hacer presión constante y conseguir que el sistema cambie es el de la posibilidad de elección de candidatos en listas abiertas y la reprobación de los mismos cuando su conducta política sea inadecuada. El sistema electoral de lista cerrada en el Congreso «obliga» a votar a personas sometidas a sospechas o a procedimiento penal o cuestionadas éticamente, si el partido decide incluirlas en una lista. Pienso que, en todo caso, quien vota a un corrupto políticamente adquiere la categoría de cómplice. Mientras el sistema se mantenga, se «coacciona» a los ciudadanos a que voten no a quienes ellos decidan, sino a quienes señala el aparato del partido correspondiente, al resultar imposible tachar a los o las que no respondan a la altura ética demandada (sistema de listas cerradas). En tanto esto sea así, solo se compensaría, al menos en parte, con el sometimiento al control previo de las listas a los electores a modo de primarias abiertas.

Desde luego, algo que se puede hacer es exigir que los representantes políticos, y los servidores públicos en general, tengan un nivel ético y unos méritos que equivalgan al nivel de responsabilidad que se adquiere con la elección. En definitiva, se trata de las personas que van a definir legislativa, ejecutiva y judicialmente nuestro futuro. Y tenemos derecho a que sean los mejores.

Por todo ello, el nivel de exigencia frente a la corrupción debe ser máximo, hasta el punto de que, con él, la sensación de impunidad desaparezca. En este sentido, sería ejemplar que quien ha delinquido ejecutando conductas enmarcadas en el concepto de corrupción se viera obligado a reintegrar el dinero defraudado como mínima compensación por lo depredado.

La ética, compañera imprescindible de la política

El engranaje de los conceptos política y ética —que es tanto como decir el uso legítimo del poder en un Estado de Derecho—, en vez de funcionar armónicamente, se resquebraja. Lo ético —que impone los límites al uso torcido del poder— y la prevalencia de los medios legales sobre los ilegales han cedido encubiertamente ante la oportunidad del ejercicio de ese poder, y ello ante la inactividad institucional. El único antídoto para evitarlo es anteponer a cualquier otro valor el de la razón democrática de todos los ciudadanos.

Desde una perspectiva democrática, el fenómeno de la corrupción política no es más que la privatización del Estado, es decir, la subordinación del poder político a la propiedad privada, o a los intereses privados. El análisis de estos dislates identifica a políticos que durante muchos años han administrado nuestro país con criterios de exclusión e intolerancia hacia el pensamiento de los demás, pero cerrando los ojos ante acciones ilícitas que muchos de los suyos llevaban a cabo con el dinero público.

La pérdida de las libertades y la sumisión de la Justicia a intereses espurios pueden costar un precio excesivo a cualquier pueblo. El Poder Judicial y sus componentes deben defender a la ciudadanía frente a los intentos de instrumentalizaciones interesadas que buscan someter a la población de forma irreversible a un sistema vicarial controlado por los más poderosos económicamente.

La lucha contra la corrupción es vital y debe ser prioritaria en cualquier democracia, porque de su erradicación dependerá la consolidación de esta; pero la sociedad debe estar muy atenta a quienes se aprovechan de esa «ceguera» que aparentemente se presume a la Justicia. Esta debe tener, en estos casos, los ojos muy abiertos para ver y evitar aquella potencial instrumentalización política. Nadie conquista un reino para siempre, y el de la democracia debe ganarse y defenderse permanentemente frente a quienes intentan menoscabarlo.

Para erradicar este fenómeno negativo y dañino para una democracia son necesarias medidas quirúrgicas certeras, aplicadas con precisión y en las partes afectadas. Pero fundamentalmente se precisa, como valor de revitalización de la sociedad civil, la recuperación e instauración de una cultura de la ética política, es decir, la actitud íntima y decidida de acabar con la corrupción y de no ampararla, ni justificarla o encubrirla. La cuestión es si ya se ha tocado fondo.

No basta con que existan normas legales: se precisa, esencialmente, la voluntad de aplicarlas y la convicción de que son necesarias e imprescindibles. Para ello, resulta básico educar al ciudadano desde la infancia acerca de los valores esenciales que sustentan el sistema democrático; la defensa de los derechos fundamentales en los que se apoya la comunidad y la asimilación de que el servicio público constituye un deber y una exigencia ineludible y no corrupta. Estos son los puntos de apoyo elementales para proteger la limpieza del sistema.

Sería muy necesario que en las escuelas se impartiera una asignatura de Defensa de la Democracia para despertar en niños y niñas el interés y la necesidad cívica de protegerla como algo insustituible

y necesariamente limpio y cuyo quebranto deb
sancionado. Con ello, aprenderían que los co
rruptos y las actuaciones encubridoras deben ser exp
vida pública y la transacción sobre los mismos, rechazada. Es
dagogía es una obligación cuyo cumplimiento nos corresponde a cada uno en el ámbito profesional y social que desarrollamos; y también nos permite el derecho de exigir su cumplimiento a quien tiene la responsabilidad de dictar las normas y aplicarlas.

La democracia es un bien tan escaso que su consolidación es misión del conjunto de toda la comunidad internacional.

La indiferencia es la peor especie que puede inocularnos, porque vemos acontecer los hechos y no hacemos nada para cambiarlos. Criticar una cosa que está mal está muy bien; cuestionar que algo no funciona está muy bien, es necesario. Pero algunas veces hay que hacer algo más. Hay muchos ámbitos en los que hoy en día una sociedad democrática comprometida tiene la obligación de ser exigente y participativa, y no hay excusa para no serlo.

La desesperante indiferencia

«Ser bueno, ¿quién no lo desearía? Pero sobre este triste planeta los medios son restringidos. El hombre es brutal y pequeño. ¿Quién no querría, por ejemplo, ser honesto? Pero ¿se dan las circunstancias? ¡No! ellas no se dan aquí». Estas acertadas palabras de Bertolt Brecht deberían hacer despertar a quienes, en forma silente, y por tanto cómplice, asisten a la escenificación de la caída de los valores, la justificación de la mentira, la negación de la honestidad política y la desaparición de la decencia en el quehacer público en España.

Tengo que reconocer que cada vez me cuesta más comprender la indiferencia de un gran número de personas que aceptan estoicamente, o bien jalean y justifican, los escándalos de corrupción y latrocinio de los servidores públicos como si fuera algo normal que forma parte de nuestra cotidianeidad. Hasta tal punto ha llegado ese pasotismo que ese contingente, alarmantemente alto, acepta, sin remordimiento, las burdas defensas mediáticas y políticas de quienes están en entredicho por su inapropiada actuación, que incluso podría ser delictiva, y no se inmuta cuando un jefe de Gobierno, duramente cuestionado, se limita a efectuar una lacónica apelación al respeto al Estado de Derecho que no limpia una conducta que apesta por su falta de transparencia y que alarma a la ciudadanía, ante las revelaciones de quien hasta hace poco era uno de sus fieles escuderos.

La fungibilidad de las opiniones políticas es algo sabido y asumido por el común de los mortales. Pero resulta sorprendente la polarización de los medios de comunicación, en función del interés político o la facción a la que pertenezcan, olvidando (solo algunos lo recuerdan) el sagrado deber de informar a todos los ciudadanos con objetividad e independencia. Así, resulta memorable el esfuerzo por eliminar a quien está colaborando con la justicia, denostándolo, sin más argumento que el de perjudicar al contrario, que en este caso es el pueblo como titular de la justicia.

Los análisis objetivos han muerto, solo las afirmaciones parciales sobreviven. La apelación al Estado de Derecho es baldía cuando, previamente, se quebranta el mismo (cobro de sobresueldos, ocultación de cantidades al fisco, financiación ilegal de un partido político, aprovechamiento del cargo para percibir comisiones). ¿De qué Estado de Derecho hablan? Quienes así se comportan, máxime si están en lo más alto de los tres poderes del Estado, o en los diferentes niveles de las Administraciones, no merecen la confianza de los ciudadanos, porque ellos son el principal peligro para la subsistencia del sistema democrático al haber quebrantado, sin complejos y, aún peor, justificándolo, el juramento o promesa de entrega al servicio público y la defensa de los principios constitucionales que les obligan. Cuando así se actúa, se deben pagar las consecuencias a todos los niveles, porque de lo contrario la credibilidad del sistema se arrastraría por los suelos.

Este principio, tan arraigado en otras democracias, en la nuestra no vale ni como saldo de temporada, porque al final del día la línea entre lo ético y lo legal se difumina, dando paso a la arbitrariedad y, demasiadas veces, a lo delictivo. La corrupción afecta a las estructuras del Estado y genera desigualdad y empobrecimiento en los ciudadanos, convirtiéndose en el más grosero de los ataques a los Derechos Humanos, que solo justifican aquellos que se aprovechan y benefician de ello. A pesar de esto, en España apenas en los últimos años se produce un discreto clamor popular, por encima de las diferencias o planteamientos políticos, contra los que han roto el contrato con los ciudadanos, engañándolos. Lo de menos es que se llamen Bárcenas, Correa, Gürtel, ERE, Nóos o Palau de la Música, lo verdaderamente preocupante es que los hechos que motivaron esos casos se han producido y los últimos responsables se amparan en las inmunidades del miedo y la vergüenza y desprecian el respeto a la justicia, tratando de socavarla, incluso desde dentro.

El mutismo nos hace cómplices de esta situación. La falta de decisión política por parte de quienes están en el poder o los que ejercen oposición al mismo debe hacernos reaccionar. Todos, salvo contadas excepciones, han asumido una postura oportunista y precavida, o lo que es peor, condicionada a la propia acción de los perpetradores.

La denuncia de un sistema esencialmente corrupto es necesaria. Frente a la compra de conciencias adormecidas que justifican la impunidad de estas conductas, se impone la Indignación Activa. No concibo que los votantes del Partido Popular, o de cualquier otro partido, ante el vendaval de suciedad esparcida por mil actos de corrupción, que nos estallan en la cara día a día, continúen callados por el simple hecho de que quienes actúan inmoralmente son de su ideología. La lucha frente a la corrupción no es una cuestión de ideología, sino una medida terapéutica y, en consecuencia, el abandono o la renuncia al cargo respectivo es una medida de regeneración democrática.

Conocer a través de los periódicos que altos cargos públicos mediaban ante el juez, y con un imputado ilustre exsenador, por orden de otros cargos públicos o políticos; cómo ex responsables políticos realizaban la labor de «conseguidores» para doblegar voluntades en la justicia; cómo abogados sin ética profesional se han prestado a este aquelarre corrupto en el que se distribuían favores y prebendas a cambio de hundir los pies de la democracia en el fango más espeso... resulta insufrible. No es cuestión de ideología, sino de honestidad y de principios. No me importa, a estos efectos, que en España gobierne una formación conservadora como el Partido Popular, pero sí me ofende como ciudadano tener que oír hasta en el último confín del mundo comentarios críticos sobre nuestro país por el hecho de que el presidente y otros políticos continúen enrocados en su posición y no se marchen, sin necesidad de que nadie se lo pida. Y ni tan siquiera una explicación al pueblo...

Tres conceptos regeneradores

Frente a la indiferencia que se resiste a desaparecer de nuestras mentes, tres conceptos básicos apoyan la necesidad de reaccionar: protagonistas, actitudes y derechos. Los protagonistas son quienes construyen la reacción día a día, con sus aportes, sus ideas y la coherencia de su pensamiento con la práctica de sus postulados. En segundo lugar, saber que en la vida deberían imponerse las actitudes éticas, comprometidas y proactivas, lejos de la neutralidad supuestamente aséptica que se proclama como regla y que la mayoría de las veces se confunde con la indiferencia que muchos abanderan. Por último, reivindicar que el derecho a la felicidad no debe ser una entelequia para el ser humano, sino una aspiración cierta y una realidad tangible en un mundo democrático y en equilibrio con la naturaleza. Los políticos a los que se encomienda en democracia la organización de la vida social y su gobierno deben ajustarse a la consecución de los tres principios enunciados, es decir, entender que el ciudadano es el protagonista y que a él se deben; y mediante actuaciones éticas y comprometidas, buscar el bienestar

y la felicidad de la sociedad, objetivo final que debe co
acción política.

Ocurre en no pocas ocasiones que quienes tienen el deber de ejercer tal responsabilidad no tienen interés en cumplir con sus obligaciones. Un ejemplo claro es el del presidente de los Estados Unidos, Donald Trump. Se trata de un personaje de carácter zafio, de modos groseros y conceptos elementales que chocan frontalmente con la democracia. La insolidaridad, el egoísmo, la xenofobia, la islamofobia, la falta de respeto a la justicia, al medio ambiente y, especialmente, la soberbia que destila son sus señas de identidad.

Sin duda, la llave más peligrosa que tiene Trump no es la del maletín nuclear, sino la que abre el manual para corromper la democracia pervirtiendo al propio sistema desde una concepción oportunista del derecho como instrumento demoledor de los derechos de los más vulnerables. No nos engañemos, en esa barbarie no está solo. Le acompañan muchos, que contribuyen a la consolidación de tal objetivo por acción u omisión. Y viaja con él un elemento aún más peligroso: la soberbia.

La soberbia, enemiga de la razón

En política la soberbia es enemiga de la razón, y puede obviar la ética y atentar contra la democracia. La soberbia hace que los dirigentes de un país no solo se crean imprescindibles, sino que concluyan en que su criterio es el único aplicable para tomar las decisiones precisas. Desde esa óptica, excluyen a quienes no formen parte de su grupo, de su partido, de su clan, de su tendencia, y construyen todo desde la irrealidad burocrática de sus despachos, acostumbrados como están a la desconexión con la realidad que pretenden comprender sin tocarla demasiado y desde lugares en los que la participación de los ciudadanos es imposible. Crean así una burbuja que cada vez se aleja más de la democracia y desde la que cualquier acción, por irregular que sea, se justifica en función del buen gobierno, de su buen gobierno.

Quizás por eso, en un momento determinado, con su propia idiosincrasia en cada lugar o país y en todos con causas similares, se da forma a lo que he denominado la Indignación Activa, que surge de los movimientos sociales de indignados y de personas no indiferentes a lo que ocurre en su comunidad y entorno social, que cuestionan las políticas tradicionales y toman la decisión de participar en lo que es el espacio democrático más allá de la mera votación cuando son requeridos para ello. Con esa proactividad, los políticos sentirán más próximo el aliento de los ciudadanos y su presión democrática. Se trata de dar forma a un control real y efectivo de la política y de la acción de los políticos para prevenir y en su caso denunciar una actividad delictiva desde el poder.

Como es lógico, los gobernantes intentan domesticar a esos movimientos sociales que por regla general son asamblearios y no aceptan un control. Asimismo, los partidos buscan ese control en una doble vía, reclamando su apoyo, o intentando conseguirlo, cuando los necesitan, con el objetivo subsiguiente de someterlos a sus intereses. Lo que olvidan unos y otros es que los movimientos sociales, para bien o para mal, tienen vida propia y se rigen por reglas diferentes a las de la política tradicional, y resulta difícil que se sometan. Esa iniciativa propia puede revestir fórmulas desestabilizadoras para la distribución del poder en las democracias representativas.

Los partidos políticos tradicionales se ven constantemente desbordados por los movimientos sociales, desde la forma de convocatoria hasta la forma de toma de decisiones. También responden a estímulos diferentes y en muchos casos totalmente ajenos a lo que es la fórmula tradicional de hacer política, incluso huyendo de la misma, con lo cual se convierten en centros de poder, autónomos y de acción ejecutiva inmediata. Asimismo, y aunque se aprueben normas en el Parlamento, los mecanismos de acción de los movimientos sociales se muestran ajenos o cuando menos indiferentes al proceso de formación y adopción de decisiones legislativas. Para cuando la iniciativa sea ley, la situación de la que se trate ya tendrá una respuesta y desarrollo sociales al margen del contenido de la norma que la regula. Para que ambas realidades se unan o al menos coincidan, los poderes del Estado, y especialmente el Ejecutivo, tendrán que partir de aquella realidad fáctica y acomodar la acción ejecutiva y el desarrollo de la misma a la realidad social previamente definida. Es lo que le dará la legitimación social que actuará a modo de parlamento.

Un buen ejemplo de la fuerza legitimadora o deslegitimadora de disposiciones o resoluciones institucionales se puede ver en la acción de los movimientos sociales y organismos de Derechos Humanos de Argentina. En el mes de mayo de 2017, consiguieron que la Corte Suprema revirtiera la línea jurisprudencial iniciada para rebajar las penas de los criminales de lesa humanidad fijada en la sentencia conocida como la del 2x1. Apenas cuarenta y ocho horas después, se movilizaron casi dos millones de personas en todo el país en contra de esa resolución, que representaba una regresión brutal en las conquistas de la sociedad contra la impunidad de los crímenes de la dictadura cívico-militar (1976-1983), hasta el punto de que el Congreso aprobó una reforma urgente de la ley para evitar este tipo de decisiones y el presidente de la República, Mauricio Macri, de tendencia conservadora, no tuvo otra opción que sancionar, de forma inmediata, el mismo día de su aprobación, la mencionada ley, publicándola y entrando en vigor a renglón seguido.

Lo mismo aconteció en el mes de agosto a causa de la desaparición del joven Santiago Maldonado tras una intervención de la Gendarmería en territorio mapuche en la Patagonia argentina; o con la incidencia de los movimientos sociales frente a la corrupción en Guatemala; o cuando los mismos consiguieron que el presidente de Paraguay, Horacio Cartes, renunciara a que se aprobara una reforma constitucional a favor de la reelección presidencial por un segundo mandato presidencial; o frente a la corrupción en Brasil, en Sudáfrica o Burkina Faso, entre otros ejemplos.

Sin embargo, la incidencia del poder establecido es difícilmente superable, debido a los múltiples mecanismos de blindaje que han desarrollado los que lo representan. Por ejemplo, en Brasil, aquella movilización social, tras haber obligado a la renuncia de Dilma Rousseff, no ha logrado que el actual presidente, Michel Temer, con más indicios y más consistentes, se siente en el banquillo. Es decir, el poder aprende rápido y los artificios políticos y los acuerdos de sus representantes han bloqueado la posible acción contra él. En otros casos, es el Poder Judicial el que toma la iniciativa, y basándose, en gran medida, en la denuncia social y la incidencia de los medios de comunicación, se consigue llevar la trama ante el tribunal. Es el ejemplo del Ministerio Fiscal español denunciando que el Partido Popular hizo del soborno una acción normal para suministrar fuentes de financiación al partido.

En este caso, esa acción puesta en marcha a nivel institucional, en palabras de la fiscalía, es esencialmente antidemocrática, y en sí misma debería dar lugar a una refundación de ese partido. Pero de nuevo la soberbia hace su entrada en escena. Los señalados interponen nuevas cortinas de humo y emprenden una acción de represalia contra quienes participaron en esa investigación, dificultándola siempre. Sin olvidar que la corrupción ha servido de catapulta al partido de referencia para ganar las siguientes elecciones, incrementando sus votos. Frente a esta aparente contradicción: denuncia de la corrupción, por un lado, y apoyo electoral más amplio al partido beneficiario de la misma, por otro, debemos reflexionar y tratar de explicar las razones de esa divergencia.

En este caso, los movimientos sociales nunca van a justificar la falta de acción penal contra los que aparecen como responsables de los hechos, y exigirán la sanción correspondiente, pero, por el contrario, las estructuras partidarias procurarán exponer a sus peones corporativos, mediáticos y de todo orden para neutralizar la acción de la justicia apoyada por aquellos movimientos. De quien resulte ganador dependerá el rumbo que tome la propia sociedad.

Los otros soberbios

Hay otros elementos también caracterizados por la soberbia. Son los populismos y los nacionalismos, que crecen aprovechando la ausencia de contestación, alimentándose del descontento ciudadano y encarrilando los movimientos sociales incipientes hacia una deriva que en muchos casos pasa por encima del interés general y las necesidades de la población para fijar objetivos inalcanzables, sin observancia de la razón ni el respeto a las leyes, engañando a los seguidores, prometiendo una particular Ítaca irreal e ignota.

En muchos países, y desde diferentes ámbitos mediáticos y políticos, se expanden acusaciones de unos contra otros, tildándose respectivamente de desarrollar políticas populistas, frente a las que se consideran políticas moderadas y respetuosas con la armonía política tradicional. No considero que el populismo sea bueno o malo en sí mismo. Si se apoya sobre la mentira, sobre la manipulación, sobre la violación de los Derechos Humanos y sobre el aprovechamiento de la bondad de las gentes, es decir, sobre la consciente posición de mentira, será rechazable. Si esa posición se tiene desde un partido tradicional, llámese Partido Socialista, llámese Partido Popular o llámese como se quiera llamar, será populista y por ello igual de repudiable que cuando se ponga en práctica desde movimientos o estructuras políticas no tradicionales. La mentira instaurada en la política, la manipulación, el engaño, el retorcimiento son siempre populistas. Por ejemplo, Donald Trump no es necesariamente malo porque sea populista, sino porque, representando al Partido Republicano, una estructura tradicionalmente conservadora, realiza afirmaciones que si se cumplieran serían claramente antidemocráticas y quebrantarían todas las leyes de Estados Unidos y las que rigen a la humanidad, y resultaría un populismo peligroso. Si el presidente norteamericano cumple el 10 por ciento de todo lo que ha prometido, estaremos en peligro; si, por el contrario, cambia de proyecto y de programa, nos quedaremos en el populismo manipulador de la democracia y no iremos a mayores, pero se quedará en la retina que un partido tradicional también puede jugar con la seguridad de todos, por intereses particulares y no generales.

Los nacionalismos, si no son debidamente encauzados y no salen del bucle en el que se instauran, se convierten en opciones fundamentalistas que distorsionan la realidad y ocasionan severos perjuicios frente a lo que podría haber sido una opción política más protectora, por su proximidad a los ciudadanos.

Frente al desafío de los populismos y de los fundamentalismos, debería alzarse la sensatez de quienes ejercen el poder desde el nivel más alto del Estado. Pero, si un Gobierno, olvidando su obligación de defender los intereses generales de la población, deja crecer una crisis que nunca debería haber sido tal, derivando su solución a otros poderes del Estado como el judicial o a la propia inercia de los acontecimientos, o reprime cualquier protesta por la fuerza, renunciando a cualquier tipo de diálogo leal y verdadero, aumentará la soberbia respectiva, llevará la crisis a su punto más álgido y, dependiendo de la importancia de la misma, a la violencia y a la confrontación, sea esta física o institucional. En este contexto, cualquier resultado que se produzca será siempre perjudicial para la calidad democrática de la sociedad.

La historia mundial más reciente nos pone muchos ejemplos de diversa intensidad en los diferentes continentes: Siria, Ucrania, Israel, Palestina, Egipto, Libia, Venezuela, Burkina Fasso... O en otro nivel, la crisis independentista de Cataluña, que ha llevado no solo a una confrontación absurda entre la Generalitat —y los movimientos sociales y partidos que apoyaban la iniciativa— y el Gobierno —y los denominados *partidos constitucionalistas,* que defendían la distribución territorial establecida en la Constitución de 1978—, sino que también las posiciones enfrentadas han llevado a la solución extrema de la suspensión del autogobierno y su ocupación por el Gobierno central, por la vía de la aplicación del artículo 155 de la Carta Magna. Todo ello ha contribuido a abrir unas profundas heridas en la propia sociedad catalana, que perdurarán mucho más que la confrontación política que las motivó a causa de la postura intransigente mantenida por los soberbios frente a la aproximación del diálogo que exigía una sociedad democrática.

Como se ve, al igual que los movimientos sociales y la sociedad toda pueden cambiar el curso de la historia (las llamadas *primaveras árabes,* el movimiento 15-M, y otros similares), también, a veces, la irracionalidad cuando se produce puede causar mucho dolor a quienes se ven arrastrados por la inercia de los acontecimientos. Me refiero de nuevo como ejemplo a Brasil, donde la xenofobia, la homofobia y, en definitiva, la agresión a los logros del Estado de Derecho conseguidos, después de la dictadura y durante décadas de democracia, pueden instaurarse de la mano de movimientos neofascistas, religiosos y extremos. Dichos movimientos han aprovechado la ausencia de un liderazgo político honesto, la instrumentalización de las instituciones por grandes corporaciones económicas, mediáticas o financieras, la hipercorrección galopante del Ejecutivo y el Legislativo y la insuficiencia y, en ocasiones, los excesos del Poder Judicial que durante mucho tiempo solo miró hacia un sector político determinado como causante de la situación.

El interrogante que se plantea en estos casos y en los diferentes niveles de gravedad es si no habría sido posible la solución del conflicto cediendo cada cual en las cuotas de exigencia respectiva, es decir, dando paso a la razón y al diálogo entre las partes sobre la soberbia y el autismo de los protagonistas y quienes los apoyan. Es decir, comprendiendo que ninguna de las dos opciones puede triunfar por sí sola.

Desde luego, en todos y cada uno de los casos, salvo cuando la confrontación es entre dictadura y democracia, en la que la opción siempre deberá ser en favor de esta última, si las partes enfrentadas atendieran a los verdaderos intereses de la sociedad, prescindiendo del orgullo mal entendido y los intereses particulares basados en el ego respectivo, la resolución sería muy diferente.

Claramente el conflicto catalán ha puesto sobre la mesa la esclerosis múltiple de un sistema en el que los actores principales se han guiado por el interés egoísta y soberbio, frente al común y primordial que titulan los ciudadanos y ciudadanas. La soberbia respectiva ha impedido cualquier posibilidad de resolución amistosa.

Esa falta de interés mutuo hacia los administrados es imperdonable y debería tener consecuencias políticas muy drásticas. Por de pronto, los políticos que han intervenido en el proceso, tomando decisiones trascendentes, deberían quedar imposibilitados y al margen del proceso electoral acordado.

A mi juicio, sobran mensajes interesados y falta pedagogía. Pedagogía desde las aulas llevando a niños y jóvenes al debate plural, al conocimiento de una realidad diversa y, sobre todo, a la enseñanza de que reivindicar los propios derechos frente a quienes dirigen nuestros destinos es un ejercicio democrático y pacífico, pero firme e irrenunciable en una democracia. Un debate y una reivindicación para crear masa crítica y sin apriorismos o posturas predeterminadas. De igual forma, echo de menos asociaciones de vecinos, de estudiantes, de sindicatos, organizaciones culturales, de consumidores, entidades que reclamen derechos de los mayores y de los niños, pero no solo a tiempo parcial en la calle, y rechazo terminantemente la utilización que, a veces, se hace de la infancia en favor de los propios intereses y no de una verdadera educación en valores y principios democráticos.

Como ya ocurrió en la Transición, debemos retomar la movilización social en todos los sectores y coordinarlos para ser capaces de decidir qué es lo que no está bien en nuestra sociedad y poner las bases para resolverlo. Nuestra Indignación Activa debe llevar a organizarnos, a coordinar la respuesta. Solo reclamando derechos, señalando errores, manifestando nuestra opinión y actuando en defensa de esos principios podremos ejercer el control social.

Y este control es cada vez más indispensable.

2

La dignidad humana

La libertad no hace felices a los hombres,
los hace sencillamente hombres.

MANUEL AZAÑA

Cuando la dignidad del hombre se dinamita y se corrompe, es preciso levantar la voz y volver a colocar la piedra angular en el quicio de la excelencia humana.

La lucha constante en defensa de los Derechos Humanos es una necesidad, pero la necesidad, en tiempos de paz y en tiempos de guerra, debe comenzar por paliarse con pan, vivienda estable, salud y educación, en definitiva, con dignidad, libertad y democracia, pero sin olvidos, porque, como decía Bertolt Brecht, una papeleta electoral no da de comer al hambriento.

Coincido con quienes piensan que vivimos los tiempos de la vergüenza: de la vergüenza del terror, de la corrupción, de la guerra, del olvido y de la xenofobia, de las mordazas y las mentiras. Por eso, como expresó el rabino Marc Raphaël Guedj, generar un discurso sectario y excluyente para encadenar conciencias, sacralizar una tierra, reivindicar la exclusiva de la salvación, considerarse de esencia superior y heredero legítimo del patrimonio ajeno… o convertir en mesiánicas las empresas humanas son algunas de las fuentes de la violencia que día a día atenazan a muchos pueblos y constituyen la peor solución posible. La más factible, sin embargo, vendrá de la mano de la verdadera democracia que dé vida a una sociedad firmemente cohesionada, con derechos y deberes definidos en justo equilibrio con las necesidades que aquella precisa en su conjunto. Es decir, debe consagrarse el principio de la no impunidad y de la igualdad.

Una ley para todos, sin que nadie, como decía el maestro Víctor Hugo, esté por encima de ella, que sea democrática y justa y controle y limite el ejercicio del poder. Una sociedad que por ser más libre sea más segura y no a la inversa. Más segura, pero sembrada con sus libertades. Es hora de que el Derecho tome cuerpo y despliegue toda su acción para conseguir una sociedad más igualitaria.

Desde hace unos años, el mundo vive un período dominado por una especie de miedo colectivo generado por acciones terroristas masivas, con masacres indiscriminadas, por guerras, por la influencia del crimen organizado, por la violencia de género, el rebrote de la xenofobia... Y también por las acciones de gobiernos autoritarios, o que traspasan los límites de la legalidad y que generan alarmas que han conseguido dar forma a una sociedad a veces tambaleante y a veces asustada, una humanidad secuestrada en su propia impotencia.

Cuando esto sucede y además se pierde de vista el respeto a los más elementales derechos, empezamos a pensar que la dignidad del género humano está seriamente amenazada. Asistimos, junto a las de los mentirosos oficiales, a las acciones de los sátrapas y dictadores de diseño, o a las de los líderes mesiánicos, o al desafuero de los separadores (en cada país) que siembran las semillas del odio y de la injusticia, haciendo del cinismo norma y de la mentira profesión. Mientras tanto, el destino del mundo se debate entre el sueño de una libertad falsificada, estereotipada al estilo o moda marcado en centros oficiales y banalizada por el consumo consentido de ideas proyectadas por los medios de comunicación, esencialmente la televisión. Todo eso lleva a una especie de adormecimiento acrítico. Frente a ello, pequeños brotes de lucha desesperada tratan de parar esta peligrosa deriva ética e intelectual.

A la vez, las avenidas de sangre humana inocente siguen batiendo todos los récords y caen como hojas muertas sobre las conciencias de un mundo que dormita entre la insolidaridad y la indiferencia. No solo existen las grandes crisis de Oriente Próximo (Israel, Palestina, Siria) o las de Afganistán o Irak, muy conocidas por su presencia casi a diario en los medios de comunicación de masas, sino también las otras, desconocidas o «intrascendentes» geoestratégicamente hablando. En todas ellas, por unas razones o por otras y ante el desinterés general, los conflictos se hacen crónicos, y en ellos abundan las masacres; o según los casos, la hambruna o los desastres naturales acaban con millones de personas. A veces cobran protagonismo los desplazamientos forzados, las ejecuciones y detenciones en centros clandestinos. La violación sistemática de los Derechos Humanos es moneda de cambio habitual, frente a la inactividad, aceptación o indiferencia de los países industrializados, cuyas decisiones políticas o económicas causan indirectamente la situación..., y la podrían mejorar sin demasiado esfuerzo.

La degradación del ser humano llega a tal punto en algunos casos que resulta más «gratificante» velar por nuestro nivel de colesterol que ocuparnos de solucionar la miseria que sufren tantas gentes en el mundo. A pesar de que esta contradicción es tan evidente, seguimos sin analizar la razón profunda de la indiferencia general, aunque existen múltiples excepciones particulares. Como sociedad, formamos un conjunto amalgamado que se mueve a impulsos inerciales que muchas veces nos hacen insensibles a los problemas ajenos. Esa indiferencia es la que constituye la base de todas las atrocidades, que representantes «aventajados» de la sociedad, incluso elegidos por ella, han desarrollado y desarrollan en el mundo.

En este paisaje que nos inquieta y nos desgarra, cualquier día puede ser un gran día, razonable, pacífico y luminoso, y cualquier otro día puede dar a luz un golpe inopinado que nos lance súbitamente al gran silencio de lo irremediable. De alguna forma, tenemos la sensación de que pendemos de un hilo, que somos extremadamente vulnerables y que ningún humano ha conquistado un reino para siempre. En esta tesitura podemos y debemos ejercitar la memoria tratando de recomponer el mapa de la dignidad humana, destrozada y pisoteada. Ernesto Sábato, en *El túnel*, con su estilo desbocado como una confesión, nos dice: «La memoria es para mí como la temerosa luz que alumbra el sórdido museo de la vergüenza». Es preciso que ejerzamos de notarios de la dignidad inmarcesible de la especie humana hundida en el fango de la nueva subespecie, una masa anónima de hombres y mujeres que marchan, trabajan y se arrastran en la noche, sin emitir un mínimo rayo de esperanza.

Amalio Blanco, catedrático de Psicología Social, escribía ya en 2003 que el silencio pone entre paréntesis la inocencia de las víctimas y les niega la posibilidad de reivindicar su dignidad; la de ellas y la de sus descendientes; la de ellas y la de quienes pensaban y siguen pensando como ellas. Mientras, los victimarios, quienes perpetraron la barbarie y quienes siguen alimentándose de la ideología que la sostuvo, campan a sus anchas sin sonrojo y sin remordimiento.

Cuando la dignidad del hombre se dinamita y se corrompe, es preciso levantar la voz y volver a colocar la piedra angular en el quicio de la excelencia humana. Con serena indignación debemos hacer el diagnóstico: cuando los derechos básicos han sido devastados, la dignidad se esfuma como un gas. Pero también formularnos la pregunta básica: ¿hasta dónde estamos dispuestos a luchar para defender y recuperar esa dignidad del ser humano en materias tan claras como la pobreza, las enfermedades contagiosas, la falta de educación, la libertad, la justicia, la paz, los Derechos Humanos?

Los teólogos españoles de la Salamanca renacentista lo sabían muy bien; así, Domingo Soto proclamaba: «Los derechos básicos humanos ni Dios puede socavarlos ni mucho menos destruirlos». Y es que los derechos no se suplican, sino que se exigen. Pero ahora, tantos años después de la Declaración Universal que los reconoció como básicos el 10 de diciembre de 1948, comprobamos que su contenido sigue siendo, en gran medida, simplemente formal. La libertad, la Justicia y la Paz tienen por base el reconocimiento de la dignidad intrínseca y de los derechos iguales e inalienables de todos los miembros de la familia humana; pero estas bellas palabras no se corresponden, desafortunadamente, con los valores y contenidos que representan. Más bien serán la utilidad y la conveniencia oportunista y política de la libertad, la justicia y la paz, las que den forma en cada momento a estos valores que solo formalmente serán defendidos sobre la base de la dignidad humana.

En este punto, las palabras de Voltaire son dramáticamente certeras cuando reflexiona sobre que el mejor modo de fundamentar la tolerancia es luchar contra la intolerancia. Y advertía que si en Inglaterra hubiese una religión podríamos temer el despotismo; si hubiese dos, se cortarían las cabezas los unos a los otros; pero al existir treinta vivían en paz.

El espíritu democrático se ha ido tejiendo de forma lenta pero incontenible desde todos los frentes de la inteligencia humana. Y siguiendo la estela de John Locke debemos defender el derecho de resistencia y de rebelión ante situaciones extremas de abuso de poder, huyendo de la sumisión que impone la obediencia oficializada y proclamando la necesidad de enarbolar la bandera de la libertad por encima del «jergón» de la sumisión, como decía Étienne de la Boetie en su discurso sobre la servidumbre voluntaria, allá por el siglo XVI.

Los fundamentalistas rechazan la hermenéutica, el pluralismo y el relativismo y solo afirman, desde una turbia complicidad, el miserable reinado de la exclusión. Cuando el disenso está amordazado, la tortura, el asesinato, la censura, la extorsión, la amenaza y la corrupción son las herramientas favoritas de los intolerantes que pretenden evitar cualquier opinión divergente, y si esta surge es inmediatamente silenciada o denostada.

Me parece oportuno también traer a colación a Elías Canetti, que ha contribuido decisivamente a poner de relieve el carácter atávico y transindividual de las actitudes intolerantes, ligadas siempre a los reflejos de supervivencia que rigen las psicologías del poder. El filósofo británico Jonathan Glover denuncia el carácter criminal de la intolerancia política y cultural. La conclusión de Glover tras el repaso de tanta ignominia, de tal exceso de barbarie, es un tanto desalentadora para la especie humana: los hombres no han aprendido a respetarse unos a otros. Persiste un «orgullo guerrero» que fomenta la eliminación de aquellos que han sido calificados de enemigos. Confiesa Glover que la antipatía hacia las diferencias combinada con un aberrante tribalismo son constantes y casi inextirpables de la psicología del intolerante. Sin embargo, hija legítima de la tolerancia es la libertad, que se abrocha irrefutablemente con la paz y la seguridad; una paz y seguridad democráticas, incardinadas en el derecho y en la justicia.

Para Manuel Azaña, presidente de la II República Española, la libertad no hace felices a los hombres, los hace sencillamente hombres. Ahora que el concepto de seguridad pugna por sofocar y neutralizar al concepto de libertad, es preciso volver a cantar la gloria constitutiva de la libertad humana como la única empresa y aventura irrenunciable. Frente a la injusticia y la infamia solo cabe una pedagogía de la Indignación Activa, cimentada en la libertad. Frente al curso fatal y siniestro de los acontecimientos, solo es válida una oposición firme que ponga a prueba, de nuevo desde la libertad, nuestra capacidad para cambiar el ritmo de la historia. Frente a la «trinchera» que destila odio y segrega venganza, solo se puede emprender el ejercicio de una libertad que, con coraje y convicción ética, interpele y desafíe la mezquina gloria de los intolerantes. Karl Popper lo afirmó sin rodeos cuando dijo que solo la libertad parece hacer segura a la seguridad. Y con ambas cubre todo el espectro garantista que pueda exigirse, pero a la vez contiene su excusa.

La lucha por la dignidad y la recuperación de la ética y la altura moral perdidas es la meta básica de una nueva seguridad que busque la erradicación de las lacras aquí denunciadas y la recuperación del equilibrio en el ser humano. La primera, la dignidad, da sentido e integra a las otras dos, ética y moral, y sin estas, aquella lucha no se iniciaría nunca. Se trata por tanto de generar una actitud nueva y positiva formada desde la base por la acción y el compromiso, que fuerce el cambio del curso normal de la dirección e inercia oficialista y burocrática de los acontecimientos. Es una obliga-

ción romper esas ataduras invisibles que
más libre y más segura y por tanto más efi

En esa nueva actitud positiva tienen
desarrolla la educación (equivalente, en
infracciones) y la justicia. Primero, con la educa
humanidad estará garantizado. Hasta ahora esa educación
nido lugar por cuanto nos hemos movido, nos estamos moviendo,
en el terreno del reproche y del rencor, así como en el del aprovechamiento y en el de la falta de respeto al otro y a su dignidad.

En segundo lugar, porque sin derechos proclamados, defendidos y exigidos por la Justicia, la dignidad se convierte en burla y en sarcasmo. Si la Justicia consiente que el poder se torne intolerante, o se inhiba a la hora de exigir responsabilidades, la violencia se enseñorea del terreno y dispara la temperatura del odio y de la venganza.

Hoy pretendemos dotarnos de un Sistema Internacional de Derecho que otorgue seguridad a las víctimas, grandes olvidadas en todos los conflictos en los que no pasan de ser meros números estadísticos, en el mejor de los casos, o «daños colaterales» en el peor; aunque, tanto en uno como en otro, los extremos queden unidos por la sinrazón y la inhumanidad de los que provocan la catástrofe.

A lo largo del último siglo y en particular desde la Segunda Guerra Mundial, la dignidad humana se ha ido degradando cada vez más, o quizás es que nunca fue objeto real de protección, porque existiendo las normas que garantizaban tal derecho básico del ser humano, nunca se pusieron en juego todos los elementos necesarios para garantizar ese respeto a nivel internacional.

El preámbulo de la Declaración Universal de los Derechos del Hombre proclama que la libertad, la justicia y la paz en el mundo tienen por base el reconocimiento de la dignidad intrínseca y de los derechos iguales e inalienables de todos los miembros de la familia humana. En idéntico sentido, en el Pacto Internacional de Derechos Civiles y Políticos de 16 de diciembre de 1966 y en el artículo 1 de la Declaración, se establece solemnemente que todos los seres

…nos nacen libres e iguales en dignidad y derechos; pero creo … principio y artículo son de los más quebrantados en toda la his…oria de la humanidad, porque en la mayoría de las ocasiones se han transformado en mero argumento retórico justificador de conciencias claramente culpables.

La Segunda Guerra Mundial; el genocidio tibetano; el camboyano; el armenio; los genocidios y crímenes de lesa humanidad en Birmania, Indonesia, Pakistán, China, Biafra, Somalia, Congo, Sudáfrica, Chile, Argentina, España, Guatemala, Ruanda, Sierra Leona, Bosnia, Irán, Irak, Afganistán, Palestina, Israel, Guantánamo… ¿Cuántos ejemplos más son necesarios para reforzar esta afirmación? ¿Acaso está todavía vigente la afirmación que Ellie Wiesel dedicara a Auschwitz de que allí murió el hombre y la idea de hombre? ¿En cuántos lugares más sigue ocurriendo lo mismo? Y frente a todo esto, ¿debemos callar? ¿Debemos permanecer inactivos?

El ejemplo más preclaro y reciente para conseguir la meta que apunta la Declaración Universal de los Derechos del Hombre, a la que alude también el Pacto Internacional de Derechos Civiles y Políticos de 1966, es el Estatuto de Roma de 1998, que creó la Corte Penal Internacional para perseguir los crímenes más graves contra la humanidad (genocidio, lesa humanidad, de guerra y agresión). Sin embargo, es denostado por las primeras potencias mundiales y por las de poblaciones más necesitadas de protección frente a sus líderes. EE. UU., Rusia, China, India, Pakistán, Irán, Israel, Siria… rechazan y desprecian la iniciativa. En definitiva, les estorba o les perturba, porque con ella la comunidad internacional ha querido poner límites a la voluntad de algunos líderes.

No todo está permitido. No puede aceptarse que el principio maquiavélico, en su forma más simplista, de que el fin justifica los medios sea la norma que rija el mundo, porque ello es esencialmente contrario a los principios básicos que deben sustentar la dignidad humana y opuesto a todo sistema de derecho.

Lentamente, estamos pasando de una sensibilidad epidérmica a una sensibilidad de fondo, acorde con los graves momentos que estamos viviendo, tiempos en los que comienza a hacerse realidad el compromiso rebelde y democrático que reconstruirá el maltrecho edificio de la comunidad internacional basado en la solidaridad y confianza entre Estados, en la tolerancia como elemento integrador de la convivencia pacífica; en la cooperación humanitaria y solidaria; en la justicia como principio básico para impedir la existencia de zonas de impunidad cuya defensa asuman no solo los propios sistemas nacionales, sino organismos como la Corte Penal Internacional. Esta, hoy por hoy, creo que representa el mejor ejemplo de una acción coordinada para paliar la soberanía y constituye la mayor iniciativa de paz que la humanidad internacional ha conseguido.

En la defensa de los Derechos Humanos todos debemos compartir el esfuerzo y desarrollar aquella parte del trabajo que nos corresponde, sin miedo y con enérgica decisión, porque ninguna sociedad se va a quebrantar por el hecho de que se aplique la ley y la justicia. Como Cicerón dijera hace miles de años, el ser esclavos de la Ley nos hará libres. Por el contrario, en palabras de Montesquieu, una injusticia hecha a uno solo supone una amenaza para todos. O siguiendo a Willy Brandt, concluiremos en que admitir la primera injusticia es abrir la puerta a todas las que le siguen.

Por ello una sociedad constituida sobre la justicia, sobre la exigencia de responsabilidad y sobre la erradicación de la impunidad es una sociedad más libre, más democrática, más igualitaria, más segura y, en consecuencia, más firme en sus valores y aspiraciones, y sabrá proteger más adecuadamente a sus componentes. Y lo es sin que para ello tengan que disminuir las conquistas que integran los baluartes básicos de nuestros pueblos y que son los que, a través del diálogo, del respeto y de la aproximación política y cultural hacen que día a día construyamos el edificio común en el que, con todas las discrepancias que tenemos, nos podamos integrar en un futuro de esperanza.

En el desarrollo de esta nueva sociedad en la que los conflictos globales, en especial las agresiones a los derechos de la Comunidad

Internacional o a comunidades olvidadas o al medio ambiente, son una realidad frente a la que nadie puede eludir su responsabilidad, los jueces deben asumir un papel protagónico.

La libertad se siente amenazada en muchos lugares del mundo, pero no tan solo por la acción de las organizaciones mafiosas o terroristas, o por dictadores inmorales o genocidas —esto, diríamos, es lo normal—, sino también por aquellos que tratan de imponer un estado de cosas que resultan difícilmente aceptables en una democracia.

Los discursos de estos sectores, que unas veces son políticos, otras mediáticos, económicos o todo ello a la vez, están repletos de citas y referencias a la libertad, a la democracia, a la justicia de los Derechos Humanos, al flagelo del terrorismo o la lucha contra la corrupción, pero son utilizados en forma recurrente como una especie de cortina de humo que oculta una realidad más atroz, más «real», en la que el significado auténtico de aquellos conceptos se pierde. Estos nuevos césares no quieren saber nada de la opinión de sus compatriotas cuando se oponen a sus criterios o decisiones; toman estas parcial y arbitrariamente, prescindiendo del interés de aquellos, o incluso en contra de ese interés y al margen de la legalidad o con una legalidad adormecida por la inacción de quienes deberían exigir su respeto y cumplimiento. Deciden crear una realidad virtual (no real) manipulada hasta la excrecencia. En el caso norteamericano lo vimos con la guerra de Irak y la supuesta necesidad de tal contienda porque el régimen de Sadam «amenazaba» la paz mundial.

Pero el pueblo, antes sumiso, hoy debe asumir la responsabilidad que le corresponde en esta fase tan delicada de la historia de la humanidad, en la que el miedo debe dar paso a la responsabilidad y al compromiso. La historia de estos años es paradigmática. Esta época contradictoria pasará y quedará en el recuerdo como aquella en la que la fuerza de unos pocos se impuso a la voluntad de muchos. Pero también como la que dio lugar al despertar de una nueva conciencia en la opinión pública, que, como dice José Sarama-

go, se ha convertido en una potencia con la cual el poder
contar. Una potencia que no puede ser lisa y llanamente si

La discrepancia, con el respeto mutuo, da vida a la verdadera democracia, la represión del otro porque sus opiniones no nos gusten conduce a la oscuridad de los intolerantes. La grandeza de la democracia es confrontar tu criterio con el del otro mediante el debate y, en su caso, aprovecharlo para hacer Estado, pero no anularlo obviando todos los controles o aprovechando el poder conferido.

La participación de la sociedad civil, lejos de ser denostada, debe ser auspiciada y propiciada, sin manipulación, y ello exige un cambio en el modelo político de participación, con mayor presencia en las decisiones que tomen las instituciones, para poder distinguir, como decía Popper, en todas partes lo verdadero de lo falso. Y en esta labor es fundamental la denuncia y participación activa de la sociedad civil.

Algunos medios de comunicación se han convertido en una brigada más del regimiento, o en su portavoz, pero solo para aquellos aspectos que les interesan para conseguir su fin. Frente a esta realidad solo cabe poner en práctica el principio de Indignación Activa, exigiendo el derecho a recibir una información veraz que junto con la libertad de expresión dará la medida de nuestro derecho.

La pregunta es dónde estamos y hacia dónde vamos. Dudo que hoy en día haya en el mundo una idea clara de cuál es el rumbo inmediato a seguir. Tan solo vivimos o nos hacen vivir la inmediatez impuesta por los acontecimientos, en una especie de sucesión vertiginosa de escenas que no te dejan pensar ni valorar lo que sucede. Pero quizás la secuencia de los hechos no sea tan casual y deslavazada como parece; quizás haya un motor alimentado por múltiples generadores políticos y económicos que se proyectan en una única dirección hacia un escenario de dominación efectiva, en el que la libertad y la democracia solo serían apariencia o realidad virtual. Por ejemplo, en el caso del terrorismo.

En nombre de la libertad se mata, se tortura, se secuestra o se invade un país, o se asumen como daños colaterales los miles o cientos de miles de víctimas que se pueden producir. O se violan sistemáticamente los Derechos Humanos. Pero todo ello estará adornado por la idea de que se trata de una «lucha de liberación» o por la «recuperación de la dignidad» de un pueblo, o por «la liberación del pueblo de la oligarquía económica», o «para sacar al pueblo de la pobreza», si bien lo único que se persigue es una especie de control político y económico con métodos expeditivos y en base a una especie de «orgullo desmedido», del que habla Michael Ignatieff y que se aproxima a una especie de poder sin coto, por encima de cualquier control. La ausencia de límites al poder de la voluntad del líder es altamente peligrosa para la democracia, la libertad, la seguridad y la paz, y genera espacios sin derecho, o zonas libres de Derechos Humanos.

Irracional y atávica violencia

En forma cíclica, y los tiempos actuales son un ejemplo de ello, la violencia aflora en el agitado magma de una ideología atávica y extremista que proclama, con naturalidad, sin atisbo de duda posible, su fe ciega en una esencia primigenia y en un derecho natural que le sitúa fuera del tiempo y de las leyes, anteponiendo un pretendido derecho colectivo a los derechos individuales.

La ideología de la violencia —localista, tribal, fascinada melancólicamente por lo irracional y lo mítico— se asienta preferentemente en viejos bastiones doctrinales, dogmas y ortodoxia a granel, donde la crítica es imposible. Así se consuma el disparate endogámico y la compulsión identitaria. Pero también ahora se manifiesta con un criterio meramente utilitarista, amparada por una supuesta lucha por la libertad y la seguridad mundiales, cuando realmente lo único que se busca es una posición de poder económico y político diferentes.

Para los violentos la culpa siempre es del otro, de los otros. A través de esta obsesión sombría, los violentos se liberan de sus propios fantasmas, lo que les permite seguir viviendo en los p[illegible] la ficción y del delirio, en su propia «burbuja autista» e ins[illegible], negando la rotunda verdad del género humano como un destino compartido. Cualquiera que discrepe de su modelo estará equivocado, o no comprenderá la sagrada misión «liberadora» que los guía, o serán tachados de poco patriotas o de defensores de los terroristas o dictadores, porque piden ni más ni menos que se apliquen las normas internacionales, que se respeten las decisiones de Naciones Unidas, que se responda por esos incumplimientos. En definitiva, los que así pensamos seremos catalogados despectivamente como la subespecie terrible y perturbadora de los *pacifistas* que no comprenden la realidad del mundo y que al denunciar los abusos perturban el nuevo orden mundial.

En contraposición, los que defienden el poder de la voluntad sin límites, los espacios sin derecho, las acciones ilegales, tendrán garantizada la impunidad para construir ese nuevo orden contrario al derecho internacional. Quien así opina, y son muchos los dirigentes mundiales que lo hacen, se confunde de enemigo. Los mal llamados *pacifistas*, o mejor dicho, los *defensores de la dignidad humana* no protegen ni defienden a los violentos más allá de exigir que se cumpla lo que el marco legal establece. «La ley es igual para todos», reza un principio (el de la igualdad ante la ley) básico del derecho, y por ello todos deben estar protegidos por sus garantías; y a todos se les debe exigir su cumplimiento y todos debemos responder ante él. Nadie está por encima de la ley. Ninguna razón de Estado se puede anteponer a la razón democrática de los ciudadanos.

Es evidente que los violentos crean su propio entorno endogámico, cultural, social y afectivo. Para movilizarse y encuadrarse necesitan el aliento popular a sus actividades, la comprensión de sus acciones, con las que pretenden «educar» a la población propia pero discrepante a través de los asesinatos y la destrucción.

Pero en la otra parte, en el Estado, la respuesta equivalente, no en legalidad y garantías, sino en violencia y represión, se convierte igualmente en un «arma de destrucción masiva», no solo de vidas o bienes, sino, lo que es peor, de valores, de derechos individuales y colectivos, de legalidad. Esto causa en la sociedad una devastación tan perversa como la acción de los terroristas. El respeto a la dignidad humana exige que se dé margen al derecho, entendido en sentido amplio para todos y frente a todos, porque su finalidad es proteger a los ciudadanos, primero como personas y luego como miembros de una comunidad.

Sin embargo, en aquel otro «nuevo orden», contrario a derecho, con la normalidad cínica que parece que otorga el poder a quien lo ejerce, o pretende obtenerlo, se considerará que la violencia suicida o la selectiva en zonas como la israelí-palestina o en Afganistán o en Irak es un recurso justo. Así pues, terrorismo, violencia, odio, venganza y asesinato selectivo, a falta de un proyecto u horizonte común, son realidades que se retroalimentan en una espeluznante espiral hasta la consumación de la tragedia...

3

Terror, paz y libertad

La indiferencia puede convertirse, de nuevo,
en la invitada inoportuna y adueñarse de las mentes
para adormecer nuestras conciencias con cortinas de humo
que nos alejan de los problemas y riesgos reales del terrorismo,
de cualquier terrorismo...

El gran error frente al terror

A quien discrepa casi se le considera traidor y se le vigila cuando se manifiesta. Así lo escribí en octubre del 2001 y es una realidad tan vigente entonces como ahora. También como entonces, cuando Estados Unidos estaba al borde del ataque a Afganistán, se pronuncian hoy grandes discursos, se proclaman importantes acuerdos de principios, pero se acepta e incluso se comparte la respuesta violenta. Han pasado más de tres lustros y podríamos volver sin embargo al «decíamos ayer». Entonces me preocupaba que países como Francia o España no rechazaran de manera tajante la violencia como única solución posible contra el terrorismo. Hoy el planteamiento sigue siendo el mismo y las omisiones oficiales para combatirlo reiteradamente son similares; a pesar de que los atentados inciden cada vez más masiva e indiscriminadamente en la sociedad, la coordinación de las fuerzas de seguridad y de la inteligencia sigue mostrando las mismas falencias. Es cierto que desde el 11-S han ocurrido muchas cosas, entre ellas la ejecución de Osama Bin Laden y la expansión del terror yihadista. Una expansión que tiene su origen probablemente en que se mantienen esas ideas vetustas ancladas en el imaginario político que se difunde al cuerpo social y que son las mismas que ya expresé entonces: el remedio basado en un hipotético bombardeo de la nada, a una masacre de la miseria; a un atentado a la lógica más elemental que nos dice que la violencia engendra violencia y que la espiral del terrorismo, de los terrorismos, porque no todos son iguales en sus génesis, ni en su desarrollo o finalidad, se alimenta con más muertos, sean del color que sean, y ese aumento de víctimas garantiza la justificación de su actitud e incluso le otorga más «legitimidad» para continuar su acción delictiva.

De amenaza difusa, el terrorismo de aquel primer tiempo ha pasado ya a realidad preocupante, y me mantengo en el pensamiento de que especialmente los países occidentales hemos contribuido de alguna forma a potenciar esa violencia, con nuestra propia intransigencia frente a la diferencia, con la imposición de «lo nuestro» frente a «lo otro», con el rechazo de todo aquello que difiere de nuestra cultura o incluso de nuestra «religión civilizada». Por más que se trate de deslindar a este tipo de terrorismo de la religión musulmana, en el fondo existe una convicción, que se atisba en líderes como Donald Trump u otros representantes de la nueva extrema derecha europea y de movimientos neofascistas, que cada día están más presentes en nuestra realidad política, y que sin ningún pudor estigmatizan a quienes practican esa religión, cuando los últimos atentados han demostrado que el déficit lo tenemos en nuestra propia sociedad y comunidad. Buen ejemplo de ello han sido los que se han sucedido en suelo europeo, incluidos, de forma muy especial, los acontecidos en Barcelona y Cambrils en agosto de 2017: gran parte de los terroristas crecieron en un entorno de libertades y en la seguridad de un sistema democrático.

11-S, un antes y un después

Antes de los ataques terroristas del 11-S contra las Torres Gemelas en Nueva York, desde mediada la década de los años ochenta, España era utilizada como base de reavituallamiento, como lugar donde se acogía a los muyahidines y donde se les facilitaba documentación falsa, pasaportes o tarjetas, que después utilizaban para proteger la identidad salvando las órdenes de detención o para facilitar la huida hacia otros países o zonas de conflicto.

Hay una anécdota que constata lo que digo y que tuvo lugar en el marco de una reunión de expertos en terrorismo en la George Washington University, y posteriormente en el Instituto JINSA de la capital. Allí mencioné la investigación que estábamos llevando en España sobre Osama Bin Laden y Al Qaeda, y resultó que eran nombres prácticamente desconocidos para la mayoría de los presentes, a pesar de su presunta relación con el atentado contra el World Trade Center en 1993. No existía conciencia de que se estaba fraguando una realidad en la que la violencia terrorista adquiría nuevos contornos y en la que la búsqueda indiscriminada y masiva de víctimas iba a resultar un elemento fundamental.

A partir del 11 de septiembre de 2001, evidentemente, se produjo un cambio cualitativo en la percepción general que tenía la ciudadanía del terrorismo internacional, del terrorismo yihadista. A nadie le cupo ya duda de lo que era capaz de hacer... Recuerdo que, en el año 2004, en el transcurso de mi comparecencia ante la Comisión de Investigación del Congreso de los Diputados sobre las causas de los ataques terroristas del 11 de marzo de aquel año, el diputado del Partido Popular señor Atencia Robledo me preguntó si la idea de la reconquista de España para el Islam podría estar en el origen de aquel terrible atentado. Obviamente, las causas de aquellos hechos hay que buscarlas mucho más cerca en el tiempo, aunque, en aquel momento Al Qaeda operara desde Afganistán a través de redes asociadas en diferentes países a modo de estructuras subordinadas y hasta cierto punto autónomas. Lo cierto es que el diputado en cuestión no andaba desencaminado, porque la mención a Al Ándalus, y su reconquista de manos de los infieles cristianos, ha sido una constante en los comunicados de explicación y reivindicación de los atentados de Al Qaeda y las demás redes terroristas yihadistas satélites, y del Daesh o Estado Islámico y sus subordinados.

Aquella guerra inútil

Si hay un ejemplo de guerra inútil, salvo para quienes se aprovecharon de ella política y económicamente (EE. UU. y sus aliados), y perversa por las consecuencias que ha producido, es el de la guerra de Irak. El informe elaborado por John Chilcot en 2015 refleja tras siete largos años de investigación que Tony Blair abordó la participación de Reino Unido en la invasión de Irak en 2003 «antes de agotar todas las opciones pacíficas», basándose en una «inteligencia defectuosa», y que la certeza con que se presentó «no estaba justificada». El exjefe del Gobierno británico pide disculpas hoy. Atrás quedan los 250.000 muertos, entre ellos nuestros ocho agentes del CNI, el reportero José Couso, el corresponsal Julio Anguita Parrado… y tantos otros. Y el país destrozado. Pero lo peor es la herencia.

¿Sirve de algo pedir perdón cuando, además de la destrucción de ese país, aquella acción ha dejado como herencia maldita la terrible situación que atenaza al mundo, el terrorismo yihadista, el miedo, el odio, la venganza, la locura? Se violentó la legalidad internacional, se fue de modo consciente a la guerra para destruir a un dictador que ya estaba vencido antes de comenzar y, de paso, masacrar a cientos de miles de personas. Ante estos hechos, uno se plantea si realmente la legalidad internacional, que siempre defiendo, sirve para algo más que para someter a los más débiles, mientras que los más fuertes prescinden de cualquier compromiso u obligación e imponen una ilegalidad palpable. Realmente, sirve de poco pedir perdón y que no haya consecuencias legales para ninguno de los máximos responsables. Fuimos millones de personas los que salimos a las calles de todo el mundo clamando contra la guerra y fuimos derrotados por las legiones de fanáticos pseudodemócratas.

No era necesario. Tony Blair, otrora la esperanza blanca de la izquierda europea con su tercera vía, se convirtió en mero comparsa militarista del dios americano. José María Aznar, a quien nadie había llamado y a quien el 92 por ciento de los españoles le gritamos «no a la guerra», se prestó al mismo juego diabólico. Ellos y

George Bush, gendarme mundial autoproclamado, emperador de la cobardía y del poder económico, nos llevaron a la locura de la guerra. Y todo ello promovido por unos servicios secretos cuya efectividad quedó en evidencia. Eso sí, con licencia para matar. Se demostró que el eje del mal que señalaba Bush y las armas de destrucción masiva, que según decía lo sustentaban, no eran más que fantasías, argumentos espurios para llevar adelante una acción que causó muerte, mucho sufrimiento, dolor y rencor. Ni más ni menos. ¿Por qué? ¿Para qué? ¿Dónde quedó el derecho de defensa del pueblo de Irak? Después de estas preguntas sin contestar, surgen varias más referidas a las víctimas, la destrucción de un país, la rabia, la impotencia, la malversación de tantos millones invertidos en tanto coste humano. «Nos equivocamos. ¡Qué pena! Lo sentimos». ¿Ya está? Pues no. No se puede permitir que los autores de tal desaguisado salgan incólumes y hagan afirmaciones como la que con toda desfachatez profirió el entonces ministro de Defensa, Federico Trillo, aseverando que España no estuvo en la guerra de Irak. Esta mentira, en alguien de por sí mentiroso, como lo demostró con el caso del Yak 42, tendría que haberle inhabilitado para cualquier cargo público. Solo por la dignidad de las víctimas.

Necesitamos conocer el alcance de la responsabilidad en que nos sumió nuestro jefe de Gobierno, tan ufano tras aquel retrato en las Azores. Su vanidad le salió muy cara a España. Habrá que ver quién paga ahora los desperfectos desde la óptica penal y la económica. Aquí, en casa, una colección de políticos miraba con soberbia y malos modos a quienes estábamos en desacuerdo. Todos tienen que responder tras habernos embarcado en una aventura de sospechosos intereses y muy cruentos resultados.

Nos alcanzan hoy los lodos procedentes de aquellos barros. Eludir el instrumento que supone la justicia sustituyéndola por la fuerza bruta y la violencia solo sirve para ocultar intereses inconfesables y destruir la vida de generaciones de seres humanos, condenándolos a la desesperanza. Si algo hay que aprender es que las armas no son la respuesta para todo. Reflexionemos. ¿En qué adultos hemos convertido a aquellos niños que vivieron una invasión cruel y sin sentido y vieron morir a sus familias y a sus amigos? ¿Qué seres humanos acaban siendo esos pequeños, obligados a huir de sus hogares, acogiéndose a un inexistente refugio, sintiéndose rechazados y maltratados por una Europa supuestamente defensora de los Derechos Humanos? Siento vergüenza, preocupación y una necesidad imperiosa de que, en este y otros casos, hagamos algo sabiendo que el tiempo corre y la desazón es cada vez mayor.

Lo cierto es que la invasión de Irak fue un punto de inflexión: la actividad terrorista internacional se concentró por primera vez en un país en el que precisamente la presencia de Sadam Hussein había impedido, hasta ese momento, que operara.

El terrorismo yihadista hizo acto de presencia y llenó el vacío de poder que se produjo en Irak, imponiendo una violencia masiva mantenida en el tiempo. Primero sería Al Qaeda y después, con las élites militares de Sadam, se iniciaría lo que llega a ser el Daesh o Estado Islámico.

Los terroristas golpean allá donde puedan hacerlo, donde consigan sorprender mejor y donde más trascendencia alcancen sus acciones. Esa es una máxima de cualquier organización o grupo terrorista. Aparte de las ideas políticas o la incidencia mediática que puedan tener o perseguir, hay algo más profundo: se postula el crimen masivo e indiscriminado como medio primero y último de instaurar el gran Califato, que no es necesariamente un lugar donde vivir ni un lugar donde luchar, aunque también, sino un espacio en el que morir por algo que no podemos erradicar ni combatir de forma definitiva. Es el cumplimiento riguroso de la sharia.

Racionalmente, esos planteamientos del terrorismo yihadista (Al Qaeda, Daesh-EI, Al-Nuera, Ansar Al-Sharía, Ansar Dine, Al-Shabab, Boko Haram, Al Qaeda en el Magreb Islámico, etcétera) nos pueden parecer una auténtica locura, pero lo cierto es que miles o decenas de miles piensan que esto es posible y pretenden imponerlo brutalmente. Desde luego, a ese postulado se añaden otros como el supuesto imperialismo de Occidente, la opresión del Islam, la supuesta superioridad de la visión deformada que del mism recuperación del esplendor pasado. Pero ocultan en sus discurs otras realidades: la falta de rigor histórico de sus postulados, la imposición de una cultura de supremacía interna frente a los denominados *infieles* al propio dogma, la visión parcial, deformada y extremista de unas enseñanzas coránicas que proclaman exactamente lo contrario de lo que propugnan sus líderes. Unos y otros prescinden de otros factores que para mí son fundamentales y que se refieren a cuestiones tales como la desigualdad, la pobreza, la anulación de derechos fundamentales, la falta de integración, la xenofobia, frente a los migrantes musulmanes y frente a todo aquel que es diferente. Junto a ello, la impotencia para elaborar un modelo político que sea capaz de erradicar de las mentes de los más jóvenes la sumisión frente a un adoctrinamiento fanático y perverso que incluye tendencias hacia la destrucción colectiva o selectiva de los demás, sin razones que justifiquen mínimamente ese planteamiento.

La dignidad de la rebeldía

El fanatismo religioso o nacionalista aparece como la raíz y la cara más visible de ciertas formas de terrorismo, más allá de las condiciones de pobreza o de motivos culturales o políticos. Este fanatismo brutal y deshumanizado puede verse en los actos terroristas cuando se sentencia gratuitamente que el enemigo ya no es una persona concreta, sino un grupo. Un grupo de inocentes.

Si el antiguo terrorismo perseguía unos objetivos propagandísticos, las nuevas versiones de terrorismo poseen un carácter absolutamente destructivo e indiscriminado. En todo caso, asesinatos selectivos o asesinatos indiscriminados son dos caras abyectas del asalto a la razón, a la ética elemental y al futuro de los pueblos y de las culturas. En este sentido reflexionaba duramente Bertolt Brecht cuando decía que el odio y la venganza son fruto de la cólera de los incultos, de los débiles y de los cobardes.

Entonces, ¿por qué tantos líderes y tantos fanáticos dirigentes caen y arrastran a muchos, en forma recurrente, a este abismo de intolerancia? ¿Acaso el ser humano no será capaz de destilar más humanidad y dignidad que odio y venganza? ¿Cuáles deben ser los parámetros que marquen el camino para salir de esta confusión y construir un futuro común?

Se trata de reconstruir el debate mundial acerca de los Derechos Humanos, tanto en los pasillos de las Naciones Unidas como en las esquinas de las calles de comunidades empobrecidas, y sacar a flote escalas de valores y perspectivas del mundo que acaben con las categorías que algunos han hecho contradictorias. Oriente contra Occidente, norte contra sur. Los derechos económicos y sociales, tales como el derecho al trabajo y a un lugar decoroso para vivir, contra los derechos políticos y civiles a la libre manifestación de las ideas y a la libertad de expresión; seguridad frente a justicia y libertad; la lucha contra el terrorismo frente al derecho y las garantías.

Contra estas dicotomías o artificiosas contraposiciones deberemos aplicar el valor de la solidaridad que surge del principio básico de la igualdad entre los ciudadanos y que debe superar el hecho de la desigualdad real entre estos. Su defensa constituye una actitud revolucionaria de ofrecimiento permanente, disposición constante y entrega definitiva. Esta actitud rebelde, que cada vez impregna a más hombres y mujeres, supone una responsabilidad política que da sentido y realidad a la lucha por la dignidad del ser humano.

Las sociedades no se cambian por la fuerza de las armas. No es la fuerza militar, como erróneamente muchos piensan, la que debe convertirse en la panacea de los problemas que los gobiernos generan, sino la discusión y el diálogo como instrumentos que abran la vía pacífica para acabar con la violencia, de la que necesariamente debe formar parte la justicia como acción contra las tentaciones de impunidad. No hay que olvidar que uno de los argumentos básicos de la impunidad aparece cuando todos se someten y aceptan que sea la voluntad del líder la que marque la pauta y los límites o la ausencia de límites.

El espíritu democrático se ha ido tejiendo de forma lenta pero incontenible desde todos los frentes de la inteligencia humana. Los adictos a la intolerancia no tienen más argumentos que la cobardía y la violencia. Borges nos recuerda la historia del caballero, al que identifica con De Quincey, a quien, en medio de una discusión teológico-literaria, su contrincante arrojó a la cara un vaso de vino. Sin inmutarse, el agredido replicó: «Esto, señor, es una digresión, ahora espero su argumento». Los defensores de la intolerancia actúan como ese agresor, y carecen de argumentos; no dejan lugar a la razón común, y con su acción quieren borrar al contrincante, si es un adversario, o aniquilarlo, si es un enemigo. Los intolerantes no dudan; descienden por línea directa al autoritarismo, que siempre se reviste de verdad inmutable. Cargados de consignas, son disciplinados y sumisos, tergiversan la realidad y se inmolan o matan por suposiciones trascendentes que únicamente existen en el hueco de su cabeza. Confunden la justicia con la necesidad de víctimas, y por eso ni en sueños reciben los intolerantes la visita de la duda.

¿Seguridad sin libertad?

No ha sido esta tendencia «inocente» o «buenista» la que se ha impuesto en nuestras sociedades, al menos entre los que dirigen los países occidentales. Estados Unidos, después del 11 de septiembre, otorgó absoluta primacía a la confrontación institucional violenta frente al fenómeno. La «guerra contra el Terror» estaba servida y aderezada con normas exorbitantes que primaban, de forma descarada, la seguridad sobre la libertad. En la Patriot Act era bastante evidente que sus líneas, sus artículos y sus normas eran absolutamente restrictivas de derechos fundamentales consolidados y, específicamente, de la libertad de expresión y la intimidad. El Tribunal Supremo norteamericano tomó posición respecto de los supuestos terroristas presos en la cárcel militar de la base de Guantánamo (Cuba), considerando que no tenían derecho a la jurisdicción ordinaria ni a recurrir en *habeas corpus*, algo que es connatural a cualquier ser humano y que está reconocido en la Declaración Universal de Derechos Humanos y en el Pacto de Derechos Civiles y Políticos de 1966.

Al principio, tras el 11-S, la diferencia entre los modelos de Estados Unidos y de Europa a la hora de afrontar la lucha contra el terrorismo era sustancial. El primero optó por una dinámica de guerra militar, no judicial, al menos respecto al núcleo duro de Al Qaeda. En Europa, España incluida, se optó por el modelo de respeto a las normas existentes que no consideraban el fenómeno terrorista yihadista en forma diferente a la que se había aplicado a las organizaciones terroristas continentales tradicionales. En ese sentido, se dio prevalencia a la vía investigativa policial, aliada con determinadas actuaciones de inteligencia y con la acción judicial. Es decir, se respetó el Estado de Derecho, excluyendo cualquier posibilidad diferente a la aplicación del Código Penal y la Ley de Enjuiciamiento Criminal. Con ello, por la mera voluntad del líder político de diseñar los límites del ejercicio, la violencia institucional quedaba eliminada como factor de decisión.

La doctrina desarrollada por las instituciones norteamericanas tras el 11-S permite santificar los ataques preventivos, los asesinatos selectivos, la destrucción de edificios, la deportación de personas, incluso la tortura. O decidir si son 17 o 25 las técnicas de interrogatorio que se deben aplicar. Mal asunto si es preciso resolver si una técnica es tortura o no, porque con el mero planteamiento de la cuestión ya se estaría quebrantando la Convención contra la Tortura y la legislación más básica sobre la materia.

Pienso que la guerra no es el mecanismo idóneo para combatir el fenómeno del terrorismo y ello a pesar de la ocupación circunstancial de determinados territorios por Al Qaeda, los talibanes o el Estado Islámico. El terrorismo yihadista es una actividad difusa y expansiva que no se concreta en un territorio determinado. La guerra que se libra en esos lugares no es propiamente terrorismo desde el momento en el que se confrontan dos fuerzas beligerantes y se reconoce tal estatus a quienes ostentan esa marca. Las acciones terroristas serán aquellas que, dentro o fuera de ese marco, afecten a personas no inmersas en el conflicto desencadenado. Por tanto, si bien la acción armada contra las fuerzas «regulares» del EI o Al Qaeda puede ser eficaz, en todo o en parte, deja de serlo cuando dichas organizaciones despliegan sus acciones terroristas en espacios diferentes, donde no se desarrolla el conflicto. Y es aquí precisamente donde debemos confrontar esas medidas con otras, acomodadas a los principios rectores del Estado de Derecho. Si aplicamos las normas de la guerra o de un estado de excepción, les estamos dando una victoria clara.

No se previene el terror añadiendo más terror a un fenómeno violento que tiene que ser combatido desde perspectivas complejas. La prevención implica coordinación, inteligencia, desarrollos conjuntos, confianza mutua, proyectos de futuro... No simplemente confrontación militar.

Frente a excelentes cooperaciones, cesiones de espacios o apoyos logísticos entre organizaciones terroristas, las fuerzas del orden, tanto las militares como las policiales o de inteligencia, han hecho gala de abundantes descoordinaciones y solapamientos. Veo imprescindible la creación de una auténtica comunidad de inteligencia donde lo que opere no solo sea la solidaridad de los cuerpos, sino la solidaridad entre los países.

Resulta paradójico que algunos se puedan poner de acuerdo para bombardear un país y que no seamos capaces de trabajar en común para implementar la cooperación frente al terror. Dicho esto, dudo que se consiga. La apropiación de la información y la obturación de los circuitos a través de los cuales debería circular con fluidez es una evidencia. La desconfianza y la patrimonialización de la inteligencia facilitan el fenómeno. A pesar de la existencia de abundante normativa europea estatal e internacional, la realidad es que existen vacíos que pareciera que no se quieren llenar con los datos de los que cada uno dispone... y no pone a disposición de los demás.

De una u otra forma, con una inconsciencia terrible, estamos contribuyendo a que el monstruo crezca cada vez más y se haga a cada instante más fuerte, y probablemente invencible. Mientras tanto, nuestros líderes se enzarzan en otras batallas o contiendas que presumen que les pueden dar mejores réditos electorales.

Occidente y sus «culpas»

Uno de los tópicos permanentes al abordar la violencia terrorista yihadista es la imputación que las élites políticas y religiosas musulmanas hacen al imperialismo occidental, según ellas elemento nuclear que lo generó. Sin estar de acuerdo con este fácil e inconsistente análisis, sigo creyendo que Occidente y sus jerarquías políticas, militares, sociales y económicas han estado más ocupadas en las inversiones estratégicas en esas zonas de conflicto que en sacar a los ciudadanos del estado de postración y de ausencia de derechos en el que se hallan. Y, por supuesto, más atentas a la cuenta de resultados en negocios nada claros o altamente cuestionables, de producción de armamento, tecnologías avanzadas, suministros y material, como aconteció en la reconstrucción de Irak, Libia o Afganistán. O a someter conciencias políticas, como en Pakistán; o mantener los negocios petrolíferos en puntos sensibles, como en Sudán, Nigeria, Yemen, la región de los Grandes Lagos, Egipto, Siria, etcétera. Pendientes del progreso abusivo y vergonzante de la producción, la especulación y el beneficio globalizados, y menos preocupadas sin duda de realizar una adecuada redistribución de la riqueza; más interesados en una política de exclusión social que en una mayor atención a la integración de los pueblos o en una política de inmigración progresista y solidaria. Interesadas en el mantenimiento y exigencia de la deuda externa, pero no en la implementación de recursos en esos países a los que ahora se les pide ayuda o comprensión, o a los que se amenaza con la guerra final, con la «justicia infinita» o con la paz duradera.

Por esas omisiones conscientes ahora se sufren las consecuencias de una violencia irracional extrema y fanáticamente religiosa.

Si esto es así, la respuesta policial y judicial que se ofrece desde Occidente frente al terrorismo no basta. Como es obvio, la acción contra los crímenes debe mantenerse en aras de la mayor seguridad de la ciudadanía, pero, precisamente para mantener el rango, debemos ir más allá y profundizar en los aspectos culturales, sociológicos, educacionales, que rodean a los núcleos de personas de donde se extraen las causas intrínsecas de esa violencia.

No puede asumirse como una vía aceptable la de la acción violenta desde el Estado, porque ello implicaría que se daría cobertura al terrorismo de Estado, que siempre ha empeorado la respuesta. Por el contrario, pienso que debemos poner en marcha la Indignación Activa cuando los responsables de una guerra ilegal, como fue la de Irak, no asumen su responsabilidad o ni siquiera dan explicaciones; o cuando la Administración norteamericana o la británica, la española, la rusa o cualesquiera otras, desconociendo el respeto a los Derechos Humanos de miles de extranjeros, colorean sus acciones con ciertos tintes de dictadura cada vez más evidente... Es problema nuestro y debemos conseguir que la sociedad deje de estar adormecida y sometida por voluntades externas a una especie de deslizamiento sin rumbo y sin muro de contención.

Hemos dejado escapar demasiadas oportunidades para atacar la raíz de las causas del terrorismo. Las *primaveras árabes* (2010-2013) tuvieron un origen y tenían un objetivo. Los actores eran variados (laicos, demócratas, radicales, terroristas, poderosos o interesados) y no se supo apoyar a aquellos que hubieran cubierto el espacio que finalmente fue ocupado por quienes patrocinaban el terror como instrumento de implantación. Las zonas de conflicto, que son escenarios idealizados de lucha, se convirtieron en un destino anhelado por los futuros combatientes. Lejos de potenciar desarrollos sociales, culturales y humanos, hemos dado prioridad a las respuestas de fuerza militar y a las políticas de tierra quemada.

Los seres humanos tenemos la memoria frágil y perdemos rápidamente la perspectiva de lo que nos sucede. El terrorismo golpea en cualquier sitio y solo nos sorprende cuando nos afecta de forma directa. Se extiende como el crimen transnacional organizado, de forma compleja, y como escribí junto a Dolores Delgado en un artículo en *El País*, es difícil de descubrir y combatir si no se asume que las vinculaciones e interrelaciones entre esos grupos y células terroristas no son aleatorias ni caprichosas, sino que responden a una lógica del terror cuyo fin es la consecución de objetivos tan globales como aparentemente irrealizables, lo que favorece la indiferencia y la incredulidad, el escepticismo de los ciudadanos y las instituciones, y la convicción de que no existe riesgo alguno, coadyuvando con ello, en forma involuntaria, a otorgar patente de impunidad en la primera y más decisiva fase de formación.

El drama de una respuesta tardía

La falta de análisis y previsión, la ausencia de una voluntad política nacional e internacional han sido una constante en esta desafortunada deriva a que nos vemos abocados. Pienso desde hace años que nadie en la década de los noventa se tomó en serio lo que, después del terrorismo político internacional, comenzaba a ser la amenaza fundamentalista-salafista en Europa y en España. Hasta tal punto esto fue así que tendría que llegar el año 1997 para que la justicia española comenzara a percibir la realidad que se nos venía encima. Hasta entonces, la Audiencia Nacional había estimado que las personas y grupos de esta ideología, en su versión extrema, no debían ser considerados como terroristas fuera de las fronteras del país en el que las organizaciones a las que estaban vinculados cometían los atentados, sino como meros falsificadores o delincuentes habituales, y por tanto, su sanción no debía ser grave.

Absortos como estábamos con la lucha contra el terrorismo autóctono, principalmente de ETA, permitimos que estos grupos de personas arraigaran en España. Ciertamente, el esfuerzo policial y judicial por investigar estas redes, entonces incipientes, era más un acto de puro voluntarismo que una acción institucional eficaz. Inteligencia Exterior era la hermana pobre de los servicios de información en nuestro país.

Esta inercia se rompió en 1997, cuando la Comisaría General de Información detuvo a un grupo de personas vinculadas al GIA (Grupo Islámico Armado), aunque el hecho no estuvo exento de dificultad. Lo que quiero plantear es que siempre, querámoslo o no, hubo dos visiones diferentes para el terrorismo local (ETA) y para el internacional o global (yihadista).

Hasta cierto punto esto es comprensible en los ciudadanos, pero resulta inaceptable y muy peligroso cuando esa sensación se instala en las instituciones, porque ello conlleva una menor presión y una menor inversión en esfuerzos y recursos para hacer frente a este tipo de terrorismo. Es decir, si hay atentados se visualiza inmediatamente la necesidad de acción y se actúa, y si no los hay —como ocurría al principio— no se percibe como una amenaza y se rehúsa actuar e incluso se hacen interpretaciones peregrinas tanto sobre el fenómeno como sobre la intencionalidad de los que ejecutan actos bajo tal paraguas.

Con esta postura se desconoce que este tipo de terrorismo es de ida y vuelta y con escenarios abiertos. El territorio no es esencial a la hora de proyectar sus actuaciones violentas. Es verdaderamente global y, poco a poco, se esparce en función de dos intereses principales: la facilidad de actuar y el mayor impacto posible de sus acciones. Es decir, al ser global el teatro de operaciones es mucho mayor y debemos percibirlo, si no se quieren perder sus verdaderos perfiles, como un crimen universal con independencia del lugar de comisión o la nacionalidad de las víctimas.

Insistir en que el terrorismo es la sinrazón, uno de los crímenes más perversos imaginables, nos convierte en más vulnerables, porque eso es lo que persiguen quienes revientan a decenas de personas en cualquier lugar del mundo. Analizar la irracionalidad de ese comportamiento es necesario, pero no podemos quedarnos ahí. En

2016, en Bruselas, se repitieron los perfiles de los terroristas que actuaron en París. Los patrones de conducta son los mismos. La forma de actuar con acciones violentas secuenciales es idéntica. No nos sorprendería que algunos de los actores que han participado en estos atentados coincidan con los que tuvieron alguna intervención en los del país vecino. A la espera de confirmación, las armas empleadas pueden tener idéntico origen y los artefactos explosivos los mismos componentes y la misma mano creadora. París fue golpeado en el ocio y Bruselas en el trabajo. Los objetivos finales eran los mismos: generar terror, crear el caos y obtener la máxima repercusión pública de sus acciones.

Frente al dolor y la tristeza por las víctimas, surge la tentación de responder desde las tripas, con la desesperación. Llamar a la guerra contra el terrorismo puede aliviar la frustración frente a ese califato inmaterial, pero no atajará la amenaza terrorista. La militancia de la organización terrorista del Estado Islámico (Daesh) está en Europa. Por ello, la reacción debe ser mucho más profunda.

Serán políticas de integración y no de discriminación las que venzan el sentimiento de venganza que está germinando respecto de Occidente. Precisamos expulsar el califato de las mentes receptivas, aislarlo de los principios que lo impulsan, y por supuesto de los medios que lo mantienen.

Internet y las redes sociales como aplicaciones de telefonía móvil se han convertido en una herramienta increíblemente eficaz para los terroristas. En este marco se palpa un *terrorismo tecnológico*, que aprovecha las nuevas tecnologías para desarrollar sus actividades y la obtención de sus fines convirtiéndose en un terrorismo global que llega a todos los espacios a la velocidad que la propia Red permite. A través de esta se recluta, se adoctrina, se prepara, se incentiva, se realizan actividades de propaganda y comunicación. Además, se establecen sistemas de financiación. Se facilitan contactos, rutas, caminos para realizar la *yihad.* Es un campo de entrenamiento virtual en el que se aprende desde la fabricación de un artefacto explosivo hasta las técnicas más sofisticadas de ocultarse ante una investigación o seguimiento policial. Tras la Red hay un ejército invisible de hombres y mujeres dispuestos a dejar el mundo virtual para pasar a la acción.

Se trata, pues, de un terrorismo metamórfico y mutante. Ello ha obligado a los investigadores a modificar sus sistemas de trabajo y a moverse en aquellos espacios, incluidos los virtuales, por los que transitan los terroristas, que han aprendido de todos sus errores y de los nuestros y usan las tecnologías como aquellos que les combaten. Han aprendido, ellos sí, que la universalidad de sus acciones es imparable y se expande por la Red en todos los recovecos posibles e insondables de la comunicación. Hoy, además del triunfo de la muerte, se ha producido el de la propaganda que adoctrina, prepara, incentiva, a miles o quizás millones de seguidores del terror.

La respuesta al uso de esa nueva violencia global debe ser multidisciplinar. Seguridad policial, judicial y, desde luego, educación. Al final, y a medio y largo plazo, solo con una educación basada en valores democráticos, respetuosos con el Estado de Derecho y un empoderamiento de la ciudadanía, podremos construir con solidez los nuevos espacios de convivencia en libertad que los ciudadanos demandan en cualquier país del mundo y se podrá confrontar a aquel terror.

Si, por el contrario, los derechos se ven constreñidos por normas que tienden a controlar lo que se dice, lo que se piensa y lo que se comunica, en especial cuando se trata de temas que afectan a la seguridad de todos los ciudadanos, y muy particularmente en el ámbito del terrorismo, estaremos mucho más indefensos frente al mismo. En demasiadas ocasiones se utiliza el combate al terror en forma partidista e interesada para revertir conquistas democráticas consolidadas. La falta de información es equivalente a la falta de responsabilidad al emitirla y difundirla. La ligereza al tratar los temas que afectan a los valores esenciales de una sociedad nos hace más vulnerables.

Tengamos claro ante todo que la responsabilidad de los estragos del terror es de quienes deciden llevar adelante la violencia, de los terroristas. Ahí es donde hay que volcar las recriminaciones y las culpas.

...í, la solución no viene del incremento del número de ...es (solo serán precisos aquellos que estrictamente exijan ...s dinámicas terroristas, pero de acuerdo con el principio de intervención mínima que caracteriza al derecho penal) o de la exacerbación de las penas, sino de una respuesta compleja, multidisciplinar y que se desarrolle en los diferentes planos a los que afecta el fenómeno, desde su génesis hasta sus efectos.

Una sociedad libre y democrática necesita reafirmar constantemente las bases en las que se apoya, y para ello, aquellos que se ocupan de la cosa pública y en especial los que desarrollan el ejercicio activo de la política deben asumir un verdadero compromiso de servicio público y ser espejo en el que los ciudadanos nos reflejemos. Más democracia significa más responsabilidad y menos indiferencia; más libertad y menos seguridad como único valor emergente, y, sobre todo, más dignidad.

Aspiro a vivir en un mundo en el que lo racional se imponga ante lo absurdo y por ello estoy convencido de que la paz y la libertad duraderas solo pueden venir de la mano de la legalidad, de la justicia, del respeto a la diversidad, de la defensa de los Derechos Humanos, de la respuesta mesurada, justa y eficaz, y no de la guerra. Supongo que muchos me dirán que esto es un planteamiento demasiado pueril, ya que, frente a las amenazas terroristas, la mano dura es la única que puede rendir frutos. Sin embargo, las guerras, en su mayoría, están inducidas por intereses nada altruistas. El negocio va asociado a la calamidad; y la reconstrucción, nuevamente al negocio de los vencedores. Sigo citando a Víctor Hugo cuando afirma que el Derecho está por encima del Poder, y es el que debe mostrar el camino. No se puede construir la paz sobre millones de cadáveres, como decía Isaiah Berlin, ni sobre la miseria o la opresión del fuerte sobre el débil; como tampoco podemos olvidar que habrá que exigir responsabilidades por las omisiones y por la pérdida de una oportunidad histórica para hacer más justo y equitativo este mundo.

El peligro continuo es que se predica la legalidad y a la vez se prescinde de ella aduciendo la necesidad y la urgencia de acabar con el peligro que la organización terrorista representa, y se exige la aceptación sin condiciones de que «existen» pruebas que, curiosamente, suelen analizar los políticos y no los jueces, y así se sentencia a los «culpables» y a los que no lo son. Realmente grave.

Afganistán puede ser un buen punto de partida para analizar lo poco que hemos avanzado en esa justicia inexistente y en las funestas consecuencias forzadas por los conflictos que hoy vivimos. Me refiero no solo al régimen de opresión y represión de los talibanes (hoy hay otros nuevos jerarcas que utilizan sistemas de opresión y represión con el instrumento del terror como bandera), sino a aquella acción de los gobernantes occidentales que a través de los medios de comunicación generaron con una absoluta falta de responsabilidad el pánico entre los ciudadanos afganos. Estos, aterrados por la posible invasión y la masacre subsiguiente, emprendieron una huida en busca de la seguridad, una escapatoria imposible que, en situaciones como aquella de 2001 en Afganistán, o en otras previas como Ruanda, Bosnia, o posteriores como Irak, Siria, Myanmar, Sudán y tantas otras, arroja a las desgraciadas víctimas a la catástrofe, a las migraciones forzadas, al rechazo de las sociedades «desarrolladas» que se encierran en muros visibles o invisibles de intolerancia y desprecio frente a todos los que son diferentes o extraños.

Son generaciones perdidas que repetirán suerte o, lo más seguro, caerán antes o después del lado del opresor. En todos estos casos, aborrezco esta desidia intencionada y la indiferencia que nos corroe en una sociedad opulenta que margina a parte de sus propios ciudadanos y que, de alguna forma, motiva reacciones exacerbadas y violentas de consecuencias imprevisibles.

No hay terrorismos «buenos»

Hay que actuar al más alto nivel. Se debe obviar la prepotencia y la ira y abordar con humildad y en equipo una coordinación y cooperación efectivas en todos los ámbitos, y especialmente en lo político, policial y judicial, para combatir y hacer frente al terrorismo; pero también en el análisis de las causas y el diseño de soluciones duraderas.

Me admira que aún subsista la visión miope basada en la idea romántica o pseudoprogresista de que hay terrorismos buenos o «nacionalistas» que se pueden defender y terrorismos malos o «extremistas» que se deben combatir. Ello no es sino una degeneración de la misma naturaleza de aquel y una concepción políticamente perversa que perjudica tanto como las propias acciones de las organizaciones terroristas.

Como a muchos juristas y expertos, sigue sorprendiéndome que, en los últimos dieciocho años, las Naciones Unidas no hayan sido capaces de aprobar una Convención Internacional sobre el Terrorismo que dé respuesta a la situación actual y que unifique los conceptos e incluya las normas que regulen los tipos de investigación y cooperación policial y judicial. Es fundamental que de aquí surja el acuerdo para eliminar cualquier traba para la investigación en países o enclaves con opacidad fiscal; o la obligación de descubrir las cuentas, los bienes, y denunciar a sus titulares y que lleve a la desaparición del principio de doble incriminación.

En esta carta de necesidades urge también la creación de un espacio único universal, lo que supone necesariamente la urgente ratificación del Estatuto de la Corte Penal Internacional por los países más poblados y más potentes del mundo, especialmente EE. UU., China, Rusia, India..., y la conceptuación del terrorismo como un crimen contra la humanidad perseguible universalmente. A pesar de las restricciones a la aplicación del principio de Jurisdicción Universal que hay en países como España, ese principio rige. No sin dificultades, pero rige.

Urge que se abogue por la desaparición de la extradición y su sustitución por la simple entrega de los responsables, con riguroso cumplimiento de la cláusula de Derechos Humanos, por la prohibición de la tortura y de cualquier tipo de malos tratos o tratos inhumanos o degradantes, así como por el respeto absoluto del derecho al asilo y refugio políticos; y la creación de una auténtica Comunidad de Inteligencia, la creación de un Observatorio Internacional sobre terrorismo, y la ayuda a los países afectados para que amplíen sus recursos, no militares, sino humanitarios, culturales, económicos...

Es cierto que en esa línea se pronunció el Consejo de Seguridad de Naciones Unidas, pero debe ser operativo estableciendo sanciones a los países incumplidores. Es el momento de que los conceptos de soberanía territorial, Derechos Humanos, seguridad, cooperación y justicia penal universal se conjuguen en un mismo tiempo y con un sentido integrador. Este y no otro debe ser el fin de la gran coalición de Estados frente al terrorismo.

Y añado algo más, hay que pensar siempre en las víctimas. No solo en las que se puedan producir, sino en las que ya lo han sido por ataques terroristas. Es habitual que se queden sin asistencia y sin apoyo del gobierno local. Este inadecuado tratamiento perpetúa los efectos de los ataques terroristas. Siempre he planteado la necesidad de promover políticas a nivel nacional de ayuda a las víctimas y a sus familias y establecer vínculos transnacionales entre las organizaciones que se dediquen a esta actividad, impulsando un fondo de asistencia en Naciones Unidas con objeto de que los colectivos aprendan a organizarse. En nuestro país, se ha desarrollado este principio siguiendo la propia tendencia de la Unión Europea; también en otros países lejanos al espacio europeo, como Colombia, gozan de importantes leyes de víctimas, aunque, como en México, su desarrollo deja mucho que desear. Se aprueba la norma, pero la decisión de aplicarla no marcha pareja a su necesidad para las víctimas.

Estos precedentes nos obligan, si queremos ser coherentes con los principios que rigen el concepto de víctima universal, a promover políticas internacionales de asistencia y protección a las víctimas de la violencia, y políticas de cooperación al desarrollo en países con organizaciones terroristas asentadas con amplia base social. De lo contrario, ocurre que estas organizaciones pueden cubrir las necesidades de amplios colectivos de población, aumentando o afianzando su influencia.

Por supuesto, el empeño por la seguridad lleva a que cada Estado, en ejercicio de su soberanía, aplique sus propias normas, en algunas ocasiones con fines claros y directos, pero en muchas otras con segundas y poco claras intenciones. Véase la reacción de muchas naciones frente a las migraciones o el deseado muro en la frontera con México de Donald Trump.

Ocurre también que demasiadas veces las normas son el resultado de la conveniencia del Ejecutivo de turno, que las implanta a fin de evitar problemas en su acción de gobierno. En España lo hemos vivido con las reformas de la Ley de Enjuiciamiento Criminal, que conllevan entre otras cosas las limitaciones impuestas a la libertad de expresión por la denominada Ley Mordaza. Y hay más: la intención de obviar roces con otros Gobiernos, conflictos políticos o económicos, y ello en detrimento de las víctimas; ahí tenemos también en este país las dos reformas que han limitado (hasta hacerla casi inoperante) la Jurisdicción Universal.

Algo demasiado serio

El riesgo es además banalizar el concepto de terrorismo. En España, hemos sufrido esa lacra durante más de cuarenta años. Todos conocemos la acción de las diversas organizaciones terroristas en nuestro país. El combate frente a este terrorismo se ha desarrollado con esfuerzo y dedicación desde los diversos ámbitos sociales y políticos y, en algún momento, quebrantando las normas legales. Afortunadamente, cuando esto aconteció, se respondió adecuadamente y hasta donde fue posible. La «guerra sucia» frente a ETA, los GAL, fue combatida desde el Poder Judicial, y fuimos capaces, al menos, de contener una deriva muy peligrosa. Había peligro de que se asumieran como válidas las vías de hecho.

El sufrimiento ha sido mucho y los esfuerzos porque concluyera esta etapa de nuestra historia han sido hercúleos, especialmente los de las víctimas, aunque ha costado tiempo asumir también como víctimas a quienes sufrieron los excesos del Estado. Además, las víctimas del franquismo no han logrado obtener esa categoría. Por ello, me resulta especialmente preocupante la banalización del concepto de terrorismo y la persecución de determinadas conductas por la Audiencia Nacional, con el paraguas inicial del Tribunal Supremo, que nada tienen que ver con aquel. Esta degradación puede favorecer que el odio se renueve y haya una respuesta cuyas derivaciones pueden ser muy dañinas.

Sucesivas organizaciones terroristas españolas (Terra Lliure, GRAPO, Exército Guerrilheiro do Povo Galego Ceive) fueron desapareciendo a lo largo de los años noventa y los primeros de este siglo. ETA abandonó definitivamente las armas en octubre de 2011 y cesó como organización en 2016. Por ello, veo con asombro, como hombre de Derecho y como ciudadano, que las conductas de unos artistas titiriteros en una pieza satírica, unos blogueros que han elevado comentarios, chistes o tuits a la Red contra personajes, o contra víctimas de terrorismo que expresamente han dicho que no se sentían aludidas, unos *antisistema, okupas* y otros colectivos que han discrepado del uso de los símbolos nacionales (bandera e himno) o que han criticado a la monarquía quemando unas fotos del jefe del Estado, o que la conducta de unas personas que presuntamente agredieron en una pelea en 2016, en un bar de la localidad navarra de Alsasua, a dos guardias civiles, fueran elevadas a la categoría de terroristas por la Fiscalía y la Audiencia Nacional, llegándose, en este último caso, a solicitar, pretextando vinculación con ETA, una petición de pena de 375 años de cárcel en concepto de terrorismo contra los acusados.

Jurídicamente esta aplicación penal es absolutamente cuestionable. Los hechos investigados no se podían enmarcar en el contexto de la actividad terrorista de ETA por la sencilla razón de que esta era inexistente, y pretender resucitarla es cuando menos irresponsable.

Banalizar el terror es particularmente arriesgado. En España, ha costado mucho dolor llegar a la paz. Es nuestra obligación hacerla sostenible y sobre todo no arriesgarla con este tipo de ensayos que, al final, desempoderan a las víctimas y desmerecen la seria y contundente labor previa en el combate contra el terrorismo de ETA.

Contra la locura

La lucha contra la locura del terrorismo debe pasar por conjugar en el mismo tiempo los valores de la seguridad y de la libertad, la justicia con la paz, la no impunidad con la protección a las víctimas, la tolerancia con la solidaridad.

Más aún, hay que contraponer el valor de la libertad frente a la violencia; el de la Justicia Internacional, como el medio de poner fin a esa impunidad, frente a los «Espacios sin Derecho»; el de la universalización de los Derechos Humanos y de la naturaleza y su defensa día a día con el de su violación masiva; el valor de la paz frente al de la guerra. Una paz sostenible, sustentable y compartida, restaurativa y justa.

Ninguna acción de fuerza queda justificada si se produce fuera de los cauces de la legalidad internacional, definidos por cada uno de los convenios multilaterales y los bilaterales y especialmente por las decisiones de Naciones Unidas. Este conjunto de normas es la auténtica columna vertebral de la convivencia pacífica, libre y democrática en el mundo. No se pueden obviar, no se deben violar cada vez que interese cerrar los ojos ante una transgresión o un ataque, aun siendo injusto. Si lo hacemos, estaremos a punto de pasar de ser una comunidad internacional a convertirnos en un caos internacional regido por la ley del más fuerte y retrocediendo hasta las épocas más oscuras de nuestra historia.

Me preocupa sobre todo que las libertades públicas en tal situación se ven amenazadas no solo por las organizaciones terroristas o mafiosas dedicadas a sus ilegales actividades desde hace tiempo, o por dictadores inmorales o genocidas. La amenaza más nociva viene de aquellos que, desde el poder, imponen un estado de cosas que resultan difícilmente aceptables en una democracia.

Y me inquieta que en esta crisis que vivimos no tengamos claro hacia dónde se dirige el mundo. Nos despertamos a golpe de acontecimientos con una rapidez agravada por la velocidad de las tecnologías que apenas permite pensar ni valorar lo que sucede. ¿Pero lo que ocurre es tan casual como parece? Temo en ocasiones que exista un motor alimentado por múltiples generadores económicos que se proyectan en una única dirección hacia un escenario de dominación efectiva, en el que la libertad y la democracia solo serán apariencia o realidad virtual o meros argumentos retóricos para tranquilizar conciencias.

Es ahí donde puede suceder que las bolsas se estabilicen, bajen o suban al ritmo de las bombas, que las grandes compañías con la bandera del progreso cometan crímenes ambientales contra las poblaciones indígenas y contra la Madre Tierra, que se perpetren delitos económicos que reúnen todas las características de los crímenes de lesa humanidad.

Hace años, cuando en España vivíamos el terror de ETA y traspasamos la frontera de una nueva situación bélica con el despropósito de Irak, yo pensé —y así lo dije públicamente— que íbamos a ser capaces de responder y buscar nuevas fórmulas para la paz, contra la impunidad y en el camino de fortalecer la democracia. Me equivoqué.

Me dirigí desde los medios de comunicación en marzo de 2003 al entonces presidente del Gobierno, José María Aznar, y le transmití mi indignación: «Ustedes deben decidir en qué bando juegan, si en el de la legalidad internacional y nacional, pero la real, no la del marketing, ni la fatua, ni la de las palabras huecas, o en el bando de la falsedad y del interés oculto de unos pocos que pretenden sobornar nuestras conciencias ofreciéndonos las riquezas de las minas del rey Salomón». Palabras que para mí aún siguen vigentes. Con aquella toma de postura pretendía dejar claro que la guerra ror, proclamada por el presidente norteamericano ahora vuelve a tomar forma con Donald Trump, no es a excusa para paliar el gran fracaso de esa estrategia frente al te smo.

Nada se hace para combatir a quienes apoyan y financian las redes terroristas, a pesar de que se identifican políticamente. Arabia Saudí sigue en el centro del huracán y otros países son cuestionados por las mismas razones, como por ejemplo Qatar.

Vivimos en el mundo, y también en España, una situación social y políticamente complicada en un escenario de violencia internacional que está provocando muerte, destrucción, desplazamientos masivos de seres humanos que huyen de la guerra y de las penurias para encontrar países cada vez más hostiles que no los acogen con agrado. En esta situación, los que pierden siempre son los más vulnerables, quienes necesitan más ayuda, los que buscan refugio frente a la adversidad y se ven afrontando la propia muerte para llegar a algún lugar de amparo, muchas veces conducidos por mafias que sacan provecho de la desgracia.

No lo tienen fácil quienes escapan del conflicto bélico y del terror. Europa ya ni tan siquiera es un destino seguro ante los impedimentos para acceder a ella y la oleada xenófoba que se percibe cada vez con más intensidad en Occidente. Para botón de muestra, las políticas migratorias del presidente estadounidense.

A las espaldas llevamos los precedentes tan dolorosos como Chile, Argentina, o Guatemala, entre otros, en los que el terrorismo de Estado causó tanto dolor; o los de Bosnia Herzegovina, Kosovo, Ruanda; Palestina, Irak, Chechenia, Indonesia, Camboya; y tantos más. Sitios en los que se produjo el triunfo temporal de la barbarie frente a la justicia. Ahora el panorama sigue siendo adverso y en muchos casos terrible: lugares como Guantánamo, Nigeria, Siria, Turquía…, países que evocan el dolor y la barbarie vestida de irracionalidad e intereses políticos oscuros. ¿Qué hacer para seguir definiendo el camino para salir de este bucle inacabable?

La encrucijada de optar entre la legalidad y la justicia o sucumbir al imperio de la arbitrariedad y de la ilegalidad internacional sigue patente en nuestros días. Para mayor indignación se camuflan con una capa de protección al ciudadano adornada de acuerdos entre potencias cuyo fin último es el más prosaico: los grandes negocios de quienes verdaderamente dominan el mundo y nuestras vidas.

La única vía es el diseño de una verdadera cultura de paz, en la que esta sea verdaderamente sostenible; una realidad que puede estar al alcance de nuestra mano si fuéramos capaces de cumplir simplemente la normativa internacional que los propios países han diseñado. Si los líderes mundiales, en vez de ponerse solo de acuerdo en la elaboración de grandes pactos comerciales o de libre comercio, se preocuparan mucho más de proteger y reforzar la defensa de los Derechos Humanos, o la transparencia en las transacciones internacionales, la redistribución de recursos, la protección del medio ambiente y los derechos de la Naturaleza, el desarrollo sostenible en los países que lo necesiten, la protección de los pueblos originarios... Más aún, si emprendieran la vigilancia sobre los gobernantes corruptos, pero también de las grandes corporaciones que los corrompen, y, a la vez, presentaran programas efectivos de ayuda integral internacional; o potenciaran la autoridad de Naciones Unidas; o exigieran las cláusulas de respeto a los Derechos Humanos en los negocios internacionales; o combatieran verdaderamente el tráfico ilegal de armas y limitaran la producción y el comercio legal de las mismas. Es decir, si fuesen coherentes entre lo que se predica y lo que se ejecuta para hacer realidad la protección efectiva y en paz de los pueblos.

La libertad

Al final, lo que está en juego es nuestra libertad, el valor más preciado de la democracia porque solo en ella adquiere dimensión y sentido. No es un valor que se defienda como merece, porque sen-

...upone. No se percibe como algo que haya que de- ...var. Esta nueva indiferencia es la que permite la incu- ...nuevo de la serpiente, el fascismo. No olvido la frase del ...esidente de los Estados Unidos de América, Thomas Je- ffe...n: «Si tuviera que salvar el alma de América o la democracia, siempre salvaría la democracia».

La libertad democrática supone un esfuerzo casi doloroso y se construye cada día basándose en la tolerancia frente a los sectarismos que buscan acabar con ella. Y en el marco del Estado de Derecho. Evoco ahora a Sócrates cuando acertadamente decía que debemos aprender no del bien que educa o mata, sino de los males que podrían evitarse. No de la verdad, sino de las mentiras que pueden denunciarse. No de la belleza, sino de los horrores que amenazan la vida y de los peligros de un camino incierto.

En este inmenso mapa de diferencias en que habitamos solo la tolerancia permanente de la humanidad puede cambiar el mundo. Cuanto más amplio es un marco de intercambio cultural, más aprenderemos unos de otros. Habitamos un planeta más plural y variado que nunca. La base de la cultura global debe ser el pluralismo, porque es el único valor capaz de abarcar a todos los demás, para conducirnos a la unidad diversa. De cómo seamos capaces de construir esto dependerá nuestro futuro como género humano y nuestras posibilidades como parte del universo.

La cultura nos acerca a la libertad, nos provee de referentes éticos y nos hace fuertes frente a los intolerantes que siembran semillas de odio; frente a los que ejercen el poder y permiten o auspician que se mate, o que el miedo se apodere de una humanidad secuestrada, y frente a los que confunden religión con fundamentalismos fanáticos.

La única vía de solución es, ahora más que nunca, recuperar las exigencias de una ética de la convicción junto con una ética de la responsabilidad, para diseñar un verdadero espacio de seguridad y libertad en el que jamás se enfrenten ambos conceptos como términos antagónicos. Son complementarios en un sistema democrá-

tico. Nuestra misión debe ser contornear la prim
ponentes de la segunda, de modo que alcancer
como derecho de las víctimas, que nunca impida a e
la información que les afecte. Se trata, en definitiva, de ejerc
valentía civil que antepone el valor de la verdad a cualquier conveniencia pragmática y utilitarista. Es exigir la compatibilidad entre el pluralismo de opciones que diseñe el horizonte de nuestro futuro democrático, lejos de la neutralidad valorativa de la que hablaba Max Weber.

Una democracia sin valores, inmersa en la incertidumbre moral o en la contingencia política oportunista, tiende a convertirse en un totalitarismo visible o latente. Tengo la convicción de que, aunque las dificultades son enormes, tenemos la obligación como ciudadanos de mostrar determinación en la resistencia e Indignación Activas, recuperando esos valores que la sociedad precisa de forma urgente para establecer esa coraza frente al miedo, y restituir lo que han arrebatado aquellos que ostentan una visión que antepone los intereses de unos pocos al bienestar de la mayoría.

Que no nos engañen: lo que está en juego es la felicidad y la dignidad de las personas. Hago mías las palabras de José Saramago: «La aspiración legítima y única que justifica la vida, la felicidad del ser humano, está siendo defraudada todos los días». Lo resumía de esta manera el escritor, premio Nobel y querido amigo: «La explotación del hombre por el hombre sigue existiendo. Los seres humanos no debemos aceptar las cosas como son, porque esto nos lleva directamente al suicidio. Hay que creer en algo y sobre todo hay que tener el sentimiento de responsabilidad colectiva, según el cual cada uno de nosotros es responsable de los demás».

En definitiva, si, como dijera Kant, la libertad es la sustancia a la que la moral da forma, considero que la paz debe sobrepasar el umbral de la idea y convertirse en una obligación y una esperanza. Una cultura de paz no solo es una aspiración, sino una necesidad, y su vertebración, en libertad y democracia, una obligación para todos.

4

La Justicia

En un país con un sistema jurídico garantista y un Poder Judicial sólido, la justicia no se pide, sino que se exige. Ningún juez debería permitir que un justiciable le dé las gracias por impartir justicia, porque hacerlo es un deber, una obligación legal, no un privilegio de casta.

En nombre de la sociedad, no del rey

Una sociedad constituida sobre la Justicia, sobre la exigencia de responsabilidad y sobre la erradicación de la impunidad es una sociedad más libre, más democrática, más igualitaria y, en suma, más firme en sus valores y aspiraciones. Sabrá proteger más adecuadamente a sus componentes, sin que para ello tengan que disminuir las conquistas que integran los baluartes básicos de nuestros pueblos y que son los que, a través del diálogo, del respeto y de la aproximación política y cultural hacen que día a día construyamos el edificio común en el que, con todas las discrepancias que tenemos, nos integremos en un futuro de esperanza.

En el desarrollo de esta nueva sociedad en la que los conflictos globales, en especial las agresiones a los derechos de la Comunidad Internacional y a los Derechos Humanos, son una realidad, nadie puede eludir su responsabilidad, y mucho menos los componentes del Poder Judicial, los jueces, que deben ser conscientes del papel capital que asumen como árbitros de los conflictos que se suscitan en la sociedad.

Los fenómenos del terrorismo, la delincuencia transnacional organizada y el narcotráfico; la protección a las minorías, a las comunidades indígenas y a las víctimas en general, el castigo firme y decidido de los comportamientos racistas y xenófobos, la persecución de la corrupción (incluido el propio sector judicial) y el sostenimiento de la paz social exigen a jueces y juezas no ser meros espectadores a modo de «boca muda» que aplique la Ley, como exigía Montesquieu. Se necesita que trabajen como profesionales dinámicos, científicamente preparados, responsables, de firmes convicciones democráticas, informados, contaminados de sociedad, mezclados con ella para comprender el alcance real de los problemas y de esta forma asumirlos como propios para poder resolverlos. Su compromiso con la sociedad a la que sirven y a la que deben defender hasta los límites marcados por la Ley, sea cual sea el poder de aquel al que se enfrenten, dará la medida de su responsabilidad y eficacia. En una democracia el Poder Judicial y quienes administran justicia no pueden ser simples medidores de normas. Su acción deberá ser esencial en el equilibrio con los demás poderes, pero sin sustituirlos o invadir su territorio.

En España, aún existen rescoldos de aquella justicia vicarial que se otorga en «nombre del rey» en vez de hacerlo en el nombre del pueblo, verdadero titular de ese derecho, de acuerdo con lo dispuesto en el artículo 1.2 de la Constitución: «La soberanía nacional reside en el pueblo español, del que emanan los poderes del Estado». Los operadores judiciales son servidores públicos, sometidos al imperio de la ley y de la Constitución, que deben ejercer su actuación con independencia e imparcialidad, tanto hacia dentro como hacia fuera. Pero, además, tienen la obligación de hacer comprensible y próxima su labor. A través de la justicia se debe actuar con las máximas garantías, pero también empoderando a las víctimas. La justicia debe formar parte de nuestro acervo cultural y político y no ser solo un valor o principio de referencia, sino también un servicio público, y por ende una realidad palpable y asimilable por los ciudadanos.

A la Justicia, más allá de las meras y frías estadísticas, hay que dotarla de alma, sentimientos, entrega y vocación en defensa de las víctimas, para que conduzca a estas del miedo a la esperanza, para que contribuya a recuperar las bases morales que dan fuerza a un pueblo como fundamento de la sociedad democrática, abriendo definitivamente las puertas a un futuro posible y diferente. Para ello, jueces y ciudadanos deberemos actuar unidos, hombro con hombro, con la fuerza de la convicción y de la voluntad indomable de la que hablara Gandhi, porque, en palabras de Amos Oz, nadie debería consentir la crueldad, la locura, la mentira y el sufrimiento que unas personas causan a otras, sino defender conjuntamente los Derechos Humanos, como meta irrenunciable...

De nada vale tener un buen sistema judicial si no existen los mecanismos adecuados para desarrollar esa labor. La frustración que ello genera propiciará el sentimiento de engaño e incumplimiento del contrato democrático entre los líderes políticos y representantes populares y los que soberanamente los eligieron. El servicio público, incluida la labor institucional y política, es, como su nombre indica, algo que se presta por y para el ciudadano y no en beneficio propio: urge, por ello, abandonar el concepto clientelar y patrimonialista de la política y de la función pública, en la que se encuentra enmarcado el Poder Judicial, en beneficio de aquel sagrado principio.

Resulta imprescindible un sistema judicial integrado por un Ministerio Público autónomo, que propicie no solo la persecución de los crímenes, sino que actúe preventivamente para evitarlos, si bien no en forma coercitiva ni represiva o siguiendo estrategias o consignas políticas, que lo harían altamente nocivo. Como también es necesario un sistema policial transparente, operativo y eficiente con el control del Ministerio Público y de los jueces según las leyes de cada país, que proteja a los ciudadanos mediante mecanismos de persecución efectivos.

En la sociedad globalizada actual, en la que junto a los avances de la técnica y los nuevos mecanismos de comunicación y economías mundializadas se ha desarrollado también un lado oscuro, impenetrable y opaco de esa globalización a través del crimen organizado en sus diversas formas, los jueces tienen una importantísima labor que realizar. No solo en la persecución implacable, sino también en la enseñanza, a modo de prevención general, de que ese combate se está realizando.

Los mecanismos de comunicación deben ser aprovechados para que la justicia y sus enseñanzas lleguen a los ciudadanos, que, en múltiples ocasiones y en temas muy sensibles, se encuentran perdidos y sin un conocimiento suficiente. Esta carencia puede influir decisivamente en la adopción de posturas o decisiones que podrían ser diferentes si se contara con la información adecuada. Nos guste o no, la comunicación ha pasado a ser un elemento fundamental de nuestro devenir diario. También en el campo de la justicia.

No solo hay que aplicar la justicia, los ciudadanos deben percibir que se hace. Su labor se engrandece cuando estos comprueban que el sistema judicial actúa con independencia y contra quien quebranta la ley, sea cual sea el rango del infractor, y específicamente cuando lo son los propios miembros del Poder Judicial. La credibilidad no se gana con el ingreso en la Carrera Judicial o Fiscal, sino con el firme compromiso democrático de administrar justicia día a día, y con la realización de ese compromiso.

Los jueces, como los políticos, deben constituir el espejo en que los ciudadanos se miran y se reconocen. Desgraciadamente, la imagen que hoy se ve en muchos países está muy distorsionada por diversos factores y no está a la altura de la misión que ambos deben desempeñar.

Cuando los jueces o los sistemas judiciales son o están demasiado próximos al poder político, malogran la objetividad y el equilibrio que deben mantener a la hora de administrar justicia y pueden perder la perspectiva básica de que la Administración de Justicia es un servicio público del que los ciudadanos disponen para la defensa de sus derechos básicos.

Los jueces modernos deben estar absolutamente comprometidos con la defensa de los Derechos Humanos, día a día, asumiendo el deber de defenderlos o abandonar el cargo. La de juez no debe ser una profesión cómoda, sino ciertamente comprometida con aquellos que más necesitan de protección. El último reducto de un pueblo es la defensa que de él pueden hacer sus jueces, jueces constitucionales, democráticos, con valores éticos, inquebrantables, con firmes convicciones frente a cualquier presión, científicamente preparados, eficientemente intachables, responsables y conscientes de que se hallan integrados en un mundo en el que la cooperación nacional e internacional es fundamental e inevitable.

Allá por el año 2006, en Chile, me declaré partidario de una justicia que traspasara fronteras en un mundo donde los crímenes de lesa humanidad, de genocidio, de medio ambiente o económicos no quedaran impunes por razón de leyes injustas o gobernantes indolentes; donde las víctimas recibieran la justicia que merecían y los perpetradores no encontraran asilo y tuvieran que enfrentarse a una condena justa. Así lo sigo creyendo.

En ese sentido cito 1998 como un momento estelar: se cumplieron cincuenta años de la Declaración Universal de los Derechos Humanos, tuvo lugar la detención del dictador Augusto Pinochet en aplicación del principio de Jurisdicción Universal y se aprobó el Estatuto de Roma (17/18 de julio), que dio forma a la Corte Penal Internacional (CPI). Esta última decisión fue para mí, y lo sigue siendo, la iniciativa de paz más importante y trascendental del siglo XX, porque significó la apuesta de la Comunidad Internacional para que la justicia se impartiera en forma igualitaria.

Las palabras del fiscal Jackson en su discurso de apertura del juicio de Núremberg en 1945 volvían a cobrar sentido: «El trato que un Gobierno da a su propio pueblo normalmente no se considera como asunto que concierne a otros Gobiernos o a la comunidad internacional de los Estados. El maltrato, sin embargo, de alemanes por alemanes durante el nazismo traspasó, como se sabe ahora, en cuanto al número y a las modalidades de crueldad, todo lo que la civilización moderna puede tolerar. Los demás pueblos, si callaran, participarían de estos crímenes, porque el silencio sería consentimiento».

El silencio respecto a estos crímenes y la inhibición a la hora de implementar la Corte y sus competencias puede dar forma a esa indiferencia que tanto dolor ha producido a la humanidad a lo largo de la historia. Desde luego, la CPI no es la panacea para solucionar todos los problemas de la criminalidad internacional, pero, sin lugar a dudas, supuso un cambio cualitativo de magnitud planetaria para perseguir los crímenes internacionales. De ahí que uno de sus principales efectos no sea precisamente el represivo, sino el preventivo o disuasorio. Es una iniciativa que persigue la desaparición de los «espacios sin Derecho».

Es un tribunal con jurisdicción permanente y sede en La Haya que no sustituye a los sistemas locales o nacionales, sino que los complementa y, de alguna forma, vigila con la certeza de que actuará si el país respectivo no lo hace o lo ejecuta con trampas. El aspecto negativo es que no se trata de un sistema universal, ya que solo será aplicable en los territorios de los países que hayan ratificado el Estatuto. Los jueces y fiscales que componen la Corte Penal Internacional se rigen, como no podía ser menos, por los principios de imparcialidad e independencia, además del principio de legalidad. Además, su régimen de incompatibilidades es muy riguroso.

Ofrece la seguridad de la sanción impuesta por un tribunal independiente, sin mediatizaciones políticas. Que dicte sus sentencias bajo los principios de legalidad e independencia constituye la mejor garantía de que las normas van a cumplirse, y su efecto disuasorio resulta claro y destacable.

Pero ya hemos visto que tiene enemigos tan importantes como Estados Unidos, China, Rusia, Israel, India u otros países del mundo que no han ratificado el Estatuto y, por ende, no se encuentran vinculados por el mismo. Determinadas estructuras internacionales, como la Unión Africana, cuestionan su funcionamiento por creer que discrimina a la hora de perseguir a los presuntos responsables de crímenes internacionales en función de su pertenencia a ciertos países y nunca contra los poderosos. Por ello se ha dado forma a otras fórmulas judiciales regionales con el fin de restar poder a la Corte. Esperemos que esta tendencia no se consolide y convierta este gran avance para la Comunidad Internacional y la seguridad de las víctimas en la historia de una ilusión desvanecida.

Quizás le falta la vocación pedagógica de sus comienzos, y ahora se ha convertido en simple burocracia. Como en tantos otros casos, cuando más se precisa la conciencia y la defensa de los principios que guiaron su creación, desaparece el interés por su funcionamiento.

Avanzar en el camino hacia la justicia universal, bien sea de la mano de la CPI o de la aplicación del principio de Jurisdicción Universal que los jueces nacionales deberán aplicar para perseguir, entre otros crímenes internacionales, los mismos que se recogen en el Estatuto de Roma, es un camino largo y más lento que los misiles y las bombas, pero estoy seguro de que al final triunfará sobre quienes se empeñan en hacer este mundo inhabitable, o aquellos otros que, sin respetar la legalidad internacional, imponen a los demás cómo tienen que establecer la de su país. De ahí que cualquier limitación a ambos principios, el de la Justicia Penal Internacional y el de la Jurisdicción Universal, sea un atentado muy grave que los gobernantes cometen contra los derechos de toda la humanidad, porque esa es la víctima de aquellos crímenes.

La impunidad de los nuevos perpetradores

La lucha contra la impunidad nunca será fácil ni pacífica frente a los perpetradores y a quienes los protegen, que hoy en día no solo son políticos o militares, sino esencialmente entes corporativos y transnacionales.

La Jurisdicción Universal (JU) es uno de los mecanismos más eficaces para dificultar la existencia del espacio que muchos gobernantes pretenden dar al olvido, como instrumento de la impunidad, ya sea a través de amnistías, indultos generales u otras formas más o menos sofisticadas de perdón.

Este principio, defendido por las víctimas como el último reducto contra la impunidad, ha sido denostado y negado en su existencia o eficacia, y reducida su aplicación, por ejemplo en España, a lo meramente testimonial. Lo han hecho muchos representantes políticos, militares, gobiernos y particulares que se han sentido «amenazados» en la seguridad que sentían en sus respectivos países, que habían renunciado a perseguir determinados crímenes internacionales de los que podrían ser responsables.

Los argumentos han sido de lo más variopintos. Desde la apelación a la territorialidad de la ley penal, al principio de soberanía, pasando por el de injerencia, considerándolo como un instrumento neocolonial europeo. Frente a estas afirmaciones, considero que la Jurisdicción Universal es un instrumento global al servicio de todas las víctimas del mundo para luchar contra la impunidad en cualquier país, más allá de la importancia del poder político y económico de los victimarios y de quienes los apoyan.

En este sentido, quienes defendemos la Jurisdicción Universal sabemos que este instrumento no muere en Europa, donde sí nacieron las causas que lo hicieron imprescindible para las víctimas, sino que renace, se fortalece y se consolida en países como Argentina, Chile, Sudáfrica y Senegal, y allí donde exista la convicción de que nos unen unos valores universales que debemos defender para conservar la dignidad como seres humanos.

Su consolidación siempre ha llegado de la mano de las víctimas y de los defensores de los Derechos Humanos, y muy pocas veces ha sido impulsada por los gobiernos. Su mensaje es muy claro y se dirige a la Comunidad Internacional: el mundo es cada vez más pequeño para los grandes criminales.

Es cierto que hay grandes decepciones en la defensa de este principio. En España, donde fuimos capaces de liderar el resurgir del principio de Jurisdicción Universal, no hemos tenido el coraje de dar justicia a nuestras propias víctimas de la Guerra Civil (1936-1939) y de la Dictadura Franquista (1939-1975), y hemos sido autores de la ley indigna de 2014 que elimina de hecho la Jurisdicción Universal. Pero la defensa de lo justo nunca debe decaer, y mucho menos frente a quienes se someten a criterios económicos, políticos o diplomáticos renunciando a la protección de las víctimas; aunque la angostura de las normas cercenadoras españolas es grande, las víctimas no pueden quedar desamparadas, aunque por defender estos postulados haya de pagarse un alto precio. La verdad, la justicia, la reparación y las garantías de no repetición para las víctimas son derechos inalienables, y su protección y desarrollo, una obligación para todos.

Como dice el filósofo español Reyes Mate, la mirada de la víctima es la de la solidaridad con quienes siempre fueron privados de sus derechos, invitación a una mirada fraterna con las nuevas víctimas de la historia. La justicia de la víctima no agota, evidentemente, todas las posibilidades de este continente llamado *justicia*, pero sí supone un enfoque singular que debería afectar al rumbo de todo el continente.

Nunca olvidaré el comentario de la madre de un joven chileno desaparecido cuando me confesó en mi despacho, al tiempo de las investigaciones de los crímenes de las dictaduras de Argentina y Chile, lo siguiente: «Durante todos estos años he tenido que soportar el dolor por la muerte de mi hijo, saber que su final fue terrible y esconder mi drama. En su país era considerado un delincuente, los que le habían secuestrado, torturado y asesinado se pavoneaban libremente por las calles, presumían de haber limpiado la nación de esa escoria, eran como los nazis. Ahora, con su decisión, he recuperado la dignidad de mi hijo, no era un delincuente, solo un muchacho con unas ideas políticas que le costaron la vida. Ahora mi hijo descansa en paz, los malos son los otros».

Han pasado muchos años, tanto desde la creación de la Corte Penal Internacional como desde la detención de Pinochet, pero los acontecimientos que hemos vivido desde entonces no hacen sino afirmarme en la necesidad irrenunciable de una justicia que traspase fronteras en un mundo donde los crímenes de lesa humanidad, de genocidio, de medio ambiente o económicos no queden impunes por razón de fronteras, leyes injustas o gobernantes indolentes; donde las víctimas reciban la justicia que merecen y los perpetradores no encuentren asilo en ningún otro lugar y tengan que enfrentarse a una condena justa.

Con la excepción de España, en donde la regresión ha sido evidente, la doctrina que se ha ido elaborando en las distintas cortes y comités internacionales busca la máxima protección de los derechos de las víctimas. Merece la pena resaltar la actuación, dentro del sistema interamericano de Derechos Humanos, de la Corte Interamericana. Sus sentencias y resoluciones son ejemplo para todo el mundo de protección, promoción, desarrollo y consolidación de los derechos y garantías de los ciudadanos, siendo especialmente vigilante con los abusos de poder de los diferentes gobiernos y demás instituciones nacionales. La visión universalista de la justicia hace que el margen de acción de la impunidad sea menor.

El mismo ejemplo han seguido varios tribunales internos, como la Corte Suprema Argentina, que anuló las leyes de Obediencia Debida y Punto Final y ha generado una tendencia consolidada de exigencia judicial frente a los crímenes de lesa humanidad. Tal es el grado de concienciación y vigilancia de la sociedad civil sobre las propias resoluciones judiciales que cualquier resolución que restrinja derechos es contestada por centenares de miles de personas en la calle. La sociedad exige que los poderes del Estado no tengan la tentación de aplicar cualquier concesión a la impunidad. En el mismo sentido van resoluciones como las del Tribunal Europeo de Derechos Humanos, que ha condenado reiteradamente a países como Gran Bretaña, Turquía y otros por violación de derechos fundamentales, por desaparición forzada de personas o por la persecución política o tortura a sus ciudadanos.

Desafortunadamente, España es uno de los que tiene mayor índice de incumplimiento de resoluciones de organismos internacionales de Derechos Humanos, ya sean las decisiones del Comité de Derechos Humanos de la ONU, de los diferentes grupos de trabajo de la ONU, de los relatores, como el de Verdad, Justicia, Reparación y Garantías de no Repetición, o del Comité de Desaparición Forzada de Personas. El empoderamiento de las víctimas por nuestro más alto tribunal no es precisamente un ejemplo a seguir y debe ser corregido de forma urgente.

La humanidad, amenazada

Más allá de los crímenes internacionales consolidados en el Estatuto de Roma, genocidio, lesa humanidad y de guerra, nos enfrentamos a nuevos ataques, como consecuencia de la globalización económica y las agresiones sistemáticas contra el medio ambiente, que tienen el carácter de universales. Para hacerles frente los países deberán asumir que la humanidad está seriamente amenazada y que los mecanismos de protección diseñados no son suficientes para protegerla. Las nuevas y sofisticadas formas de delincuencia exigen medidas equivalentes a la gravedad de la amenaza, y ello comporta asumir con valentía un cambio de rumbo profundo y adoptar decisiones arriesgadas. Se deberán acomodar los ordenamientos jurídicos contra estas nuevas formas de delincuencia partiendo del principio de soberanía compartida.

Se trata de continuar luchando contra la impunidad a través del desarrollo de la Jurisdicción Universal, que nunca será un principio de configuración estática, sino uno en permanente evolución, como ya se demostró en los últimos años del siglo XX.

Esos avances siempre han sido liderados por las víctimas, impulsando la acción de la comunidad internacional en su conjunto y la acción de la justicia en diferentes países. Junto a este fundamental impulso, la decisión de aquellos Estados que incluyeron en su legislación el principio de Jurisdicción Universal hace posible la persecución. Pero también debe destacarse, en el reverso de esta historia, a quienes han hecho todo lo posible para anular esos avances esenciales en la protección de las víctimas de esos abominables crímenes. Las deserciones, motivadas por razones no estrictamente jurídicas, han sido notorias, y entre ellas las de nuestro propio país, que, después de liderar los avances, se colocó en el furgón de cola de la Jurisdicción Universal.

Todo ello, lo positivo y lo negativo, ha contribuido a delimitar más clara y materialmente los mecanismos jurídicos para combatir las agresiones más graves contra la humanidad, y ahora estamos dispuestos a seguir haciéndolo para garantizar que lo conseguido con tanto esfuerzo no se pierda por intereses espurios o la mala voluntad de quienes no creen en la fuerza de la sociedad a la que deberían defender, cuando esta se enfrenta a los mayores desafíos de su existencia.

Principio incómodo para conciencias cómodas

La Jurisdicción Universal, en su sentido propio, es aquel principio que habilita a tribunales de los diferentes países cuyos ordenamientos jurídicos lo reconocen a investigar y juzgar hechos presuntamente delictivos en virtud de la naturaleza misma del crimen cometido y no en razón de la existencia de algún vínculo de conexión entre los hechos y el Estado. Esta naturaleza de crímenes de genocidio, lesa humanidad y de guerra en cada una de sus manifestaciones, y otros por razones diversas, que atentan de manera transversal contra la dignidad de la humanidad en su conjunto rebasando los límites territoriales y nacionales de un Estado, es lo que les hace convertirse en actos perseguibles por la comunidad internacional en su conjunto.

El porvenir de la Jurisdicción Universal se gesta en los tribunales, al interpretar el derecho. Algunos operadores judiciales han mantenido en diferentes países, a veces heroicamente, con escaso apoyo oficial y la máxima voluntad de víctimas y activistas de Derechos Humanos, la aplicación del referido principio por encima de los intereses diplomáticos, políticos y económicos de los propios Estados.

Pero también se construye en las universidades y por la labor de miles de organizaciones pro Derechos Humanos y colectivos de víctimas, a través de su compromiso de vida y mediante sus esfuerzos doctrinales que abonan el progreso y evolución de este principio. La Fundación Internacional Baltasar Garzón inició en 2013 un emocionante proyecto: la redacción de los nuevos Principios de Jurisdicción Universal de Madrid-Buenos Aires. Ahí intentamos recoger los frutos de los Principios de Princeton y del Cairo-Arusha, a la vista de la experiencia acumulada durante casi veinte años de aplicación de aquel principio, para seguir proponiendo avances: la persecución universal de nuevos crímenes internacionales, como el ecocidio, y graves delitos económicos y financieros que arrojan a la población civil a la pobreza extrema, la persecución de las empresas como actores principales, la persecución de sus bienes y la financiación de aquellas actividades criminales, la mejor defensa de las víctimas, la armoniosa relación con la Corte Penal Internacional y el fortalecimiento de la cooperación internacional entre jueces y fiscales.

El futuro de la Jurisdicción Universal no es solo la lucha contra la impunidad aislada, unilateral, sino su conversión en un certero instrumento de cooperación judicial y de fortalecimiento de mecanismos de intercambio de información. Estos mecanismos podrían ser activados, gracias a la Jurisdicción Universal, en investigaciones concurrentes en distintos países, que convergerían finalmente en quien mejor disposición tuviera para juzgar, facilitándole todo el material acumulado, evitando la impunidad que muchas veces se genera aplicando la normativa interna cuando esta es insuficiente.

El efecto reparador que la acción de la Justicia produce en las víctimas de estos crímenes es evidente. No es imprescindible que se produzcan muchas condenas. Solo es necesario que las víctimas sientan que se ha producido una investigación efectiva e independiente. Es decir, que no ha habido denegación de justicia ni trampas para evitar la investigación. Asimismo, la creación de mecanismos de justicia restaurativa, como las comisiones de la verdad y la acción judicial en aplicación del principio de Jurisdicción Universal, suple las deficiencias que se detectan en algunos sistemas jurídicos atrofiados que prescinden del auténtico sentido de la justicia.

A lo largo de la historia han sido muchas las leyes que han cercenado los Derechos Humanos de una forma clara y grosera. Sin necesidad de remontarnos a la época del nazismo, y pasando por todas y cada una de las que han adornado a las dictaduras para su autoprotección antes y después, llegamos a normas como la Patriot Act norteamericana de 2001, que entendió la lucha contra el terrorismo como una guerra, quebrando todos los límites y después expandiendo sus efectos hasta penetrar en la privacidad e intimidad de miles o millones de personas; o con normas que habilitaron la existencia de lugares como el centro de detención de Guantánamo, o que amparan la impunidad en China, en el Sáhara, El Salvador, Guatemala, Irak, Palestina, Ruanda o España, por mencionar solo algunas.

Con los recortes hechos a la Jurisdición Universal en nuestro país, podríamos afirmar que el limbo jurídico que existe en el centro de detención de Guantánamo se ha trasladado aquí, lo que ha supuesto una ominosa regresión en el liderazgo de la lucha por los Derechos Humanos a través de la aplicación del principio de Jurisdición Universal, que ha pasado de combatir a los torturadores a facilitar su impunidad.

La orden de archivo de todos los procedimientos de Jurisdicción Universal, recogida en la disposición adicional de la ley de 2014, invadía claramente competencias exclusivas de los jueces. No obstante, algunos de ellos se rebelaron y apelaron a la interpretación propositiva de los convenios internacionales vinculantes para España y a la doctrina constitucional vigente desde 2005 y mantuvieron abiertos los procedimientos, consiguiendo que la debacle no fuera absoluta.

Pero de nuevo el Tribunal Supremo, poco proclive desde siempre al ejercicio real de la Jurisdicción Universal, la restringió en lo referido a los crímenes de genocidio, lesa humanidad y de guerra y, amparando al legislador, dio una interpretación favorable a la jurisdicción española en los casos de narcotráfico, después de que varios jueces de la Audiencia Nacional pusieran en libertad a múltiples imputados que claramente resultaban impunes con la nueva ley.

Una vez más, a la discriminación en detrimento de los más débiles y en beneficio de unas instituciones, legislativas y ejecutivas, que no estuvieron a la altura para proteger a las víctimas, se unió la torpeza de quienes por razones poco éticas emplearon un mecanismo que generó más dificultades que beneficios. Inercia a la que no escaparía el terrorismo y el combate contra las organizaciones internacionales que lo practican. La nueva ley se desentendió de miles de víctimas que buscaban justicia y cedió espacios a la impunidad. Ante este hecho, la pregunta que se suscita nuevamente es hasta dónde es posible que un partido democrático se preste a generar espacios de impunidad cuando se trata de combatir los crímenes más graves contra la humanidad, con la excusa de la defensa de las víctimas, a las que sin el menor pudor se las categoriza o clasifica según el interés político o económico que convenga.

El desinterés de España, o mejor dicho, de este Gobierno respecto de algunos temas y especialmente de los que se refieren a la Jurisdicción Universal no es nuevo y tampoco es único. En países como Estados Unidos o China, lo internacional ocupa siempre un lugar secundario, salvo si hay intereses económicos en juego. Quizás sea la dificultad de comprensión de los fenómenos globales o la urgencia con la que se vive el día a día lo que causa este fenómeno. Si así fuera, sería fácilmente superable. Lo que resultaría verdaderamente peligroso es que se consolidara la tendencia, constatada ya en algunos países como España, a la banalización de los problemas vinculados a la defensa de los Derechos Humanos, de la Jurisdicción Universal o de la justicia internacional, presentándolos como obstáculos diplomáticos, políticos o económicos para unas adecuadas relaciones bilaterales o para conseguir una convivencia «segura».

Esta tendencia, que sería propia de sectores de extrema derecha, no es rechazada como debiera por los que, moviéndose en el espectro de la prudencia política, anteponen aquellos intereses, disfrazándolos de conveniencia y oportunidad para los ciudadanos, frente a los que verdaderamente defienden a la sociedad de quienes la agreden. Por ello, es gratificante ver que a veces los organismos internacionales dejan el letargo burocrático y se ponen al frente de los acontecimientos para detener la barbarie.

¿En qué se ha equivocado el mundo civilizado? ¿No es cierto

que todos tenemos la sensación, o al menos alguna vez la hemos tenido, de ser responsables de esas miserias? ¿Cuántas veces hemos mirado hacia otra parte porque la respuesta era demasiado evidente, demasiado dura para aceptarla? La cobardía, salvo un escaso número de luchadores, se ha instalado en todos los hogares bien pensantes, más atentos al partido de fútbol que proyecta la televisión o a lo que gana un tenista de renombre que a las torturas sufridas por un detenido o al asesinato de miles de personas, a las expulsiones y migraciones de miles de seres humanos que huyen del hambre, la represión o la miseria y que apenas ocupan unos minutos en nuestra atención y siempre en un lugar bastante secundario.

Preferimos volver la vista hacia otro lado, o todo lo más sentir pena de lo que pasa; pero a la secuencia siguiente pasamos al segundo plato si tenemos estómago; y si no, sencillamente apagamos el televisor. Así de fácil, y así de terrible.

Alain Finkielkraut dice no estar seguro de que el shock del genocidio sea tan profundo en la opinión pública como lo dan a entender los superlativos obligatorios con los que se recuerda. Por mi parte, estoy convencido de que la gente, en general, aunque se horroriza con tales fenómenos, pronto los olvida como algo lejano y ajeno a sus problemas cotidianos, como algo que perturba sus cómodas conciencias consumistas.

Por lejano que esté...

Se impone, pues, una actitud que nos lleve hasta la conciencia de que la defensa de los Derechos Humanos es un deber y un compromiso y representa el reto más apasionante de este inicio de siglo, del que va a depender que el mundo tome una dirección u otra. Esta actitud beligerante del ciudadano comprometido ha de imponerse frente a la pasiva e inmovilista que da todo por perdido. En este sentido, la Corte Penal Internacional es la victoria de la responsabilidad sobre la impunidad. Es el futuro y la esperanza.

Un verso de Hölderlin apunta en este sentido cuando dice: «El fuego mismo de los dioses día y noche nos empuja a seguir adelante. ¡Ven! Miremos los espacios abiertos, busquemos lo que nos pertenece, por lejano que esté».

Pero para ello es necesario reconocer el fracaso y responsabilidad sobre los acontecimientos pasados y actuales que suponen la negación del respeto mínimo que se debe a sí mismo el ser humano (Ruanda, Burundi, Bosnia, Siria, Libia, Myanmar y tantos otros) y que ponen de manifiesto el aparente fracaso de la inoperancia de la comunidad internacional por la vía del Derecho, cediendo siempre ante la acción terrorífica de la guerra como si esta fuera el bálsamo salvador.

Por el contrario, yo abogo por la solidaridad y la tolerancia —valores esenciales de la sociedad civil— como verdaderos motores del cambio revolucionario que estamos viviendo en este comienzo de siglo y de milenio, que debe tomar como objetivo inmediato el compromiso universal de intransigencia frente a la xenofobia y el racismo; la defensa de la diferencia de los pueblos, pero en el marco solidario de una comunidad universal; la exigencia del respeto a la vida, con la abolición de la pena de muerte en todo tiempo y circunstancias, por obsoleta, injusta e inapropiada como instrumento de justicia penal, y todo ello por delante y como valores preponderantes respecto de los intereses económicos y políticos coyunturalmente preferidos por los propios gobiernos democráticos.

El cambio de mentalidad ha de traducirse en la adopción de una serie de medidas en el ámbito de la educación que lleven a considerar aquellos valores como esenciales para la formación integral del ciudadano, como persona y como parte de la comunidad, y debe cristalizar en la adopción de una serie de normas que garanticen teórica y prácticamente el respeto a tales derechos.

Esta actitud beligerante y crítica respecto de la escasa acción gubernamental en el ámbito de la defensa de los Derechos Humanos —guiada casi siempre por criterios de interés y oportunidad— debe llevar a la sociedad civil a cuestionar que la única globalización posible sea la económica y la de la fuerza de las armas, y a exigir que la defensa de esos derechos tanto frente a agresiones masivas más clásicas (genocidios, crímenes de guerra, tortura...) como a las más novedosas (crímenes medioambientales, ecocidio, crímenes económico-financieros, considerados crímenes de lesa humanidad) sea una prioridad tanto en su definición como en su persecución por las normas internas y del Derecho Penal Internacional para todos los países. A veces luchar por la utopía es el regalo más dulce que uno puede pretender.

¡Ojalá esta vez no se adueñe de nosotros el miedo a la esperanza de que un mundo mejor es posible! ¡Ojalá concluyan el tiempo de la vergüenza, de la violencia y del terror!, y el derecho recobre el lugar y la fuerza que nunca debió perder, y la cordura política recupere su protagonismo para cimentar la paz.

¿Qué mensaje me gustaría dejar para las nuevas generaciones? El compromiso rebelde, el compromiso revolucionario que los jóvenes universitarios y los jóvenes en general, los trabajadores y cualquier ciudadano debemos tener para conseguir la construcción permanente de un país, fortaleciendo la democracia, la cual nunca es un valor seguro si no se defiende permanentemente, ya que, cuando pensamos que todo está tranquilo, que todo ya va hacia delante, surgen las regresiones. En ocasiones llega a decirse que importa poco el tema de los Derechos Humanos; por delante de ellos se sitúan el interés económico u otras prioridades, como las de la seguridad, renunciando a aquellas conquistas que hemos obtenido y que tanta sangre y esfuerzo nos han costado. Cuando este argumento se instaura, y hoy desgraciadamente son muchos los lugares y grandes las potencias que mantienen dicho discurso adormecedor, la rebeldía, la intención revolucionaria e imponer la paz deben emerger en todos nosotros y en forma permanente.

PARTE SEGUNDA

DERECHOS Y VÍCTIMAS

5

Los Derechos Humanos

No tengo ni fórmulas mágicas
ni respuestas a todos y cada uno de los problemas que,
hoy por hoy, acucian a la sociedad.
Ni sobre cómo priorizar una acción sobre otra.
Pero debemos intentarlo.

Educando a los poderosos

Los Derechos Humanos no se pueden aplazar, ni hipotecar, ni disimular, ni escamotear, ni abstraer, ni distorsionar, ni mutilar, ni pervertir.

Norberto Bobbio decía que el único lenguaje común de la humanidad es el de los Derechos Humanos. Estoy totalmente de acuerdo con esta afirmación, aunque en los últimos tiempos observamos mayores cuestionamientos sobre derechos adquiridos y aparentemente consolidados por parte de determinados gobernantes o regímenes políticos que se centran en la eliminación de las libertades, la persecución de quienes son paladines de la libertad de expresión y la discriminación por razones políticas, ideológicas o por el origen de las personas.

Los Derechos Humanos, frente a las posiciones conservadoras, no son una construcción teórica para el aprendizaje especializado, o una manifestación académica del deber ser, sino, esencialmente, un desarrollo práctico y una construcción humana participativa en la dinámica de actuación de los movimientos sociales.

Desde una visión teórica y académica, los Derechos Humanos son presentados como un conjunto de normas que se estudian dogmáticamente, por categorías, definiendo una serie de compartimentos estancos que exponen una visión esclerotizada de los mismos. Da la impresión de que si no están perfectamente definidos no se toman por tales. Esta visión no tiene en cuenta, como dice João Boaventura de Sousa Santos, que antes que nada son elementos fundamentales de la convivencia humana, que se anteponen a la concepción económica de la sociedad como parte de una superestructura globalizada de dominación corporativa. Exigen un aprendizaje práctico que nos lleve de la construcción teórica al debate político constructivo en el seno de una sociedad comprometida y militante. La finalidad es dar forma y consolidar los procesos sociopolíticos de construcción democrática y un desarrollo humano diferente, según los espacios y culturas en los que acontezca.

Desde luego, en la formulación de los Derechos Humanos se debe contar con la participación ciudadana como elemento fundamental de transformación social. Para librarnos de la dogmatización y para que las acciones de transformación social sean algo real, tangible y perdurable, se precisan protagonistas más competentes (es decir, apegados a la realidad) y reflexivos (conocedores de las dinámicas sociales), tanto a nivel internacional como intercultural.

La deriva histórica del colonialismo y sus nefastas consecuencias, que se sufrieron y se sufren aún en diversas partes del mundo, especialmente en Latinoamérica, es un fenómeno que ni es nuevo ni ha sido superado; que muta adaptándose a las nuevas realidades sociales, económicas y, en los últimos tiempos, tecnológicas, para perpetuarse y mejorarse a sí mismo. Lo hace venciendo las groseras instituciones del pasado —como la esclavitud, la servidumbre o el control del poder político por medio del terrorismo de Estado—, pero en el fondo persigue los mismos fines de siempre: el control de la población, su sujeción, la explotación irracional de los recursos naturales y el enriquecimiento sin límite de las élites minoritarias que lo alientan y utilizan.

El viejo colonialismo sostenido sobre los hombros de millones de esclavos ha dado paso, tras siglos de evolución, al actual colonialismo. La teocracia de los mercados, como lo califica, de manera gráfica y acertadísima, Raúl Zaffaroni.

Un colonialismo que se manifiesta a través del poder financiero transnacional, que impone un nuevo modelo de dominación fundamentado en la hegemonía del poder de las grandes corporaciones, de los grandes medios de comunicación, que a su vez están controlados por aquellas, y del capital financiero sobre la política. Es decir, que actúa sobre los legítimos representantes de la voluntad popular a quienes el pueblo ha conferido su respaldo con sus votos. La voluntad del pueblo se convierte en una severa incomodidad para aquellos poderes cuando pretende salirse del rol de sumisión que le ha sido asignado y que se reproduce en cada convocatoria electoral.

Este modelo excluye a buena parte de la población, condenándola a la pobreza, a la marginalidad y a la violencia. Se busca un sistema de dominación que, como dice el propio Zaffaroni, provoca un genocidio por goteo. Un genocidio silencioso que elimina a los excluidos a través de una espiral de violencia que tiene su origen en la propia naturaleza del marco socioeconómico impuesto por esta idolatría irracional, hacia un capitalismo salvaje que nunca derrama su riqueza hacia los que ocupan la cada vez más ancha base de la pirámide, y que son los olvidados, los descartables, los excluidos. Es decir, aquellos a los que no merece la pena defender y que constituyen un lastre y a quienes hay que perseguir y marginar para, una vez en esta posición, como ocurre en el caso de la punición del consumo de drogas, convertir a las víctimas de la lacra en responsables del fenómeno.

En este contexto es en el que hay que abordar la aproximación y comprensión de la defensa actual de los Derechos Humanos como herramienta fundamental para establecer los límites concretos y básicos a la acción sin freno del capital especulativo. En definitiva, algo que para mí resulta evidente, el derecho de todo ser humano, cualquiera que sea su lugar de nacimiento u origen social, a vivir una vida digna y plena. Un derecho a la vida que incluye oportunidades de crecimiento personal, cultural y social, un entorno saludable y la satisfacción de sus necesidades básicas a través de políticas de redistribución de la riqueza.

Estamos en un momento crucial para la defensa activa de los

Derechos Humanos y el fin de la impunidad y, en esta situación, se revela como esencial la necesidad imperiosa de incluir los delitos económicos y los delitos medioambientales como Crímenes de Lesa Humanidad susceptibles de ser perseguidos internacionalmente. No es un dato menor. Es una auténtica necesidad. Detrás de la inmensa mayoría de los crímenes de lesa humanidad hay entramados de carácter económico que, o bien causan esa situación de excepcionalidad aberrante para enriquecerse, o bien aprovechan ese contexto de violación de los derechos de las poblaciones para amasar enormes fortunas. Igualmente, detrás de cada una de esas dinámicas criminales existen delitos medioambientales graves, porque atacan a derechos básicos de las poblaciones que viven en esos ecosistemas afectados o cuyo futuro depende, de manera directa, de ellos. Así, ¿cómo no considerar un delito de lesa humanidad la acción premeditada de un particular o corporación que contamina las reservas de agua de las que depende la vida de millones de personas? ¿O acaso acabar con los bosques nativos no supone condenar al hambre y a la miseria a todos los pueblos originarios que viven en estos santuarios naturales y culturales?

Y ahí es donde el Derecho entra en acción como instrumento, no solo para regular la convivencia y marcar las pautas del sistema político e institucional, sino para establecer unas reglas de juego que garanticen el desarrollo humano. Un derecho integral que sepa analizar las demandas y realidades y adaptar el marco jurídico a las necesidades y aspiraciones de nuestros pueblos. La lógica colonial supera la contradicción centro-periferia de aquellas primeras fases que, desde el siglo XV, se impusieron a fuerza de pólvora y espada, invasiones y cañonazos, en los diferentes continentes. Hoy, la lógica colonial se impone también en los llamados *países centrales,* y las poblaciones de esos países se ven sometidas a las mismas presiones y condiciones, reaccionando con un claro aumento de autoprotección y xenofobia, que potencia de nuevo ese neocolonialismo íntimo que aún sobrevive en nosotros.

En este sentido, la puesta en común de conocimientos compartidos en plano de igualdad entre movimientos sociales, organizaciones y Estados se presenta como algo cada vez más necesario. La sociedad, a través de los movimientos populares participativos y abiertos, debe intervenir en la formulación de políticas educativas y de Derechos Humanos, como un mecanismo de cohesión y fortalecimiento democrático. Los procesos educativos resultan esenciales. La ausencia de mecanismos de participación real contribuye a la burocratización de los Derechos Humanos y al dominio de las élites dogmáticas, políticas o académicas.

La educación en esta materia ha de partir de las experiencias acumuladas, evitando la profesionalización del conocimiento y la estandarización de consignas que conducen a la negación de la fuerza transformadora de los movimientos sociales. No me refiero solo a los procesos formativos de la niñez o adolescencia, sino principalmente a la formación de quienes más implicados deberían estar en su promoción y defensa. La educación en derechos y deberes de quienes ejercen la política y el servicio público, en general, resulta fundamental, pero los procesos formativos también deben extenderse a los entes corporativos económicos, financieros o bancarios y a la exigencia de asimilación y cumplimiento de estándares internacionales en materia de Derechos Humanos, en el desarrollo de las actividades corporativas que afectan directamente a la ciudadanía.

Esta enseñanza para dirigentes políticos se percibe como urgente, como vía para superar la visión tradicional de la democracia representativa hacia un concepto de participación directa en la que juega un papel fundamental una visión práctica de los Derechos Humanos en la formulación de las propias políticas. Una educación en valores democráticos, de promoción de la tolerancia, la conciencia y el respeto irrestricto a la diversidad, a la diferencia, como pilares sobre los que asentar el crecimiento del «mundo» en el que situarse, de compenetración, conocimiento y asimilación y, por tanto, de transformación.

Debería ser una constante para que la sociedad actual consiga fortalecer los liderazgos de base frente a los de élite; la prioridad de los liderazgos comunitarios frente a los individuales; la realización del cambio social frente al individual; el empoderamiento de los grupos empobrecidos frente al mérito de los que más tienen.

En definitiva, una educación para la ciudadanía (bien común, participación, tratamiento igualitario, compromiso, comprensión crítica, responsabilidad social ecológica, universal).

Otras visiones de los Derechos Humanos

Los Derechos Humanos son universales solo cuando se enfocan desde una perspectiva occidental, sin embargo, la realidad es que, continuando la línea de Zaffaroni, «todas las culturas poseen ideas sobre la dignidad humana, pero no todas conciben la dignidad humana como equivalente a Derechos Humanos». Desde mi punto de vista, se impone una perspectiva mestiza, intercultural, que complete la cartografía de la diversidad de culturas y cosmovisiones de los pueblos frente a la imposición de una colonización hegemónica.

El Día de Muertos de 2011 visité la tumba de Benito Juárez en el cementerio de San Rafael de la Ciudad de México, y me impresionó la frase que preside su panteón: «El respeto al derecho ajeno es la paz».

No solo estoy de acuerdo con esa frase, sino con todo lo que conlleva. Esta debe ser la meta de cualquier persona que aspire a vivir en una democracia. El respeto al derecho ajeno incluye todas las posibilidades que llenan el accionar diario. La cuestión es si cumplimos el pensamiento del padre de la patria mexicana o nos olvidamos de forma permanente de su contenido en gran parte del mundo.

Si se preguntara a un responsable político de cualquier país sobre las fórmulas para acabar con los problemas más graves que acucian a la sociedad y que quebrantan aquella máxima, en la que se incluye la violación sistemática de los Derechos Humanos, posiblemente nos daría diversas soluciones. De alguna forma nos llevaría a escenarios tan idílicos como los que nos presentan los grandes promotores inmobiliarios cuando proyectan los espacios en los que se ofrecen viviendas sociales con condiciones de vida perfectas. Pero con demasiada frecuencia la realidad se impone y vemos que aquellas ofertas no eran tan reales, que las viviendas no se construyeron por problemas de presupuesto y de corrupción de quienes tenían que construirlas y autorizarlas, y los amplios espacios verdes se convirtieron en más cemento de las calles que sirven de acomodo para mansiones de lujo o en campos de golf para una élite exclusiva, a los que acudirán políticos, empresarios y grandes prohombres de las finanzas para organizar sus *lobbies* y con ellos armar los negocios que «salvarán» las maltrechas economías de los países. Por supuesto, con los beneficios suficientes para llenar una vez más sus ya repletos bolsillos de dinero, quizás fruto de mordidas, coimas o comisiones, en paraísos (más bien vertederos) fiscales, en donde estarán bien protegidos de cualquier crisis económica o avatar de cualquier índole que se presente.

Es posible también que, si preguntáramos por las fórmulas con las que se podría acabar con el crimen organizado o con las causas que lo generan, cualquier gobierno, experto o incluso medio de comunicación nos ofrecería una panoplia de medidas que, en adecuada pócima, darían «exacta respuesta» a esas y otras lacras de la sociedad moderna. Con alta probabilidad, esa respuesta partiría de postulados contrarios a los ya consolidados en etapas anteriores, por la simple razón de que a quienes los aportaron se les considera poco competentes al no pertenecer al grupo promotor. Y de nuevo se caería en la trampa de los soberbios que olvidan las enseñanzas acumuladas y creen que disponen de todo lo necesario para triunfar donde otros fracasaron. Olvidar lo bueno, simplemente porque lo hizo otro, postergaría lo que en esencia beneficia a quienes componen la sociedad, y que se explica con el esfuerzo conjunto, con la suma y multiplicación, y no con la resta de esfuerzos y la división de voluntades.

Si algo he aprendido en mi vida profesional y personal es que nadie tiene la fórmula perfecta para obrar el milagro. Por el contrario, cada vez que se ha conseguido aunar esfuerzos y voluntades el éxito ha estado garantizado. La solución de cualquier problema de Estado no está precisamente en las aportaciones que hagan los mismos responsables que causaron el mal, sino en el esfuerzo y la acción conjunta de la sociedad, a la que aquellos deberán rendir cuentas y a quienes se les exigirán las responsabilidades correspondientes por lo que hicieron.

Sobre la promoción y respeto a los Derechos Humanos, se logra concitar a un gran número de actores y defensores que mostrarán su acuerdo en la necesidad de actuar, y de hacerlo en forma inmediata, para proteger los logros obtenidos gracias a la democracia y el Derecho en los diferentes ámbitos afectados. Pero, curiosamente, esa postura unánime comienza a dividirse cuando, en una situación límite, se confrontan seguridad y garantías. En momentos de inseguridad permanente son frecuentes las voces que, desde amplios sectores de los *mass media*, de la política y de la sociedad, atenazada por el miedo y la ineficacia de quienes tienen que protegerla, renuncian a los avances y abogan por la llamada *mano dura*, abdicando de aquellas garantías y derechos cuya obtención y consolidación costaron muchas vidas. Con la aceptación de esta inercia y la renuncia a esos logros y derechos perderemos la dignidad obtenida al conquistarlos.

Deberemos por tanto buscar las causas de esa degradación y determinar quiénes, teniendo que aplicar las normas, proteger los derechos e implementar un sistema de confrontación global para acabar con aquellas lacras desde la legalidad y la ética en la acción pública, no lo han hecho e impiden que otros lo hagan.

He de reconocer que no tengo ni fórmulas mágicas ni respuestas a todos y cada uno de los problemas que, hoy por hoy, nos acucian. Ni sobre cómo priorizar una acción sobre otra. Pero es necesario seguir intentándolo en forma permanente, porque en esa constancia estará el éxito.

No dejaré de insistir en que la lacra de la corrupción que afecta a instituciones y países es el vehículo conductor, el instrumento más activo del crimen organizado y de la degradación de las sociedades democráticas a manos de políticos desaprensivos que anteponen el lucro personal al bien común, de las corporaciones y grandes multinacionales que discriminan en el cumplimiento de sus obligaciones en función del lugar en donde vayan a desarrollar su trabajo. Una diferenciación que les llevará al cumplimiento exquisito allá donde tenga su matriz y al incumplimiento más explícito en donde sería más necesario el cumplimiento de derechos y obligaciones, porque con ellos podrían prevenirse los resultados nocivos que propicia la corrupción en el desarrollo de un país.

Violencia de género: siglos de infamia

En este mundo globalizado hay un universo especialmente sensible que tradicionalmente ha sido menospreciado y marginado: el de la mujer. Y es asimismo universal el fenómeno de la violencia que sufre. Nos guste o no, a lo largo de siglos, hasta en los aspectos más simples y elementales manifestamos actitudes machistas o de menosprecio de género, lo que constituye el germen de actitudes violentas.

El empleo de la fuerza física del hombre contra la mujer, del marido contra la esposa para dominar a esta, el maltrato físico y psíquico, ha existido siempre y es una especie de proyección de la posición dominante que la sociedad ha asignado al hombre tradicionalmente. Es decir, ha habido una aceptación social y jurídica hasta hace muy poco tiempo; y aún hoy se sigue manifestando esa discriminación.

Las actitudes violentas del hombre hacia la mujer se han exorbitado siempre en nuestra tradición religioso-política. Esta actitud ha aspirado a ser una dominación, cuando en el fondo refleja una tremenda cobardía, un egoísmo y una bajeza moral rampantes. Es este sentimiento del hombre hacia la mujer el que causa la violencia contra ella. Aún hoy, cuando la sensibilización con el problema es mayor, aunque no tanto en muchos países, y existen normas protectoras, o incluso «pactos nacionales» contra la violencia de género, como acontece en España desde 2017, la idea de que no es nuestro problema emerge con demasiada frecuencia. Hay violencia física, psíquica, sexual; violencia estructural basada en el género, preferencia por los hijos varones, dotes, pruebas de virginidad, asesinatos o violaciones por honor…

También abarca «la violencia física, sexual y psicológica en la familia, incluidos los golpes, el abuso sexual de las niñas en el hogar, la violencia relacionada con la dote en los países en los que aún existe, la violencia del marido o compañero, la mutilación genital y otras prácticas tradicionales que atentan contra la mujer, la violencia ejercida por personas distintas del marido y la violencia relacionada con la explotación de la mujer en los diferentes ámbitos sociales o laborales.

No debería existir la discriminación por razones de sexo, pero lo cierto es que muchas veces existe. Falta una profunda reflexión sobre este tema y quitar la máscara de «la igualdad» a quienes son profundamente opuestos a una verdadera paridad entre hombre y mujer. En nuestro país, hay un machismo oculto que se manifiesta en actitudes claramente discriminatorias respecto de la mujer, y eso se refleja en diversos ámbitos, especialmente en el campo laboral. Todavía falta mucha pedagogía entre los jóvenes, sector en el que se aprecian unos rebrotes agresivos contra la mujer ciertamente preocupantes. Ejemplo de lo que afirmo son las agresiones sexuales en grupo, que en ocasiones se graban para publicarlas en redes sociales, como los conocidos como La Manada, acusados de varias agresiones sexuales grupales. La justicia, como principio moral que debe dar a cada uno lo que le corresponde o pertenece históricamente, no trata igual a mujeres que a hombres.

Han pasado más de veinte años, pero todavía recuerdo a una mujer de Almería que acudió en busca de protección judicial, víctima de maltratos por parte de su marido. La encontré en el pasillo llorando. El juez competente había marchado fuera para jugar un partido de tenis y se había negado a atenderla. Le había dicho que unos cuantos golpes no eran suficientes para tomar en cuenta la denuncia. Entré acompañándola al despacho y, antes de que me diera tiempo a reaccionar, la mujer nos mostró a la médico forense y a mí el cuerpo amoratado desde el cuello hasta las rodillas. Sentí y todavía siento una gran indignación hacia los profesionales indiferentes ante las víctimas. No dudé en tomar una decisión, como juez de guardia que era, y ordené la detención del marido. Ahora el problema es más visible y se le presta más atención, pero la violencia y los asesinatos por razón de género no cesan, no respetan edad ni condición social, educación o creencias. El feminicidio es una realidad mundial, aunque pocos son los ordenamientos jurídicos que lo recogen como delito en sí mismo. Es como un gen maldito, que pasa de generación en generación y que solo podrá detenerse con concienciación social y con educación paritaria.

Por desgracia, en nuestro país, dar una cifra actualizada de mujeres agredidas o muertas a manos de sus parejas o exparejas, y más allá, por hombres que las agreden por el hecho de ser simplemente mujeres, es prácticamente imposible. Los números se acumulan, y a pesar de los pactos políticos que se firman para combatir esta lacra, sus resultados dejan mucho que desear. La respuesta debe ser mucho más profunda y exige un cambio radical de actitudes, especialmente por parte de los hombres, hasta erradicar la supuesta superioridad que anida en sus mentes.

Porque somos herederos de una educación machista que primaba y aún da prioridad a los valores masculinos frente a los femeninos, al hombre «tradicional» frente a la mujer, tanto en lo religioso como en lo social, en lo laboral y en lo científico, como en lo político. Se utilizan expresiones tales como «una mujer por primera vez consiguió», «a pesar de ser mujer, logró»... Lo grave es que esto se afirma pretendiendo poner de manifiesto la proeza de las mujeres y ello comporta en sí mismo una discriminación al considerarlas desiguales. Los hombres no se plantean cambiar la realidad, porque para ellos todo se limita a no agredir a la mujer, y olvidan que las consecuencias siguen siendo discriminatorias e injustas. Esas actitudes existen en la sociedad, y la justicia no es ajena a ellas. Si un tribunal está integrado solo por mujeres, es noticia; si lo es por hombres, solo se valora si son buenos o malos, si atienden a una u otra ideología. Es decir, existe un punto de desconfianza en lo que puedan hacer tres juezas juntas. Muchas veces, hasta en los nombramientos se aprecia cierto aspecto de marginación o preferencia del hombre sobre la mujer.

Estos rasgos negativos tienen solución. Difícil pero posible. Existe una grave responsabilidad de los poderes públicos y de las instituciones en la protección de las víctimas y la persecución de los agresores; y en la sociedad para impedir que se acepten y arraiguen actitudes de discriminación por razones de género, y para combatir la violencia psicológica o física, sin olvidar fenómenos discriminatorios más sutiles que se ocultan bajo la apariencia de un trato socialmente afable. Se impone una política integral en materia de género que se implemente desde los diferentes ámbitos afectados y, especialmente desde la justicia, que deberá vigilar que los demás cumplan lo que les corresponde.

Todos tenemos el deber cívico de denunciar las actitudes y acciones de menosprecio que continuamente se repiten en los medios de comunicación, que degradan a la mujer convirtiéndola en un objeto de mercado y que justifican después acciones violentas o pasionales contra ellas.

Las actitudes han de cambiarse desde la base, a través de una educación en igualdad de género en las escuelas, en el entorno familiar.

La sociedad de la información en la que vivimos y el capitalismo que nos nutre trabajan a marchas forzadas para inocularnos ideas de diferenciación de género a través de anuncios o videoclips sexistas desde las edades más tempranas. El cambio de actitudes y de conciencia se debe exigir a todos los niveles, empezando por las grandes marcas que invierten ingentes cantidades de dinero en campañas de publicidad que fomentan el uso diferenciado de juguetes por razones de género, o que presentan a la mujer como la única que puede ocuparse de labores domésticas, o aquellas que directamente convierten a la mujer en un objeto, cosificándola, como acontece con muchas marcas de moda.

Bajo la punta del iceberg

No me gusta diferenciar ni graduar las agresiones contra la mujer. La pirámide de la violencia machista nos muestra cómo las agresiones comienzan en lo cotidiano, de forma larvada y permanentemente, hasta que, bajo la punta del iceberg, aparece toda la problemática oculta que motiva el resultado final. No acabaremos con la violencia machista si no somos capaces de acabar con todo lo que rodea a la discriminación de la mujer por el solo hecho de ser mujer. Quien justifica una diferencia salarial solo por el género está dando entrada a la justificación, siquiera sea inconsciente, de agresiones más graves o a justificaciones insólitas como la supuesta provocación permanente de parte de la mujer por su forma de pensar, de actuar, de vestir, etcétera. Quien no defiende el derecho de la mujer a su propio cuerpo y a todo lo que comportan los derechos reproductivos está dando entrada a actitudes agresivas contra la mujer desde las instituciones, con leyes que prohíban o limiten determinados derechos de la mujer bajo excusas religiosas, morales, políticas o sociales.

Por tanto, aquellas iniciativas que se dirigen a legislar a favor de la igualdad salarial que garantice de forma real y efectiva igual retribución a igual trabajo contribuirán a cambiar las actitudes e indirectamente a que la violencia de género sea erradicada de nuestra sociedad.

Lo mismo es de aplicación a una política de protección de los derechos reproductivos de la mujer, y de protección de los derechos del colectivo LGTBI. Si somos capaces de aceptar las diferencias y la diversidad sexual, sacando estos temas de la confrontación machista y pseudorreligiosa que quieren algunos y ubicándolos en el marco de una política educativa paritaria, compartida, igualitaria y diversa, como lo es la propia sociedad, habremos ganado la batalla al machismo y la intransigencia.

Es importante ver que el mundo judicial está experimentando una transformación importante, y en las últimas promociones las mujeres son más que los hombres, si bien hasta fechas muy recientes la mujer ha estado discriminada en el acceso a puestos de máxima responsabilidad, donde su representación es reducida a pesar de reunir las condiciones requeridas.

Casi cincuenta años después de la Ley 92/1966, que derogaba la prohibición a las mujeres de acceder a la carrera judicial, bajo el motivo de ser estos trabajos actitudes contrarias al «sentido de la delicadeza consustancial en la mujer», las juezas representan ya el 52 por ciento de la carrera, aunque en el año 2017 contaban con un escaso 13 por ciento de representación en el Tribunal Supremo y detentaban solo una de las diecisiete presidencias de los Tribunales Superiores de Justicia de las Comunidades Autónomas. La paridad supondría un claro avance en el tratamiento mucho más progresista de los ataques contra la mujer y sus derechos se garantizarían con más solvencia. No es fácil que los hombres cedan un poder que llevan siglos ejerciendo sin alternativa ni oposición. Todos los avances en igualdad de género tienen poco más de cien años. La lucha será larga y dura, pero es en el conflicto cuando se registran los mayores avances sociales hacia la igualdad, no solo entre hombres y mujeres, sino entre las personas.

Son momentos en los que hasta el presidente de Estados Unidos, Donald Trump, se enorgullece de su machismo. Afortunadamente, somos muchas mujeres y muchos hombres los que no estamos dispuestos a retroceder ni un paso y vamos a dar la batalla, aquí, en EE. UU. y en el mundo entero.

Violencia universal

La conceptualización de la violencia contra las mujeres como una violación de los Derechos Humanos fue un primer paso fundamental para encuadrar los derechos de las mujeres dentro del sistema internacional de Derechos Humanos. De una manera específica, como dicen Victoria A. Ferrer y Esperanza Bach: «El Pacto Internacional de Derechos Económicos, Sociales y Culturales de

1966, junto con el Pacto Internacional de Derechos Civiles y Políticos, prohibieron la discriminación por razón de género».

España se incorporó a la protección de estos derechos en el artículo 14 de la Constitución de 1978. En diciembre de 1993, la Asamblea General de la ONU aprobó la Declaración sobre la eliminación de la violencia contra la mujer, que se define como «todo acto de violencia basado en el género que tiene como resultado posible o real un daño físico, sexual o psicológico, incluidas las amenazas, la coerción o la privación arbitraria de la libertad, ya sea que ocurra en la vida pública o en la vida privada [...]. La violencia de género es un problema que afecta a la sociedad en su conjunto y por ello (la lucha contra ella) debe ir dirigida a ofrecer una visión global, coordinada e integradora del fenómeno». Entre las circunstancias que propician este fenómeno se podría destacar la socialización mediante la violencia. A través del castigo físico se aprende a relacionar el amor con la violencia (se considera algo normal); las normas culturales profundamente arraigadas que legitiman el derecho de los padres a emplear la fuerza física con sus hijos (en nuestro país está legislada la prohibición de estas conductas y se han desarrollado mecanismos para contenerlas). En bastantes países existe la consideración de que la licencia de matrimonio es una licencia de malos tratos («mi mujer es mía», «como te vayas te mato», «como te vea con otro acabo contigo», «voy a ser tu sombra», «te haré la vida imposible»). Es obligada, por tanto, la militancia, coordinación y cooperación en la defensa de los Derechos Humanos de las mujeres.

La Indignación Activa obliga a conciliar todos los esfuerzos para proporcionar una protección real y cierta de los Estados a las clases sociales más desfavorecidas y a los sectores como el de la mujer, que siempre han tenido una protección de segundo orden. Y es misión de todos. Es imprescindible la erradicación de la indiferencia: la omisión o el simple desentendimiento es una forma de responsabilidad.

Para nada vale la reflexión si no va seguida de la acción dirigida a erradicar este tipo de violaciones de derechos persistentes, que degradan la propia institución familiar en la que suelen producirse, desamparando a los que más necesitados están de esa protección. De ahí la responsabilidad de los poderes públicos y particularmente de los jueces, que tradicionalmente han sido reticentes a garantizar la protección de la víctima antes de que lo sea. Las alertas que aparecen y que, hoy en día, pueden estar perfectamente monitoreadas deben ser atendidas con especial diligencia y con la asistencia de especialistas. Es fundamental visibilizar lo que se hace y el combate que se libra contra todas y cada una de las fórmulas de discriminación, sobre todo en los casos de violencia de género.

Lo que sucede fuera de nuestras fronteras también es responsabilidad nuestra. Por ejemplo, con relación a los productos que consumimos. Tenemos obligación de saber dónde se fabrican cada uno de los productos. Conviene saber dónde y cómo se hace la ropa, el calzado, los objetos que compramos, y analizar si en esos países esas mercancías se producen con violencia de género o violación de los Derechos Humanos en general.

Debemos hacer el esfuerzo de no participar de lo negativo, de lo perverso que está detrás de una fachada inmaculada que oculta auténticas relaciones de poder económico y político corrompidas por el asesinato, las masacres, los tráficos ilícitos, la trata de seres humanos y la impunidad.

Datos escalofriantes

Las estadísticas internacionales indican que por lo menos una de cada tres mujeres ha sido golpeada, forzada a tener relaciones sexuales o maltratada de alguna manera en el curso de su vida. Esta cifra tiende a aumentar en el contexto de los conflictos armados. «La violencia mundial contra las mujeres es ya otro holocausto», dijo Ayaan Hirsi Alí al comentar los datos que se contenían en el Informe elaborado en 2004 por el Centro para el Control Democrático de las Fuerzas Armadas de Ginebra: «Entre 113 y 200 millones de mujeres de todo el mundo están desaparecidas demográficamente».

A pesar de esas estadísticas, la referencia puntual a los crímenes de violencia sexual contra la mujer en el marco de la normatividad internacional ha sido escasa hasta hace muy poco tiempo.

Solo a partir del Código Lieber (destinado a aplicarse a la Guerra de Secesión americana de 1862-1865) se menciona por primera vez en forma decidida la prohibición de la violación, y podríamos decir que comienza su catalogación como crimen de guerra. Y su formulación es tan amplia que lo mismo incluye la heterosexual como la homosexual.

La Convención de La Haya de 1907 confirmaba, en su artículo 46, la condena de las violaciones cometidas por las fuerzas de ocupación. «La violación, como las demás violencias sexuales, destruye la cohesión de la sociedad civil».

En ninguna de las transcripciones de los juicios de Núremberg se incluyeron referencias a las violaciones, la prostitución ni a ningún otro crimen sexual, y ni siquiera aparece la palabra *mujer*, a pesar de que los crímenes contra las mujeres fueron extensamente documentados. Por su parte, el Tribunal de Tokio solo incluyó el análisis de las pruebas de crímenes sexuales, especialmente en «la masacre de Nanking (diciembre 1937 a enero 1938), en la que fueron víctimas más de 20.000 mujeres de la provincia china de Kiussu al ser objeto de violaciones y de sometimiento a formas de esclavitud sexual por soldados japoneses.

Tampoco en la Carta de Londres que creó esos Tribunales aparece referencia al delito de violación sexual.

En los 429 artículos de las Convenciones de Ginebra de 1949, sobre la prevención y represión del genocidio, se acoge tímidamente la violencia de género como elemento destructor del grupo étnico, total o parcialmente (violaciones, esterilizaciones, etcétera). Solo una frase en el artículo 27 de la IV Convención dice que «las mujeres serán especialmente protegidas contra todo atentado a su honor y, en particular, contra la violación, la prostitución forzada y todo atentado a su pudor».

Más increíble aún es que la Declaración sobre la Protección de

Mujeres y Niños en Emergencias y Conflictos Armados de 1974 omita cualquier referencia explícita a la violencia sexual.

El Estatuto del Tribunal Penal Internacional para la Antigua Yugoslavia menciona específicamente la violación como crimen de lesa humanidad de competencia de ese tribunal, mas no como infracción de las leyes y costumbres de guerra. Es más, en las primeras acusaciones formales de este tribunal no se incluyó ni siquiera el delito de violación sexual, a pesar de que el mundo entero había sido sacudido por los reportajes en la prensa sobre la limpieza étnica que se había practicado en esa república a través del embarazo forzado.

En estos contextos, la violencia contra la mujer es altamente utilizada como herramienta de guerra. Por medio del cuerpo de la mujer agredida sexualmente se produce una agresión a la moral de los hombres con quienes la víctima tiene relación de dependencia. En Congo, la destrucción del cuerpo de la mujer, de sus genitales, es una forma indirecta, pero de eficacia extrema, de destruir la moral del grupo tribal del que la mujer dependa.

Antes de la década de los noventa la violación y otros delitos sexuales eran considerados como daños colaterales de las guerras y conflictos armados, o bien como atentados al honor de la familia, al honor masculino u ofensas privadas. Esta tendencia cambió a partir del trabajo realizado por los Tribunales Penales Internacionales para la ex-Yugoslavia y Ruanda, responsabilizando penalmente a los individuos por actos de violencia con base en género y de índole sexual, y tras la inclusión de varias formas específicas de crímenes de género en el Estatuto de Roma.

Indiferencia culpable

Aproximadamente 500.000 mujeres fueron torturadas, violadas, mutiladas y masacradas durante el conflicto armado en Ruanda (1994). Se calcula que en Bosnia-Herzegovina más de 60.000 mujeres y niñas fueron violadas por soldados y policías de forma organizada y sistemática.

El Consejo de Seguridad de Naciones Unidas creó en 1993 y 1994 los tribunales para la Antigua Yugoslavia y Ruanda, respectivamente. Por primera vez se trató la violación como delito de lesa humanidad. A través de sus pronunciamientos, estos tribunales sentaron los precedentes en materia de tipificación y sanción de estos crímenes. La jurisprudencia internacional sobre violencia sexual a partir de sus resoluciones, y de las del Tribunal Especial para Sierra Leona, ha dejado establecido que la violación y las agresiones sexuales pueden constituir en sí mismas genocidio, crimen de lesa humanidad, crimen de guerra y tortura. Establece además que la violación es un elemento de otros crímenes, como la esclavitud sexual y la prostitución forzada.

Existe pues una obligación de investigar y enjuiciar los crímenes de naturaleza sexual. Es el turno ahora de los tribunales nacionales para fortalecer la citada jurisprudencia en materia de género, aplicándola y conociendo estos crímenes a nivel local. Es aquí donde más obstáculos se perciben. A veces hay un olvido absoluto de lo que en muchos lugares sigue siendo una lacra ominosa.

El crimen que se perpetra contra mujeres, contra la infancia y la adolescencia, contra personas LGTBI es especialmente repugnante en una sociedad civilizada. La campaña protagonizada emblemáticamente por presidentes como Vladimir Putin o por países como Arabia Saudí, y más solapadamente por dirigentes de diferentes países de Latinoamérica, contra gais y lesbianas debería provocar una reacción unánime en todas las sociedades que se precien de ser civilizadas. Posturas intransigentes y de repudio, como las de la Iglesia católica y las demás de signo cristiano, o su catalogación como crímenes, por otras como la musulmana, dan ejemplo del nivel al que hemos llegado y lo que nos falta para respetar la propia naturaleza de las cosas, las libertades conquistadas y los derechos inalienables del ser humano. Nuestro nivel de indignación frente a la discriminación del colectivo LGTBI no debe quedarse en la crítica, sino que tiene que llevarnos a la acción, procurando medios de actuación que acaben con el concepto de que se trata de una especie de «fenómeno antinatural».

La familia en tiempos de guerra

La familia, como núcleo central de la sociedad y como mecanismo para la reconstrucción del tejido social de esta última, debe ser especialmente protegida en el marco de los conflictos armados. Cada uno de los sujetos que componen el grupo social recibe el impacto de la acción violenta en forma diferente. En igual sentido la familia, cada miembro de ese núcleo, tiene un rol diferente, de victimario o víctima de secuestro, desplazamiento, muerte, amenazas, extorsión, violencia sexual, reclutamiento, pérdida de bienes, etcétera. En cada caso el impacto es distinto, pero en todos los casos se produce un quebrantamiento del núcleo familiar, que conduce a una ruptura de la comunidad.

El conflicto armado y la violencia afectan en forma diferente al papel que cada uno de los miembros tiene en el grupo familiar, dependiendo de su género. Un ejemplo claro es la «viudez». Cuando su pareja es asesinada o secuestrada o desaparece, la mujer pasa a ser la cabeza de familia, con todas las obligaciones, pero con ninguno de los derechos que tal posición comporta cuando es un hombre el que ocupa ese puesto.

Por ejemplo, en Colombia, que ha soportado durante décadas un conflicto armado interno que aún perdura, las mujeres han sufrido graves situaciones de discriminación y violencia por el hecho de ser mujeres. La Comisión Interamericana de Derechos Humanos es clara al afirmar que «la violencia y discriminación de por sí afectan a la vida de las mujeres durante los tiempos de paz y degeneran durante los conflictos internos que afectan a la población civil».

Otra de las formas en las que la violencia contra las mujeres se ha manifestado en el marco del conflicto ha sido la imposición de normas de conducta y control social, restricción de participación, imposición de lazos afectivos con los combatientes, reclutamiento forzado, esclavitud sexual y doméstica, entre otras, que han agravado aún más la posición de discriminación política, social, económica y cultural que la mujer colombiana tiene en la sociedad.

El cambio que han experimentado las mujeres campesinas, indígenas y afrocolombianas a raíz del desplazamiento ha sido muy significativo, porque la movilidad que tenían en el pasado respondía a la movilidad del padre o del esposo, su ambiente social se limitaba a las actividades del hogar y de producción en un mismo espacio, y su relación con las organizaciones era mediatizada por los hombres. Al llegar a la ciudad evidencian las complejas pérdidas culturales, afectivas, materiales y espaciales que han sufrido, particularmente cuando intentan reafirmar simbólica y materialmente el rol materno que han cumplido dentro de la cultura como fuente de vida y preservadoras de la estabilidad familiar.

Niños víctimas, niños soldados

En el caso de los niños, niñas y adolescentes, la realidad de la guerra irrumpe en una etapa de la vida muy importante, aquella en la cual se dibujan la personalidad, la identidad y los horizontes de futuro. Por ello, los efectos del conflicto son graves, trascendentales y perdurables.

El conflicto genera una ruptura en el proceso de construcción de la formación educativa, de la personalidad, del libre desarrollo mental y espiritual. El impacto de algunas organizaciones armadas en el territorio del país de que se trate hace que el conflicto sea algo atractivo y que la guerra para los niños y adolescentes se convierta en una alternativa, o se vean abocados a ella a través del secuestro y su conversión en niños soldados. El contexto y el ambiente alrededor de la guerra hacen creer que el grupo armado tiene un estatus identificado como poder.

Cada año, miles de familias lo abandonan todo para no verse obligadas a entregar a sus hijos. No siempre consiguen evitarlo. Son numerosos los casos en los que los menores son sustraídos de sus hogares y vinculados a grupos armados ilegales y bandas criminales, como parte de un perverso «impuesto de guerra» que imponen los violentos en las comunidades a las que someten bajo la dictadura del medio, con el fin de convertirlas en cómplices y obligarlas a guardar silencio. Algunos niños relataron que fueron entregados por sus padres porque en su familia corrían el riesgo de morir de hambre o perecer en medio del fuego cruzado.

Niños, niñas y adolescentes son puestos en la primera línea del combate y representan una base importante de la economía ilegal. Lo relata María Rocío Cifuentes, profesora del departamento de Desarrollo Humano de la Universidad colombiana de Caldas, quien dice que los más graves crímenes se causan durante las primeras etapas de la vinculación, cuando en el marco del entrenamiento niños y niñas son sometidos a «un complejo proceso de deshumanización en el que los preparan para torturar, asesinar con indiferencia, violentar sin límites y sin pudor». Los reclutan, los retienen y los obligan a convertirse en victimarios.

Los ejemplos en los diferentes conflictos armados, como en Congo, Sierra Leona, Colombia, etcétera, ofrecen una diversidad perversa de casos con una trascendencia sobre las víctimas cuyas consecuencias se mantendrán por décadas, aun después de haber cesado la violencia sobre ellas.

La feroz intolerancia ante los derechos reproductivos

La madurez democrática de un pueblo se mide en función de la tolerancia y de la aceptación de la diversidad y la pluralidad de quienes lo componen. Si existe un ámbito en el que el rechazo y la intolerancia se manifiestan en su más pura esencia es el del género, los derechos sexuales y los derechos reproductivos. Los avances y la protección en las legislaciones del matrimonio igualitario, del aborto, de la adopción, del tratamiento igualitario a los diferentes colectivos y especialmente a la comunidad transexual, la integración social de los mismos y el tratamiento penitenciario de las personas LGTBI son tareas pendientes. No hay una normativa internacional que incida en este campo.

España es uno de los países con más avances, pero aún hay amagos de retroceso, como lo fue la decisión del que fuera ministro de Justicia del primer gobierno de Mariano Rajoy, Alberto Ruiz Gallardón, de reinstaurar una legislación restrictiva del aborto. Iba en contra de una situación legal normalizada en la que los derechos de la mujer se anteponen a las concepciones retrógradas de los colectivos ultrarreligiosos y ultraconservadores. En este caso el ministro dimitió, y la victoria fue de las mujeres y de todos aquellos que tenemos claro que, en un Estado democrático, no pueden imperar esas restricciones porque aceptarlas sería retroceder en conquistas de derechos consolidados.

No existe una normativa y ni siquiera un consenso internacional sobre cómo abordar la incidencia de la perspectiva de género en el tratamiento de la violencia y los derechos reproductivos. El abordaje de este tema no es nada fácil, dada la especificidad de los derechos reproductivos como subconjunto de los Derechos Humanos y su vinculación con la perspectiva de género.

A mediados de los años noventa, el Consejo Económico y Social de las Naciones Unidas definió así la situación:

> Transversalizar la perspectiva de género es el proceso de valorar las implicaciones para las mujeres y para los hombres de cualquier acción que se planifique, trátese de legislación, políticas o programas en todas las áreas y a todos los niveles. Es una estrategia para conseguir que las preocupaciones y experiencias de las mujeres, al igual que las de los hombres, sean parte integrante de la elaboración, puesta en marcha, control y evaluación de las políticas y los programas en todas las esferas políticas, económicas y sociales, de manera que las mujeres y los hombres puedan beneficiarse de ellos igualmente y no se perpetúe la desigualdad. El objetivo final es conseguir la igualdad de los géneros.

No es lo mismo, por tanto, que se trate el género como un fenómeno más entre otros como la infancia, la vejez, la afiliación política, etcétera, que hacerlo con la consciencia de las implicaciones reales que cualquier medida o acción política de esta naturaleza tiene para la vida de mujeres y hombres en su devenir diario. La distinción entre una u otra perspectiva no es baladí y debe optarse por una de ellas.

La tercera revolución

La idea de la denominada *revolución reproductiva* supone la tercera revolución, conjuntamente con la económica y política, del tránsito a la modernidad. Es fruto directo de los avances médico-sanitarios tanto en técnicas reproductivas como en el alargamiento de la esperanza de vida de los humanos, es decir, el aumento en la proporción de personas que sobreviven hasta el final de las edades reproductivas y el hecho de que los hijos tengan vidas aún más largas que sus progenitores. La revolución reproductiva supone un crecimiento en la eficiencia que permite el mantenimiento de poblaciones de modo compatible con la práctica creciente de la contracepción.

Tener hijos es ahora más fácil y a la vez menos obligado desde el punto de vista de la supervivencia de la comunidad. El coste de la oportunidad de tener descendencia es más alto, pero eso no se deriva de la mayor dificultad, sino de que el crecimiento de la economía y, subsiguientemente, de las capacidades personales acarrea mayor sacrificio para procrear. Desde una perspectiva de grupo, la obligación individual de cada mujer en términos reproductivos se difumina con las ganancias de supervivencia, de modo que, por primera vez en nuestra historia como especie, coexisten más de dos generaciones. Se está llegando incluso a la categoría de bisnietos.

La concurrencia de los abuelos en el proceso educativo de los nietos ha supuesto, a su vez, la ruptura de la tradicional percepción de la función reproductiva en una única persona, mujer y de mediana edad. Las funciones de «crianza» se reparten entre varios individuos. Así, paradójicamente, parte de la función de acompañamiento en el crecimiento es desarrollada por los abuelos, con lo que la función ha trascendido el género y la edad. Esta dispersión de responsabilidades libera a las mujeres materialmente, aunque no necesariamente en el plano social, de la obligación de estar vinculadas a perpetuidad al sistema de reproducción y reemplazo en la sociedad.

Las diferencias naturales que antes justificaban la especialización productiva en la reproducción van perdiendo importancia progresivamente. Y se tornan irrelevantes desde la perspectiva de la igualdad moral, de la igualdad política y de la igualdad jurídica. Sin embargo, la batalla contra las estructuras socioculturales basadas en la subsunción de la mujer al hombre continúa, y la revolución reproductiva en su aspecto biológico no se ha traducido al cien por cien en las relaciones sociales. Es ahí donde encontramos nuestra obligación como promotores de los derechos reproductivos y de los derechos sexuales, que se perfilan como dos categorías autónomas, aunque relacionadas, gracias precisamente a la progresiva desvinculación de la sexualidad y del proceso de procreación.

En 1994, en la Conferencia Internacional sobre la Población y el Desarrollo de El Cairo, se establece el concepto de salud reproductiva en clave de derechos, al definirla como «la capacidad de disfrutar de una vida sexual satisfactoria y sin riesgos y de procrear, y la libertad para decidir hacerlo o no hacerlo, cuándo y con qué frecuencia». Esta conceptualización alude a la salud sexual desde el ámbito de la libertad y la autonomía de la persona, al considerar que no se limita a la reproducción y que su objetivo es el desarrollo de la vida y de las relaciones personales.

En 1995, la Plataforma de Acción Mundial aprobada en la Cuarta Conferencia Mundial sobre la Mujer en Beijing visibilizó ante la comunidad internacional las problemáticas que afectan a los derechos sexuales y reproductivos de las mujeres tanto en la esfera pública como en la privada.

Con estas primeras conceptualizaciones y con la creación de los mecanismos convencionales y extraconvencionales de protección de Naciones Unidas, se comenzó a construir un estándar de protección para los derechos sexuales y reproductivos de las personas. Se hizo a partir de casos, declaraciones e informes hechos desde dos perspectivas: una desde la concepción feminista que busca erradicar discriminaciones y estereotipos en perjuicio de las mujeres que obstaculizan su autonomía reproductiva; y otra, encaminada a reconocer y proteger los derechos de las personas con orientación sexual e identidad de género diversa.

Respecto al enfoque dirigido a garantizar los derechos de las mujeres, a partir de la Convención para la Eliminación de Todas las Formas de Discriminación contra la Mujer (CEDAW, por sus siglas en inglés) se han elaborado pautas claras para garantizar los derechos sexuales y reproductivos de las mujeres. Se señala que gozan del derecho a decidir libre y responsablemente el número de sus hijos y el intervalo entre los nacimientos, y a tener acceso a la información, la educación y los medios que les permitan ejercer estos derechos, además de establecer que este derecho es vulnerado cuando se obstaculizan los medios a través de los cuales una mujer puede ejercer el derecho a controlar su fecundidad (Comité de la CEDAW, 1999).

En sentido similar se han pronunciado el Comité de Derechos Humanos de Naciones Unidas, que ha identificado la falta de acceso a un aborto no punible como una violación de Derechos Humanos, la Corte Interamericana de Derechos Humanos y el Tribunal Europeo de Derechos Humanos.

Vidas destrozadas

El Comité de la CEDAW refiere una serie de casos que ha conocido en materia de interrupción voluntaria del embarazo, esterilización forzada y acceso a servicios de salud obstétrica, los cuales reflejan, bajo el principio de igualdad y no discriminación, la interdependencia de estos derechos con otros derechos reconocidos en los Pactos Internacionales de Naciones Unidas, como la vida, la integridad personal, la salud o la vida privada, y evidencian la prevalencia de estereotipos de género y asignación de roles que impiden garantizar la autonomía reproductiva de la mujer dentro de los Estados. La revisión de los diferentes casos demuestra, a nivel internacional, la necesidad de tratamiento específico desde la perspectiva de género de los derechos reproductivos, y se constata la presencia de un doble gravamen para la mujer por el hecho de serlo y por la violencia psicológica que comportan.

El reconocimiento nominal de los derechos reproductivos *per se* no supone necesariamente su protección, porque el reconocimiento del derecho requiere la ausencia de normas terceras que disuadan de algún modo la participación de otros, como los profesionales del ámbito médico sanitario, en la promoción de dicho derecho. Asimismo, también se requiere el establecimiento de vías, protocolos que permitan la materialización del derecho o el recurso efectivo y en tiempo a las autoridades pertinentes en el caso de una conculcación del mismo.

A la ausencia de medidas efectivas de aplicación se añaden contextos sociales de estigmatización promocionados por el propio Estado. El caso del aborto es paradigmático. Cada día es menos defendible la prohibición absoluta, pero incluso tras la despenalización de algunos supuestos es posible mantener el sistema anterior haciendo que el aborto legal esté indisponible en la práctica.

Esto me permite enlazar con la siguiente cuestión: el análisis del impacto de la injerencia del Estado en la decisión de practicar una interrupción voluntaria del embarazo es un acto de violencia complejo, que puede afectar a la integridad física de la persona. Pero también a la integridad moral y psicológica de modo grave, tan grave que puede llevar a buscar la propia muerte. Además, no olvidemos que el aborto no disponible aquí puede estarlo en otro lugar que, por vivir en un mundo muy pequeño, está a escasas horas de avión. O puede hacerse en la clandestinidad, sin las garantías higiénicas mínimas. Los casos de mujeres irlandesas viajando a un tercer país, la mayoría de las veces Inglaterra, para interrumpir el embarazo son paradigmáticos. Este intento manifiesto y deliberado de poner puertas al campo es un acto de violencia física, psicológica, económica y social condenada al fracaso, pero que antes de caer se llevará por delante a muchas mujeres.

Frente a estas posturas obstruccionistas, la posición más defendible es la exigencia de la transversalización de la perspectiva de género, es decir, el reconocimiento en toda actuación de un impacto diferenciado por razón de género. No se debe enfrentar como un tema más de Derechos Humanos en el que invertir nuestra energía, sino como una opción epistemológica, unas gafas que nos ponemos todos los días para ver el mundo de un modo distinto.

Pero la visión del mundo desde la plenitud de las capacidades técnicas de la humanidad es bifocal y visibiliza también las miserias remanentes de la discriminación contra la mujer, de los procesos sociopolíticos y culturales que se resisten a asumir la igualdad moral, política y económica de aquella frente al hombre. Y ser conscientes de ambos procesos es lo que permite un tratamiento adecuado de los casos. Este es para mí el centro de la cuestión. A la hora de elegir qué posicionamiento tendremos ante las violaciones de los derechos reproductivos, hemos de ser conscientes de dos cuestiones: por moverse en el campo de la bioética, suponen la concurrencia de distintas disciplinas (ética, derecho, política, medicina, etcétera) en un proceso de rápido cambio, con la incerteza que eso supone. Esto implica una primera necesidad: humildad del que no puede ser a la vez juez, médico, filósofo, sociólogo y economista. Pero a esta humildad ha de acompañarla la contundencia en el compromiso por estos derechos y por su titularidad para todos.

LGTBI: discriminación redoblada

La discriminación es aún más evidente cuando tiene por titulares a las lesbianas, gais, transexuales, bisexuales e intersexuales (LGTBI). Las violaciones de los Derechos Humanos de este colectivo responden a estructuras de pensamiento que están bien hondas en nuestro interior y que tenemos invisibilizadas.

Es una opinión más o menos generalizada que hay derechos que son más derechos que otros. A ello me gustaría agregar que hay titulares de derechos que son más titulares que otros. Y contra esto hemos de combatir. Y no nos equivoquemos, la oposición entre aquellos que son titulares plenos y aquellos que no lo son, y por cuya plenitud de titularidad luchamos, es en realidad un falso dilema y oculta una tercera categoría: aquellos grupos humanos por cuya titularidad plena «no se debe pelear», porque es tabú, porque son «diferentes». Los miembros de la comunidad transexual saben bien a lo que me refiero.

El 23 de junio de 2017, las Naciones Unidas, a través de su Comité contra la Tortura, reclamaron de los gobiernos mayores esfuerzos para prevenir el maltrato y la tortura del colectivo LGTBI en los centros de detención, por el alto riesgo que sufren de ser torturados y maltratados dondequiera que estén privados de libertad, ya sea en prisiones, en instalaciones sanitarias o en centros de detención para inmigrantes, como señaló Jens Modvig, presidente del CAT.

El que fuera relator contra la tortura, Juan Méndez, señala la violencia y maltrato de las personas de este colectivo, a veces con la complicidad de los propios funcionarios de prisiones. Sufren acosos, torturas, degradación, humillación, lo que es un auténtico fracaso de las instituciones de los Estados y de estos al desatender el cumplimiento de sus obligaciones y las normas de derecho internacional y de los Derechos Humanos. El reto es pues fortalecer sus derechos, mediante el empoderamiento y la protección institucional, a través de normas adecuadas que hagan desaparecer su vulnerabilidad y estigmatización, y sancionar con firmeza las agresiones por razón de la condición sexual y los delitos de odio que, para nuestra gran preocupación, aumentan en sectores concretos de la población y en múltiples países. Una sociedad que permita este tipo de agresiones y la reducción de derechos es una sociedad que no puede llamarse democrática.

El proceso de reivindicación de la comunidad LGTBI a nivel internacional es bastante reciente, y aunque no se cuenta con un tratado internacional que proteja a este grupo, se ha logrado visibilizar en los últimos años su labor de desafío a un sistema de dominación heteronormativo y cuestionamiento de la heterosexualidad como requisito esencial para la constitución de parejas y la procreación, como bien expresa el doctor Juan Marco Vaggione.

La evolución de los derechos de LGTBI en España no ha sido nada fácil. La estigmatización de este grupo llega hasta nuestros días. Esta evolución ha llevado desde la represión y persecución implacable del franquismo contra el colectivo, a través de leyes como la de Vagos y Maleantes, o la de Peligrosidad Social, o la práctica de lobotomías y enclaustramiento en campos de concentración, hasta una legislación protectora que ubica a nuestro país como el más tolerante en el mundo en esta materia.

Como expone Marcos Paradinas en su libro *El fin de la homofobia: derecho a ser libres para amar*, el punto de inflexión en Naciones Unidas para los derechos de LGTBI no llegó hasta noviembre de 2006, cuando un prestigioso y variado plantel de expertos en Derechos Humanos se reunió durante cuatro días en la Universidad Gadjah Mada, en la ciudad indonesia de Yogyakarta. Allí redactaron un documento con 29 principios que pudieran valer como un estándar universal para conseguir que los Derechos Humanos fuesen aplicados por igual en relación con la orientación sexual y la identidad de género, que hoy se conocen con el nombre de Principios de Yogyakarta.

La aceptación de la homosexualidad ha crecido en términos generales, aunque sigue siendo un asunto controvertido que divide al mundo en dos sectores enfrentados, que no son otros que los mismos que se confrontan en el seno de Naciones Unidas. Así, en cabeza de la intolerancia están países de Oriente Medio y África, como Ghana, donde el 98 por ciento ve la homosexualidad como algo inmoral; Jordania y Egipto (95 por ciento); Palestina (94); Uganda e Indonesia (93); Túnez (92); Malasia y Kenia (88) o Paquistán y Nigeria (85). Y en Europa, Rusia (74) y Polonia (46). En la orilla opuesta nos encontramos sobre todo a países europeos. En cabeza está España, donde solo el 6 por ciento ve la homosexualidad como algo inmoral. Le sigue Alemania, con un 8 por ciento; Francia y República Checa, con un 14 por ciento; Canadá, con el 15 por ciento; Reino Unido, con un 17 por ciento; Australia, con un 18 por ciento; e Italia, con un 19 por ciento.

En España, el Partido Popular rechazó la ley de matrimonio homosexual llegando a conseguir con sus votos que se vetara en el Senado. Las razones aducidas entonces fueron su rechazo a las adopciones y su petición de que los concejales que lo quisieran pudieran alegar objeción de conciencia para evitar casar a personas del mismo sexo. Pero sobre todas las razones estaba su intención de que las uniones se mantuvieran al margen de la «institución tradicional» del matrimonio. De hecho, el PP presentó en octubre de 2005 un recurso ante el Tribunal Constitucional, en el que alegaba que la ley aprobada «desnaturaliza la institución constitucional del matrimonio».

El Tribunal Constitucional tardó siete años en resolver el recurso y aprobar la constitucionalidad de la norma. Ese gran lapso y el evidente apoyo de la sociedad al cambio legal hicieron que el PP suavizara su discurso y se centrase en predicar que ellos apoyaban que todos los ciudadanos tuvieran los mismos derechos, pero con diferente nombre. El propio Mariano Rajoy, presidente del Gobierno desde el año 2012 y horas antes de conocerse la decisión del Constitucional, señaló que «nosotros recurrimos no porque la unión entre dos personas del mismo sexo produjera efectos jurídicos, que no nos importaba, lo único que recurríamos era el nombre, es decir, el nombre *matrimonio*».

La consolidación legal de estos derechos en nuestro país es un hecho, aunque debe ampliarse aún más, pero la lucha por su reconocimiento y su aceptación social están lejos aún. Si hay un ámbito en el que debemos aplicar el contenido del principio de Indignación Activa es este, porque son muchas las alarmas que continuamente nos muestran la intransigencia y desprecio de género que se vive en la sociedad frente a esta comunidad.

Muros caídos, muros levantados

Todas las personas somos ciudadanos. El concepto de ciudadanía es en realidad lo contrario de súbdito. Es el vocablo que establece con apenas cuatro sílabas la relación de dignidad individual que debe gobernar la relación entre los seres humanos y el Estado. Es el resultado de unos vertiginosos siglos XVIII y XIX en los que, desde las revoluciones liberales, comandadas por la Revolución norteamericana de 1776 y la Revolución francesa de 1789, se fue extendiendo por el mundo a través de las conocidas como *olas democratizadoras* del mundo, tal y como Samuel Huntington definió este proceso de expansión de la democracia liberal hasta llegar a nuestros días.

La ciudadanía, tal y como se conquistó en la época contemporánea, es una institución revestida de derechos. Estos derechos, civiles y políticos, económicos, sociales y culturales, y en algunos casos, como en Bolivia, con avanzados derechos de tercera generación, o derechos de la propia Naturaleza, son inalienables para el poder. Por lo tanto, ciudadanía y derechos fundamentales blindados ante el poder son intrínsecos al ser humano.

Cuando un Estado desconozca los derechos de sus ciudadanos, deberá responder frente a una arquitectura internacional en forma de tratados e instituciones de control del respeto a los Derechos Humanos por los poderes.

Mientras hay naciones que siguen decididas a caminar con paso firme hacia la protección de los Derechos Humanos y de la naturaleza, en otras se atisban políticas verdaderamente regresivas, atrasadas, desfasadas y destructivas de un patrimonio internacional y común conseguido por generaciones a través de una constante lucha social: los Derechos Humanos.

Es el caso que protagoniza el presidente de Estados Unidos, Donald Trump, en quien día a día se hace más patente el desprecio que siente por todo aquello que resulte ser contrario a su voluntad. Si tuviéramos que elegir un ejemplo que cuestione todos y cada uno de los logros que como comunidad internacional hemos conseguido, la gran mayoría de los ciudadanos apuntaría a Donald Trump.

Pero este hecho no puede llevarnos al desaliento, porque también hay ejemplos de la posición contraria, que apuestan por la vertebración de opciones diferentes, más universalistas y en las que la confianza y solidaridad se expanden con dificultad, pero de forma permanente y definitiva. Así, hay algunos modelos exitosos de ciudadanía internacional, regional o extraestatal. Pienso aquí en la Ciudadanía Europea, la de África Oriental o la del Mercosur, la UNASUR o la Comunidad Andina o la CELAC, con sus diferencias, que son indudables, pero no insalvables. Es decir, espacios de derechos que superan las fronteras tradicionales y viejos miedos y reticencias frente a aquellos que estaban fuera de las fronteras físicas, definidas por ríos, desiertos, mares o montañas. No obstante, estamos en un momento crítico entre avances y retrocesos, en el que cuestiones que estaban absolutamente consolidadas ahora se cuestionan.

En el actual contexto internacional y con relación al desarrollo del concepto de ciudadanía podemos señalar tres grandes posiciones que se dibujan a la sombra del terror al futuro, del inmovilismo, del deseo de cambio y obtención de la ciudadanía universal y del alzamiento de muros invisibles como barrera para protegerse.

Por un lado, los Estados que desean mantener sus muros legales y hacer pocos esfuerzos por dinamitar las murallas psicológicas construidas a base de discriminación, ignorancia y miedos. Estos muros dividen países; pero también encapsulan a los mismos países que los levantan y a veces hasta expulsan a quienes consideran ciudadanos de segunda o tercera categoría. Las deportaciones masivas de migrantes, de mujeres y niños, sin tener en cuenta el tiempo de permanencia, el estatus, las unidades familiares consolidadas, ejemplifican una política que, en vez de reducirse, se expande desde el norte hacia el sur. Tanto en el nuevo como en el viejo mundo. Son países en los que los muros o vallas electrificadas, que supuestamente se justifican para controlar la emigración, realmente ocultan la despreocupación y el abandono ante una realidad de miseria y desesperación, con la complicidad de los países puente a los que se les gratifica por conducir a esos migrantes a los lugares de origen, en los que, probablemente, serán objeto de persecución, abandono u olvido oficial y pasarán a engrosar las filas de la miseria, aumentando, aún más, la desigualdad.

Cuando el muro es el mar, el Mediterráneo se convierte en la mayor fosa común de la historia (según la Organización United, con sede en Ámsterdam, desde 1993 hasta 2017, 32.293 personas que trataban de entrar en Europa han perdido su vida ahogadas en el Mare Nostrum), y ante este hecho, la Unión Europea genera políticas engañosas con países vecinos que son verdaderos Estados fallidos. El ejemplo más claro es Libia, que recibe financiación a cambio de ayudar a los países que integran dicha Unión a contener la migración. A cambio, estos hacen caso omiso a la corrupción generalizada de sus instituciones, las condiciones inhumanas y de tortura física contra su población, la degradación y la violación sistemática de mujeres y niños. Tampoco se denuncia la asociación con organizaciones criminales que extorsionan, compran, venden y condenan a la muerte a miles de personas, en una suerte moderna de esclavitud, consentida por las naciones civilizadas de Europa.

ONG, los falsos culpables

Algunos líderes políticos pronuncian discursos xenófobos y verdaderamente racistas, manteniéndose impasibles ante la realidad de la muerte sistemática de migrantes en el mar cuando tratan de cruzar en embarcaciones miserables, o cuando cruzan el desierto, en el que, a veces, se los retiene hasta la extenuación y la muerte, en un número imposible de registrar; o hacinados en transportes de «polleros» que comercian con personas desesperadas para llegar a Estados Unidos. Se desatiende a los niños migrantes abandonados; se los devuelve a sus países de origen o tránsito, donde carecen de familia o quedan desestructurados y sin ningún vínculo con su ciudad de origen, abocándolos a la delincuencia y a caer en manos de las organizaciones criminales (maras); o se retiene a migrantes en centros de internamiento o en campos de refugiados, que son los nuevos campos de concentración, a la espera de devoluciones que no cumplen los requisitos que marca la legislación aplicable.

Una novedad que se atisba ante la ineficacia de determinadas políticas migratorias es acusar a las organizaciones humanitarias de propiciar la inmigración porque socorren a las miserables embarcaciones, construidas para que no lleguen a puerto por organizaciones criminales contra las que no se desarrollan acciones eficaces.

¿Acaso esto no es asimilable a verdaderos crímenes contra la humanidad?

Sostener a estas alturas el discurso de que hay que diferenciar entre migrantes-refugiados por razones políticas y migrantes por razones económicas a la hora de protegerlos de una u otra forma y excluir a quienes proceden de determinados países, por el solo hecho de que en los mismos existen conflictos armados de los que son víctimas, es algo sumamente grave. Pero reina la indiferencia, y falta una verdadera Indignación Activa que se sobreponga a las tendencias inerciales e inhibitorias de unas autoridades que se niegan a priorizar esta urgencia de quienes más desamparados están. Frente a ello, deberíamos tener conciencia de que nuestro *modus vivendi* es causa, al menos parcial, de la miseria de terceros, con los que nuestras empresas y Gobiernos actúan con criterios de eficiencia económica y olvido de los Derechos Humanos; conciencia de que la acción coordinada, responsable y sin reservas de los Estados y la exigencia de información y acción política críticas son las únicas soluciones.

En un mundo en el que la comunicación es esencial, no se pueden tolerar ejercicios de desinformación (o pura mentira) de nuestros gobernantes. Menos aún cuando provocan la deshumanización de quienes luchan por la supervivencia. No nos equivoquemos, es así como se alimenta la xenofobia, convirtiendo a los otros en la parte excluida del nosotros.

La ciudadanía universal

El aumento del número de migrantes internacionales refleja la creciente importancia de un fenómeno que «se ha convertido en una parte integral de nuestras economías y sociedades», como ha destacado el subsecretario general de Asuntos Sociales y Económicos de la ONU, Wu Hongbo.

Serán, por tanto, políticas de solidaridad y de responsabilidad compartida las que lo encaucen. La migración es imposible frenarla, la cuestión es cómo gestionarla; de ahí que las palabras *solidaridad, política común* y *responsabilidad compartida* entre los Estados resulten fundamentales. No serán los muros ni la represión los que frenen la migración, sino iniciativas conjuntas y sosegadas, junto a desarrollos sostenibles planteados de acuerdo con los países de origen. Así será posible distribuir los esfuerzos y hallar soluciones a este fenómeno imparable en la era de las comunicaciones, que no respetan fronteras y globalizan aún más el movimiento migratorio.

Puede ser que la legalidad a la que insistentemente alude el presidente Trump ampare la construcción de un muro que separe la libertad del sur frente al sometimiento imperialista del norte, pero desde luego su construcción no es legítima. Un presidente elegido democráticamente no puede hacer lo que quiera. No se trata de iniciar una revolución, sino de desarrollar políticas innovadoras a la vez que integradoras dentro del marco constitucional y democrático de los diferentes países y de la comunidad internacional. No podemos quedarnos cobardemente en silencio frente a ese ataque a la dignidad humana. Los votos no legitiman la barbarie de alguien que desprecia las conquistas que tanto sufrimiento han causado a la humanidad.

Con esa decisión que perjudica a quienes estamos fuera, dentro del muro quedarán un país y un presidente que ni siquiera es probable que se beneficien de ello. La discriminación es tan grosera que avergüenza. Como lo hace también la actitud de determinados líderes políticos que no se rebelan frente a esta locura que ya se ha reflejado en campos tan sensibles como los referidos al cambio climático y a las decisiones que adoptar frente al mismo, y me refiero aquí a la Cumbre del G20.

El muro del presidente Trump, como el que se quiere «instalar» por Europa en Libia, después de haberla destruido y abandonado a su suerte, no se construirá, como antiguamente, para defender a los ciudadanos de los enemigos atacantes, sino que se elevará para satisfacer las conciencias de quienes defienden esta política abusiva ante el diferente, y probablemente para proteger intereses económicos a los que no conviene la libre circulación de las personas. Pero ese muro no solo se materializa en la frontera del norte de México o en el norte de África, sino más al sur, generando políticas económicas intervencionistas que anulan toda esperanza de progreso para millones de migrantes.

Ciertas reacciones de las grandes empresas y eminentes políticos estadounidenses primando el potencial intelectual de los migrantes producen sonrojo y vergüenza, porque no valoran a la persona, sino a su potencial aprovechamiento para seguir produciendo la misma dinámica excluyente. No es la persona, es la economía. Esta dinámica resulta difícil de asimilar.

Frente a la desmesura del veto migratorio, algunos jueces estadounidenses dijeron *¡stop!* También fiscales y no pocos abogados y organismos de Derechos Humanos han reaccionado para detener la interpretación subvertida de la ley que hace el entorno presidencial norteamericano. La cuestión es hasta cuándo resistirán. No hay que olvidar que el Tribunal Supremo avaló parcialmente la política de Trump y también el Congreso mostró su tendencia a respaldar este tipo de políticas. Por primera vez, y de esta forma tan grosera, se están destruyendo avances en la protección de derechos del pueblo norteamericano que habían sido consolidados en la época del presidente Obama. Ante esta realidad, nuevamente tendrá que ser la sociedad civil la que combata por la dignidad de todos.

Barreras invisibles frente a ciudadanos del mundo

Donde los muros invisibles se materializan y se hacen más sólidos que las verdaderas alambradas y paredes de ladrillos, crecen la intolerancia y la xenofobia. Se tiende a la separación entre ciudadanos y aquellos a los que se les niega tal condición (los inmigrantes llamados *ilegales*). A estos se les convierte en una especie de seres biodegradables, parte de una suerte de esclavitud renovada y consentida por países que se llaman democráticos, en los que esta realidad se oculta detrás de grandes y huecas palabras.

Esta última amenaza, que se suele dar en espacios en los que aparentemente los Derechos Humanos están consolidados, precisamente por ello es mucho más peligrosa, pues el mensaje se hace tangible y es duro: «No sé quién eres. No sé por qué vienes. Pero no te quiero aquí dentro. No pasarás». Estos muros invisibles discriminan a los de una categoría u otra: ricos y pobres. Aplican una justicia para ricos e injusticias para los más vulnerables. Se alzan muros de discriminación por el origen, la orientación sexual o la etnia a la que perteneces, o incluso la clase social en la que naciste y de la que no debes moverte.

Pienso que las fronteras no se definen para proteger a unos nacionales que no están siendo agredidos ni atacados, sino para blindar a quienes desde dentro tratan de corromperlos. Son las amenazas internas las que deben preocuparnos. El odio al otro, el rechazo al extranjero, el responsabilizar al extraño del propio fracaso e ineficacia de políticas y sistemas neoliberales que solo cuentan con quienes les proporcionan beneficio y en tanto en cuanto los necesitan, demuestran que ese sistema ha fracasado, porque las migraciones se han instalado como un elemento más de la economía mundial y de la vida contemporánea. Hace falta, por tanto, hallar el camino conjunto para que quienes vienen a trabajar a un país extranjero no sean ciudadanos de segunda categoría, sino que cuenten con iguales derechos e iguales responsabilidades, sin una amenaza constante de precariedad y de expulsión o de retenciones en centros indignos sin motivo. Esa gestión, cuando es adecuada, es la que pone la primera piedra de una verdadera ciudadanía universal, por cuanto con esa actitud se están derribando los muros que impiden la integración diversa en condiciones de igualdad.

El sentido de la frontera no puede ser el de excluir. Son muros de miedo para castigar tan solo al que viene a trabajar, a producir, a colaborar y a participar en la capacidad de prosperar del país de destino. Pero esta frontera virtual les hace responsables de su propio fracaso, al no haber sido capaces de diseñar una política integradora y transversal. Desde luego, es lo que estamos viendo hoy en algunos puntos de Europa con los ataques terroristas cuyos autores son ciudadanos de segunda y tercera generación en el país.

La voluntad y el interés político de cada uno han tenido y tienen mucho que ver en que existan muros o desaparezcan. Por ejemplo, la tan nombrada globalización económica y financiera. Para su expansión no han existido fronteras. Todas las leyes y medidas reguladoras han ido dirigidas a facilitar la libre circulación de mercancías, impulsar los flujos de capital, fomentar la inversión, etcétera. Solo se limita la libre circulación de personas, cuando lo cierto es que con aquellas leyes se han exportado las consecuencias más oscuras y perjudiciales para el ser humano: la corrupción, la pobreza, la desigualdad... Tampoco los mercados, a pesar de sus abusos, o quizás por ellos, tienen fronteras. Son universales y sus decisiones afectan a todos los pueblos y a millones de personas que sufren los resultados.

Las fronteras y sus muros han desaparecido cuando han existido intereses comunes cifrados en la defensa de la seguridad de los ciudadanos: lucha contra el terrorismo, el crimen organizado, la piratería, la trata de seres humanos, el narcotráfico, la corrupción, el blanqueo de dinero. Pero también se han utilizado para proteger la impunidad por los crímenes más execrables.

En estos casos, los promotores o ejecutores de esos muros deben ser controlados, sancionados universalmente, perseguidos, en la medida en que su responsabilidad sea la causa de la agresión. Las acciones y omisiones más graves tendrán que ser calificadas como crímenes de lesa humanidad, y cuando no alcancen esta categoría, habrá que buscar sanciones equivalentes. Para combatirlos, un buen instrumento será el principio de Jurisdicción Universal. Permanecer silente es un grave atentado a los derechos de las víctimas, y quienes lo hacen carecen de la legitimidad para liderar a un pueblo.

Los muros que amparan un nuevo orden controlador e invasivo de nuestras vidas y que atenta contra la libertad de expresión o el acceso a la información, como derechos ciudadanos, se instauran de la mano de las agencias de inteligencia o servicios de información a modo del ojo que todo lo ve, como anunciara Orwell en su libro *1984*. Esto puede ser preludio de un nuevo fascismo, que, sin duda, llegará larvadamente, a través de los propios mecanismos mal utilizados de la democracia, so pretexto de la denominada *seguridad nacional*. Lo que realmente se está produciendo es una degradación del concepto de esa seguridad, a través de comportamientos poco éticos y antidemocráticos que identifican como «enemigos» a quienes defienden la transparencia o descubren tramas de corrupción para proporcionar a los ciudadanos una visión verdaderamente crítica frente a quienes los gobiernan con esos cuestionables procedimientos.

Frente a estos comportamientos, no todo está perdido. Aún quedan servidores públicos valientes y honestos que sostienen que es posible hacer ese cambio fundamental para la subsistencia de todos. O activistas que dan su vida por esa idea. Tenemos buenos ejemplos de esos sacrificios en líderes que fueron eliminados. Dirigentes indígenas, líderes campesinos, ecologistas, defensores de Derechos Humanos, periodistas que se oponen beligerantemente ante quienes levantan este tipo de muros con los que pretenden proteger a los violadores sistemáticos de esos derechos, a través de la corrupción, la violencia de género, el desamparo de los migrantes, la generación de políticas de miseria y precarización. Y están los que, con sus acciones valientes, son *whistleblowers* o alertadores de esos comportamientos torcidos e ilícitos, como las acciones denunciadas en los denominados *Panamá papers*, los *Paradise Papers*, la

Lista Falciani, WikiLeaks. Gentes como Julian Assange, Edward Snowden y otros, de los que se hablará más adelante.

Los muros caen cuando se atienden las normas que protegen a los ciudadanos y aquellas que regulan el trato a los mismos. Pero, en estos casos, la asimetría es evidente. Lo mismo que el sistema interamericano es protector y exigente, especialmente la Comisión y las sentencias de la Comisión Interamericana de Derechos Humanos, Estados Unidos prescinde del cumplimiento de esas decisiones que sí vinculan a otros países del mismo hemisferio. Es por tanto en los países vinculados en donde se constatan mayores violaciones de los derechos de las personas inmigrantes (trata de personas, desprotección de menores, violencia contra la mujer, abusos estatales) y en donde se exige el severo cumplimiento del deber de investigar y hacerlo con garantías. La cuestión es cómo vigilar y hacer que el país del norte cumpla esos mismos requisitos y obligaciones. No parece que estas decisiones afecten mucho a Estados Unidos, que de una u otra forma siempre ha hecho gala de no cumplir las resoluciones internacionales si van en contra de sus intereses. Solo su sumisión al mismo sistema en toda su integridad podría hacer que se produjera un acercamiento de igual a igual desde el norte al sur.

Una nueva humanidad

El verdadero reto es la idea de una nueva humanidad en la que cuestiones como la migración, las políticas de igualdad, de no discriminación, de protección de la Naturaleza, entre otras, formen parte y sean definidas, bajo el paraguas de normas universales y políticas aceptadas y compartidas, por encima de los muros reales o imaginarios. Derechos como el de la libre circulación de personas, el comercio abierto, el intercambio cultural, la protección mutua, el respeto y defensa de valores esenciales a aquella humanidad deben ser postulados mínimos de ese gran acuerdo.

La cuestión es si aquellos que nos dirigen están dispuestos a aceptar ese desafío. Diseñar ese acuerdo es perfectamente posible, porque ya se ha hecho en otros ámbitos. Lo que ahora se precisa es que nos alcemos en todo el mundo en defensa y exigencia de esos postulados. ¿Acaso es mejor permanecer silentes esperando que otros resuelvan nuestros problemas? Esta actitud pasiva, si se extiende, acabará por contaminarnos a todos y puede hacerlo con la idea misma de humanidad. El momento de la discusión y el debate es ahora, porque después, cuando el problema sea ya irreversible, será tarde y seremos corresponsables de no haber actuado con decisión y fortaleza.

Debemos consolidar el cambio de paradigmas y exigir modificaciones, pues esa deriva solo puede frenarla la ciudadanía. Nuestro futuro va en ello. Esto no es cuestión solo de los políticos, sino nuestra, y por ello debemos colocar a los pueblos en el centro del debate.

Los centros neurálgicos de decisión cada vez se van desviando más de la ruta prevista. Cómo vayan a responder en este crucial momento va a depender de la fuerza del control y la participación que se desplieguen por los pueblos frente a quienes pretendan dominarlos; y, desde luego, elementos fundamentales son un cambio profundo en las políticas de igualdad, un expreso reconocimiento de la transversalidad y la perspectiva de género. Del mismo modo hay que procurar los mecanismos para superar las barreras del racismo larvado y explícito que nace del desconocimiento y respeto a la posición del otro; la intolerancia y la xenofobia, como fenómenos contrarios a la propia esencia de la naturaleza humana. La normativa internacional existe, aunque muchos países se nieguen a ratificar esos instrumentos.

Por supuesto que hay que derribar las murallas de la corrupción, de los paraísos fiscales, del aprovechamiento ilícito del cargo público, y abrir las avenidas de la transparencia, de la participación, de la sobriedad frente al despilfarro absurdo del consumismo que nos embota y nos impermeabiliza ante las necesidades de los otros.

Necesitamos impulsar la transparencia, el control, la participación, el sistema de gobierno abierto, la rendición de cuentas. La situación que hoy perturba la estabilidad de los países está íntimamente relacionada con las diversas formas de delincuencia transnacional y la corrupción. Pero este fenómeno debe ser atendido con responsabilidad compartida, abandonando políticas intervencionistas que arruinan naciones y degradan al ser humano simplemente por su origen y condición.

Se requiere además un Poder Judicial verdaderamente independiente y responsable, con una visión progresista y ultraprotectora de las víctimas, frente a los abusos de los poderosos y de quienes transgreden las normas que nos protegen.

Las decisiones políticas de los Estados no pueden perjudicar a sus destinatarios, y hay legítimo derecho para acabar democráticamente con quienes se parapetan en el Estado y su funcionamiento para ejercer la coacción y un uso torcido del poder. Las decisiones que nos afectan no deben ser impuestas ni simplemente asumidas, sino explicadas y compartidas por la ciudadanía.

No sabemos lo que durará la era Trump, pero no me cabe duda de que, habiendo comenzado como una especie de maremoto antidemocrático y autoritario, acabará fortaleciendo a la sociedad civil y despertándola del letargo en el que se hallaba por la acción tan sostenida como ineficaz de toda una pléyade de dirigentes mediocres, que han antepuesto sus cortos y propios intereses a la defensa de los derechos de los pueblos y sus ciudadanos. Ha sido esa actitud la que ha permitido la excrecencia que se vive en América del Norte.

La humanidad, como tal, ha sufrido devastadoras consecuencias cuando la indiferencia se ha adueñado de nuestras mentes. Pero ahora estamos preparados y no dejaremos que aquellos que violentan los derechos de la ciudadanía ganen frente a tantos millones de ciudadanos, que sentimos que los dislates contra la humanidad cada vez tienen el círculo de acción más reducido hasta que los hagamos desaparecer. Pero la acción debe ser persistente porque sabemos que nunca se conquista un reino para siempre, por lo que nuestra alerta deberá ser constante.

La empresa y los Derechos Humanos

En cualquier sociedad, incluidas las democráticas, siempre va a haber una confrontación de lo legal con lo ilegal, y en determinados ámbitos políticos siempre se desconocerá lo que es el verdadero interés de los ciudadanos. Cuando la ruptura existe, se consolida esa desconexión y se acude a las viejas prácticas de la corrupción. Para evitar esa realidad, la voluntad de transparencia y de confrontación debe ser permanente y apoyarse en la ciudadanía. Solo si somos capaces de conseguir la legitimación ciudadana, seremos capaces, desde el ámbito político, económico y judicial, de que las acciones desplegadas contra la corrupción sean creíbles, porque los corruptos siempre tratarán de destruir esa sinergia, derribando cualquier puente que consolide ese combate.

En España se produce un fenómeno curioso y paradójico. Por una parte, los ciudadanos demandan transparencia, convicción en la lucha contra la corrupción, medidas contundentes y sanciones ejemplares contra los corruptos, y sin embargo mayoritariamente votan a un partido, como el Popular, que en boca del Ministerio Fiscal en el caso Gürtel y de gran parte de la ciudadanía encarna en este momento la ejemplificación de la corrupción en estado puro. Ante una cita electoral, una de las pocas barreras que para mí deben existir y no franquear, y no es una cuestión ideológica, sino de necesidad democrática, es la de no votar a candidatos u organizaciones corruptas o que no expulsan de su seno las prácticas corruptas. En este caso, no hay más opción que expulsarlos del juego democrático. Y, para hacerlo, debería de optarse por las fuerzas no contaminadas o por las que realmente se hayan purificado.

Lo mismo que puede haber corrupción sin criminalidad organizada, no puede haber criminalidad organizada sin corrupción. Puede haber un individuo que es corrupto, pero cualquier organización criminal que pretenda extenderse y consolidarse siempre va a tener entre sus finalidades la de corromper a un funcionario, corromper a la institución, corromper a través del poder económico que despliega frente a todos.

También es un mecanismo utilizado por las grandes empresas

multinacionales, con la aquiescencia de las autoridades de aquellos países que no son capaces de diseñar los mecanismos necesarios para combatirlas eficazmente. Se perpetran así grandes crímenes económicos y medioambientales que es urgente combatir.

La corrupción, asimismo, anida en las políticas que desconocen los derechos sociales de los ciudadanos y los de libre empresa e iniciativa. Sin esa conciencia de poco nos vale hablar de la defensa de los derechos fundamentales ni de los avances de la democracia en este terreno. El combate de la pobreza, de las desigualdades sociales, de la corrupción, que impiden o dificultan esa dignidad básica, debe ser indeclinable y ocupar el primer renglón de la agenda de los gobernantes de un país. Transigir con ello y favorecer a quienes anteponen su propio beneficio personal convierte en inútiles los esfuerzos para consolidar la fortaleza de la democracia.

Hasta hace poco la relación entre el mundo empresarial y los Derechos Humanos era algo tangencial, pero hoy todos estamos de acuerdo en que, dada la importancia de las empresas como actores fundamentales en la vida económica y social de nuestras sociedades, estas entidades no pueden ser ajenas a la construcción de un destino común. De ahí que las Naciones Unidas hayan dado forma a toda una normativa de Derechos Humanos que refleja la existencia de una clara conciencia de la responsabilidad social empresarial.

Solo se garantiza la gobernabilidad y el buen gobierno en una economía sana actuando sin fraude ni corrupción, y con un adecuado nivel de respeto de los Derechos Humanos.

Debemos plantearnos el nuevo paradigma de la empresa en el respeto a los estándares internacionales de Derechos Humanos. Las empresas no solo no deben quebrantar esos estándares, sino que deben renunciar a obtener cualquier ventaja o ganancia aprovechándose de cualquier violación de los mismos, y deben, por ello, regular su funcionamiento interno y sus negociaciones con terceros en concordancia con aquellas normas y establecer mecanismos de monitoreo y buenas prácticas. Y estas normas o reglas deben regir por igual, cualquiera que sea el sector público o privado del que se trate. Los tribunales tienen un papel fundamental. Casos como los de las empresas farmacéuticas experimentando con sustancias nocivas o poco contrastadas o la explotación abusiva de recursos naturales en comunidades vulnerables deben ser erradicados.

El sector empresarial, como uno de los baluartes de la globalización económica, es un actor cuya intervención incide directamente en el curso de los acontecimientos nacionales e internacionales y en la adopción de políticas públicas por parte de los Estados, con clara injerencia en las condiciones de vida de las personas. Por ello, debe cumplir una serie de obligaciones que le fuercen a dar cuentas ante la comunidad de sus acciones u omisiones en ámbitos como los que se refieren a los derechos de acceso a una alimentación adecuada, nivel de asistencia sanitario aceptable, vivienda digna y en condiciones de adquisición asumibles, educación, salarios que cubran las necesidades fundamentales de los trabajadores y de las trabajadoras, con paridad de género. Y por supuesto asumir prácticas anticorrupción, con obligación de denuncia cuando el acto provenga del Estado.

La transparencia en la gestión se convierte en un elemento de producción más que debe ser controlado por una sociedad civil cada vez más informada y exigente. Ser asociada como empresa a la violación de Derechos Humanos, aparte de las responsabilidades penales que puedan derivarse, tiene que determinar su deslegitimación y su caída en la relación con los ciudadanos y consumidores (trabajo infantil, trabajo esclavo, explotación de recursos materiales aprovechando zonas de conflicto, explotación de la mujer, de pueblos indígenas, de inmigrantes...).

Hay que poner en marcha sin dilación los mecanismos, metodologías y sistemas internos y externos de evaluación precisos e incrementar esta política mediante la atención personal, renunciando por ejemplo a inversiones en lugares y países en los que se violan los Derechos Humanos, o retirando inversiones de países de riesgo en términos de Derechos Humanos. Considero que las sanciones por incumplimiento deben ser contundentes y exigibles a nivel nacional e internacional.

Iguales en Suiza que en Tahití

La regulación de los Estados en términos laborales no es siempre la misma y tampoco representa una concordancia equivalente a los estándares laborales internacionales existentes. No se puede defender seriamente que una empresa multinacional aplique estándares más bajos dependiendo de los países en los que se instale. Si cumple al cien por cien en Suiza, debe hacer lo propio en Camerún o Tahití, por ejemplo.

Es importante que el empresario o empleador revise si sus políticas empresariales y condiciones laborales se ajustan a la legislación y regulación interna de cada uno de los Estados en que opere, por un lado, y también a los estándares laborales internacionales, por otro. De no hacerlo en un sentido o en otro, incurrirá en responsabilidad. La exigencia de respuestas se podrá producir en cualquier ámbito territorial en el que la empresa radique o actúe.

Los estándares internacionales sobre derechos laborales han sido definidos en nuevos cuerpos normativos, entre los que cabe destacar los de la Organización Internacional del Trabajo (OIT), que promueve el cumplimiento de sus convenciones (vinculantes entre Estados ratificadores) y reglamentos (no vinculantes, que ilustran y desarrollan las convenciones y establecen estándares internacionales).

No son postulados de máximos, sino de mínimos. Una empresa puede, apoyándose en el espíritu de esos principios, desarrollar políticas laborales aún más garantistas.

Justicia Universal para la universal naturaleza

Otro de los puntos claves es el impacto que la empresa pueda tener en el medio ambiente. Debe ser respetuosa no solo con las leyes, sino también con la propia naturaleza a la que sus actividades afectan.

Existen numerosas iniciativas de la sociedad civil dirigidas a la consideración y subsecuente persecución de los ataques a la naturaleza de carácter económico y medioambiental: desde el reconocimiento del ecocidio en el Estatuto de Roma para ampliar las competencias de la Corte Penal Internacional hasta la extensión de la Jurisdicción Universal como instrumento legítimo para luchar contra la impunidad, como son los Nuevos Principios de Jurisdicción Universal de Madrid-Buenos Aires de la Fundación FIBGAR.

Existen tratados internacionales que condenan los desastres medioambientales —como el Protocolo Primero de los Convenios de Ginebra—, la explotación de recursos —como la enmienda del Protocolo de la Corte Africana de Derechos Humanos y de los Pueblos—, así como una consagración de la protección de la naturaleza en los textos constitucionales de Ecuador y Bolivia. Puede decirse que esta base legal es más que suficiente para plantear la cuestión a nivel global.

En términos consuetudinarios internacionales, son muchos los expertos que empiezan a encontrar vínculos conectores entre los crímenes de lesa humanidad y los delitos medioambientales o económicos en virtud de su carácter general, que afecta a la población civil provocando muertes, atentados contra la salud e integridad física o desplazamientos forzados, a través de decisiones que podrían configurar una política corporativa y sistemática con resultados letales para la humanidad. Entre ellos han de incluirse los medioambientales por cuanto sus consecuencias son irreversibles para el género humano. No debe olvidarse que el Estatuto de Roma considera en su artículo 8 que el medio ambiente puede resultar perjudicado, al tipificar como crimen de guerra determinados ataques al medio ambiente.

Responsabilidad empresarial: los beneficios de la decencia

Las empresas pueden ser objeto de corrupción o convertirse en actores fundamentales en el desarrollo de una actividad corrupta. En este sentido deben protegerse de cualquier posible acción que caiga en el espectro de actividades reprochables según la legislación nacional o regional del Estado (UE, OEA) en que operen, o internacional (Convención contra la Corrupción, convenio relativo al blanqueo, seguimiento, embargo y decomiso de los productos del delito). Cada día es más evidente que el cumplimiento de normas de excelencia y transparencia no solo beneficia la igualdad de oportunidades, sino que hace más segura la propia actividad empresarial. Las acciones lobistas deben ser conocidas y transparentes, con una regulación agotadora que garantice la ausencia de acuerdos o beneficios espurios.

Cada vez más Estados reconocen la responsabilidad penal de personas jurídicas, que puede conducir a la suspensión de la actividad de la empresa afectada, su disolución, la imposición de multas y la eventual depuración de responsabilidad penal subsidiaria en las personas físicas responsables de las acciones emprendidas por la empresa.

Esta responsabilidad no siempre se limita a su acción directa, sino que puede ser castigada también en vinculación con la vulneración de Derechos Humanos por parte de sus proveedores.

Hay un caso paradigmático que es el de los pueblos indígenas. La OIT, junto con grandes ONG y algunos Estados, ha invertido sus esfuerzos en profundizar en la protección de los pueblos indígenas en el contexto de las actividades empresariales, a través, principalmente, del Convenio 169 y de la llamada *consulta previa*. En ella se pretende reconocer el papel fundamental de los pueblos indígenas en la negociación, cesión y explotación de recursos y territorios ancestrales.

El respeto a los Derechos Humanos y la Naturaleza por parte de las corporaciones se convierte, por tanto, en un elemento de la propia cadena de producción y está dotado de un valor económico concreto que afectará a la propia credibilidad o descrédito de la marca.

En la actualidad, un producto o servicio no viene valorado únicamente por su calidad intrínseca, sino por la imagen de la marca de la empresa que lo produce o provee. Dado que los clientes y consumidores cada vez tienen más acceso a la información sobre un producto, su proceso de elaboración y el respeto o no por parte de la empresa a los Derechos Humanos y al medio ambiente, es más fácil tener elementos de valor y juicio que inviten a escoger o desecharlo.

La promoción del diálogo entre las empresas, los trabajadores y las comunidades cercanas a los lugares de producción y distribución, respetando su idiosincrasia cultural y su cosmovisión, se traducirá en beneficios tangibles entre ellos para mejorar su imagen y la responsabilidad respecto al propio entorno natural en el que se desarrolla su actividad.

Ejemplo de esto pueden ser las consecuencias negativas que ha tenido para grandes marcas el descubrimiento público de sus acciones o las de sus proveedores con relación a la explotación infantil, el trabajo esclavo, las condiciones de trabajo insalubres o el deterioro grave del medio ambiente (deforestación, vertidos tóxicos en ríos y mares, polución en el aire, etcétera).

La experiencia demuestra que la promoción de estándares internacionales de Derechos Humanos en el marco de la empresa, y el cumplimiento de los mismos, supone beneficios en la propia efectividad y productividad de aquella, y que aumenta la eficiencia laboral entre trabajadores y la propia autovaloración de los mismos. Si la empresa (pequeña, mediana o grande) invierte en su plantilla proveyéndose de unas condiciones laborales dignas y adecuadas, además de respetar y promover los Derechos Humanos, las consecuencias positivas serán inmediatas.

La integración de mujeres y personas con deficiencias físicas demuestra el aprovechamiento de mano de obra cualificada que supone un valor añadido en la empresa y que no debe ser desperdiciado; el respeto al derecho al descanso y la dotación de salarios dignos acordes con la formación, tiempo y dificultad del empleo revierte en la satisfacción del empleado, su fidelización y el aprovechamiento del tiempo y recursos invertidos en cada trabajador en formación continua o específica. Un trabajador experimentado supone en sí mismo un activo de la empresa que no debe perderse; las condiciones laborales apropiadas en términos de seguridad y salud ocupacional ayudan a garantizar que no haya accidentes laborales que concluyan en bajas. Esto, combinado con un buen ambiente laboral y un reparto de las tareas respetando tiempos de descanso y con una equilibrada remuneración salarial y de incentivos extrasalariales, así como la conciencia de estar respetando los Derechos Humanos, determinarán una mayor productividad y eficiencia.

Actualmente, los principios que han tenido un mayor impacto en las empresas y que han conseguido que estas se comprometan en la defensa de los Derechos Humanos se incluyen en la iniciativa conocida como el Pacto Global de las Naciones Unidas.

Justicia para la Madre Tierra

El gran reto del siglo XXI es conseguir la definitiva realización de los Derechos Humanos y la superación de los vacíos de protección y violaciones persistentes, derechos entre los que se encuentran los derechos de la Naturaleza y a un medio ambiente limpio, energías limpias, renovables y sostenibles, protección frente al cambio climático y los efectos de los gases invernadero, frente a los efectos nocivos de la energía nuclear, frente a las catástrofes humanitarias que pueden evitarse, la protección de los pueblos originarios y sus derechos en una política de igualdad y respeto dentro de la configuración de la idea moderna de Estado, pero respetuosa con los derechos ancestrales y la vinculación a la Madre Tierra.

Algunos autores han llegado a considerar el calentamiento global como un crimen de lesa humanidad, perpetrado de forma lenta a través de los años y que afecta el medio ambiente y a las futuras generaciones de forma muy grave e incluso con efectos irreversibles.

La Asamblea General de las Naciones Unidas, en su Resolución 37/7, el 28 de octubre de 1982, aprobó la Carta Mundial de la Naturaleza, en la que se destacaba la trascendencia de los procesos naturales y ciclos evolutivos para la vida en el planeta, dentro de los cuales la especie humana es un elemento importante, pero cuya supervivencia depende del respeto e interacción con el mantenimiento y regeneración de los procesos constitutivos de la Naturaleza.

Diferentes han sido las iniciativas y convenciones (Kioto, Copenhague, México, Cochabamba, Río de Janeiro, París), y en todas ellas se han enfrentado dos modelos, dos formas de ver el mundo, desde el capitalismo y desde la defensa de la Madre Tierra.

El presidente Evo Morales, con ocasión de la Conferencia Mundial de los Pueblos sobre el Cambio Climático de 2015, afirmaba algo que sigue siendo válido en la actualidad: «La causa principal de la destrucción del planeta Tierra es el capitalismo, y como pueblos que habitamos, que respetamos a la Madre Tierra, tenemos todo el derecho, la ética y la moral para decir aquí que el enemigo central de la Madre Tierra es el capitalismo [...] el modelo que propugnamos no es el desarrollo ilimitado o irracional, los países necesitan cierto grado de mejoramiento y de buscar industrializar para satisfacer las necesidades fundamentales de su población, pero de ninguna manera pueden continuar por el camino de los países desarrollados, que tienen una huella ecológica cinco veces más grande de lo que el planeta es capaz de soportar».

En la misma conferencia, el teólogo Leonardo Boff afirmaba: «Si los seres humanos poseen dignidad y derechos, como es consenso de todos los pueblos, y si la tierra y los seres humanos constituyen una única realidad compleja, entonces podemos decir que la Tierra participa de la dignidad de los derechos de los seres humanos, por eso no puede sufrir sistemática agresión y la explotación, depredación por un proyecto de civilización que apenas ve a la Tierra como algo sin inteligencia y que no hay que respetar».

El enfoque debe ser no solamente de compensación económica, sino principalmente de justicia restaurativa. Es decir, restituyendo la integridad a las personas y a los miembros que forman una comunidad de vida en la Tierra.

En el marco de la Conferencia de Naciones Unidas Río+20, varios Estados apoyaron la propuesta de Ecuador de promover la iniciativa de elaborar y aprobar una Declaración Universal de los Derechos de la Naturaleza. Si bien esta moción no fue acogida por el pleno de la Conferencia, tuvo el respaldo de la Comunidad de Estados Latinoamericanos y Caribeños (CELAC) y de varios países del mundo.

El papa Francisco, en su encíclica *Laudato Si'*, afirma de forma contundente:

> La Tierra, nuestra casa, parece convertirse cada vez más en un inmenso depósito de porquería [...]. Muchos de aquellos que tienen más recursos y poder económico o político parecen concentrarse sobre todo en enmascarar los problemas o en ocultar los síntomas, tratando solo de reducir algunos impactos negativos del cambio climático. Pero muchos síntomas indican que esos efectos podrán ser cada vez peores si continuamos con los actuales modelos de producción y de consumo. El acceso al agua potable y segura es un derecho humano básico, fundamental y universal, porque determina la sobrevivencia de las personas, y por lo tanto es condición para el ejercicio de los demás Derechos Humanos... Este mundo tiene una grave deuda social con los pobres que no tienen acceso al agua potable, porque eso es negarles el derecho a la vida radicado en su dignidad inalienable.

En línea con lo expuesto en la encíclica, un verdadero planteamiento ecológico se convierte siempre en una exigencia social, que debe integrar la justicia en las discusiones sobre el ambiente, para escuchar tanto el clamor de la Tierra como el clamor de los pobres.

Este nuevo contexto es novedoso por la aparición de nuevos actores. En primer lugar, el actor estatal que comparte su responsabilidad, cada vez de forma más evidente, con otros actores interestatales y corporativos, aliándose estratégicamente ambos, en función de los intereses económicos o políticos que convengan. En este sentido, de estas alianzas pueden derivarse consecuencias que trascienden los aspectos meramente económicos y que inciden sobre la vida y el futuro de millones de personas. Por ejemplo, la decisión del presidente Trump de abandonar el Acuerdo de París es de particular trascendencia.

Los crímenes contra la Madre Naturaleza muestran un elemento eminentemente económico. Existen crímenes económicos que atentan contra la población civil de manera general y con resultados análogos a los crímenes de lesa humanidad. Pero no es menos cierto que el motivo económico suele estar vinculado a la acción ilícita y grave que consiste en destruir un ecosistema de manera difícilmente reparable.

Hay que recordar que, cuando se trata de agresiones contra el medio ambiente, la humanidad en su conjunto es una víctima directa, ya que tarde o temprano comenzará a sufrir de manera tangible sus consecuencias. Este es uno de los elementos que conceden a este tipo de delitos un carácter universal.

Un solo mundo, una sola justicia

El papel de la Justicia Internacional en el ámbito de los Derechos Humanos ha sido preponderante para su protección efectiva. El Estatuto de la Corte Penal Internacional hace alusión en su preámbulo a las atrocidades que desafían la imaginación y conmueven profundamente la conciencia de la humanidad, crímenes que constituyen una amenaza para la paz, la seguridad y el bienestar de la humanidad. Y establece una Corte Penal Internacional complementaria a las jurisdicciones penales nacionales que juzgue los más graves crímenes contra la humanidad.

Algunos países plantean la necesidad de establecer un Tribunal Internacional de los Derechos de la Naturaleza como hito en el desarrollo de la protección de los Derechos Humanos, llamados *de tercera generación*, y con la finalidad de proteger la naturaleza de las agresiones que ponen en riesgo la propia supervivencia de la humanidad. Según las cifras de la ONU, para 2050 habrá un número superior a 9.000 millones de personas, de las que las dos terceras partes vivirán en las ciudades, lo que implica la necesidad de intensificar los esfuerzos orientados a lograr el desarrollo sostenible y en particular la erradicación de la pobreza, el hambre y las enfermedades evitables.

En la Conferencia de Cochabamba de 2015, se hizo referencia a la propuesta de creación de sendos tribunales internacionales: uno *Ético* o de conciencia, en el que se actúe con base a la denominada *justicia restaurativa*, que se desarrollaría en un marco estrictamente civil; y otro de *Justicia Internacional*, en el que deberían incluirse, previa definición, las conductas más graves y con alcance penal. Así pues, solo podemos avanzar a través de la actualización, combinación, fortalecimiento y creación de instrumentos para combatir los daños derivados de este tipo de actos ilícitos.

Hay que actualizar la legislación interna de los Estados para que reconozcan la responsabilidad penal de personas jurídicas, que contemplen la tipificación de crímenes contra el medio ambiente y se depure, en su caso, la responsabilidad penal o administrativa derivada de no seguir estas normas propias. Por supuesto, los funcionarios de la Administración y los jueces y fiscales tienen que contar con una preparación jurídica específica para poder responder ante este tipo de actos ilícitos.

Hace falta además luchar por la introducción en el Estatuto de Roma del crimen de ecocidio, actualizando el derecho penal internacional en el nuevo contexto global o, alternativamente, optando por la creación específica de una sala del mismo o un tribunal diferente, especializado en este tipo de criminalidad; reconocer y fortalecer la Jurisdicción Universal como mecanismo útil en la lucha contra la impunidad derivada no solo de los delitos clásicos, sino también de los delitos de naturaleza económica o medioambiental cuando afecten a una generalidad de personas o a una colectividad y se desarrollen de forma reiterada o sistemática.

El denominado *robo generacional* cometido por los agentes económicos que atacan el medio ambiente para llevar a cabo sus proyectos económicos con explotación abusiva de los recursos naturales genera no solo una crisis medioambiental, sino perjuicios directos en las propias comunidades originarias que conviven en forma sostenida con los mismos.

Los desplazamientos masivos de personas a causa de la explotación abusiva de esos recursos por gobiernos o corporaciones internacionales, que anteponen el beneficio económico o un interés político frente al de los afectados, provocando migraciones masivas (represas hidroeléctricas, accidentes nucleares, etcétera), participan de esa nueva forma de criminalidad que está en el centro del interés internacional y que permanece totalmente impune.

Frente a este escenario que anula los Derechos Humanos individuales y colectivos, la respuesta del sistema jurídico penal local e internacional ha sido nula o muy escasa.

La pesadilla de la impunidad

Desde la aparición de la Jurisdicción Universal como instrumento para hacer frente a la piratería hasta la actualidad, esta herramienta legal se ha ido adaptando a las nuevas necesidades de la comunidad internacional para potenciar la lucha contra la impunidad.

Su objeto son los crímenes internacionales como el genocidio, los crímenes de lesa humanidad, los crímenes de guerra, el crimen de agresión, la tortura, las desapariciones forzadas, el tráfico de personas, el apartheid, la esclavitud o el comercio de esclavos.

Son acciones tan aberrantes que atentan contra la humanidad en su conjunto hasta el punto de que es derecho y deber de cualquier Estado perseguirlas y juzgarlas independientemente de que exista o no un punto de conexión directo entre la acción delictiva y el Estado del foro.

En este momento, a miles de kilómetros de distancia, bordeando la invisible línea del ecuador y con escasas horas de diferencia horaria, un joven congoleño estará extrayendo el último kilo de coltán molido de la jornada en una mina ilegal en la región del Kivu Norte de la República Democrática del Congo. En régimen de esclavitud hay miles de hombres y mujeres que perecen en condiciones infrahumanas para conseguir un salario vergonzoso e indigno y alimentar así las arcas de las grandes multinacionales que fabrican los teléfonos móviles «imprescindibles» para nuestras vidas. La inanición y extenuación hasta la muerte de nuestros hermanos del Congo es el precio a pagar para que nuestros celulares sean más pequeños y ligeros y sus pantallas sean más sofisticadas y con mayor definición y puedan alienarnos más. No me entiendan mal. No pretendo liderar un boicot contra la industria de las telecomunicaciones ni la producción de dispositivos electrónicos. Tan solo quiero que se aplique la ley y se haga justicia. Que nuestros Estados, mercados y, en última instancia, todos nuestros conciudadanos no nos convirtamos en cómplices necesarios de crímenes contra la humanidad por mirar hacia otro lado, cuando sabemos que el trabajo esclavo está en esas explotaciones, o en talleres clandestinos de Bangladesh que se hunden por las malas construcciones o la mala calidad de los materiales utilizados causando la muerte de más de mil personas, o en las minas ilegales de Brasil o de Bolivia, o de Colombia, o cuando se producen alimentos extraídos de campos contaminados por fosfatos en Paraguay o México.

Lo cierto es que las motivaciones que alimentan el genocidio y los crímenes de lesa humanidad van abandonando las ideas del odio innato, de la creencia de que una raza es superior a otra, de que una merece vivir y la otra desaparecer... Si bien estos discursos siguen vigentes en la retórica de algunos grandes monstruos, lo cierto es que hoy por hoy el dinero, el poder, la avaricia, la explotación son los grandes causantes de ese tipo de crímenes masivos, ya sea a manos de los gobiernos y los ejércitos, ya sea a manos de grupos criminales, ya por las grandes corporaciones que generan la dinámica necesaria para obtener el beneficio sin importar los métodos y los medios, que a veces serán torturas, desapariciones, ejecuciones extrajudiciales, etcétera. Países como México y Colombia, e incluso toda Centroamérica, participan de este tipo de crímenes y acciones sistemáticas para obtener fines esencialmente económicos. En esos espacios no se duda en asesinar a defensores del medio ambiente, como Berta Cáceres en Honduras, y otros muchos.

Es decir, de una base política clara e ideológica en la ideación de estos crímenes se está pasando a una mucho más utilitarista de contenido esencialmente económico. De una financiación o aprovechamiento económico de los crímenes, a un diseño instrumental para generar espacios de impunidad o eliminación de competidores, o impartición de «lecciones» de un grupo armado frente a otros.

Detrás de las guerras, las crisis alimentarias, el tráfico de armas, los conflictos interétnicos, la explotación laboral a gran escala y la manipulación abusiva de recursos energéticos o naturales se encuentran demasiados consejos de administración de corporaciones con un ánimo voraz de obtener beneficios, aliados con tramas de corrupción económica o política.

Es necesario poner al mismo nivel en la investigación y persecución de estos crímenes, así como en la cooperación jurídica internacional, los aspectos y contenidos económicos. Desde luego, a la hora de analizar un hecho delictivo, no puede olvidarse al motor que acciona la maquinaria. Las conexiones económicas estarán siempre en la génesis de este tipo de crímenes. El criterio de la Fiscalía de la Corte Penal Internacional y de muchos jueces y fiscales de separar el contenido económico y los tipos de genocidio, lesa humanidad y guerra, es sumamente erróneo y contribuye a extender una especie de parálisis que hace imposible avanzar hacia la erradicación de este tipo de acciones que se reiteran una y otra vez.

De los crímenes económicos tenemos ejemplos en el marco de la Jurisdicción Universal en la Convención contra la Corrupción (art. 42.4); la Convención contra la Financiación del Terrorismo (art. 7.4); la Convención sobre el Tráfico Ilícito de Narcóticos y Estupefacientes (art. 4.2), y la Convención de La Haya para la Protección de los Bienes Culturales en caso de conflicto armado. Este tratado fue aprobado el 14 de mayo de 1954 y en él se reconoce la aplicación del principio de Jurisdicción Universal (artículo 28). Son hechos como la destrucción por los talibanes de los colosales Budas de Bamiyán en Afganistán, con los que trataron de asesinar la memoria de la milenaria expansión del budismo a través de la Ruta de la Seda; o el mismo destino que sufrieron cientos de santuarios y pagodas camboyanas con el paso destructor de los Jemeres Rojos, que, si bien respetaron los templos de Angkor como fuente de orgullo nacional, procuraron borrar gran parte de la identidad camboyana. Pero han sido las legendarias llanuras de Mesopotamia las que han resultado especialmente damnificadas por los ladrones de tesoros, los saqueos de archivos y sustracciones de piezas arqueológicas con la guerra del Golfo, la subsiguiente guerra de Irak y ahora la locura descontrolada de los terroristas del Estado Islámico, que quieren borrar, probablemente por intereses económicos, todo vestigio del pasado con la destrucción de legendarias obras que atestiguan nuestra historia: los restos artísticos de las civilizaciones asirias y sumerias. Las imágenes de una horda de bárbaros arramplando con obras del museo y la biblioteca de Mosul, al norte de Irak, bajo control del EI desde junio del año pasado, lo dicen todo.

Entre 2013 y 2015, se desarrolló otra importante iniciativa desde la Fundación FIBGAR que dio lugar a los denominados Principios de la Jurisdicción Universal Madrid-Buenos Aires, en cuya elaboración participaron más de 100 juristas, abogados, jueces, fiscales, víctimas, académicos y activistas de Derechos Humanos de todo el mundo, con una perspectiva no solo teórica, sino también y especialmente práctica, extraída de la aplicación del referido principio en los diferentes tribunales y jurisdicciones en los que se ha puesto en práctica, particularmente en España. En su articulado se incluyen importantes innovaciones, entre las que destaca la categorización como crímenes de lesa humanidad de los delitos económico-financieros y contra el medio ambiente.

Sociedad civil vigilante y protectora de los Derechos Humanos

El establecimiento de un Estado de Derecho no se agota con la constitución de un sistema jurídico nacional independiente y eficaz. También se realiza a través de las normas legales, la definición y el funcionamiento eficiente de todas las instituciones, y la expresión de la política y la cultura de los países.

Es importante construir un sistema institucional que sea consecuente con los principios democráticos y constitucionales, y permita garantizar los derechos fundamentales. Para ello, se deben implementar acciones como la investigación y monitoreo de las políticas públicas, el establecimiento de lazos de cooperación entre el Estado y la sociedad civil, la promoción de reformas que permitan cumplir con los fines de los órganos estatales y la promoción y enriquecimiento del debate público.

Estas medidas están destinadas a fortalecer las instituciones, y deben involucrar no solo a estas, sino a toda la ciudadanía, para lograr su eficacia.

La construcción de un Estado de Derecho no se realiza de forma espontánea, ni depende de la voluntad de algún actor político en particular. Establecerlo y mantenerlo es un proceso que requiere el apoyo no solo de actores políticos, sino de todos los ciudadanos.

Los derechos fundamentales determinan la existencia de un orden de responsabilidad jurídica y moral, que a su vez obliga a la ciudadanía a cumplir con sus deberes. Todos debemos asumir este compromiso, colaborar en los procesos de reforma y exigir a las autoridades el pleno cumplimiento de la ley. Sin embargo, los Derechos Humanos no son la medida de la buena conciencia de la humanidad: «Ningún derecho podrá subsistir sin la simetría de los deberes que le corresponden [...]. El primer deber será exigir que esos derechos sean no solo reconocidos, sino también respetados y satisfechos», decía José Saramago en 1998 en su discurso de aceptación del Premio Nobel de Literatura.

El Estado debe proteger a sus ciudadanos de sí mismo y de los excesos que, en aras de la seguridad, comete en contra de ellos, confundiendo la seguridad nacional con la seguridad propia y la impunidad de quien debería proteger a quienes daña. La erradicación de la impunidad y la corrupción como amenazas letales de un Estado de derechos y deberes reales es un deber ciudadano insoslayable. El Estado de Derecho se protege con la investigación y persecución de los crímenes que cometen los gobernantes, y no garantizando su impunidad.

Hay amenazas globales que afectan a los ciudadanos, pero no todas se identifican como tales. Incluso algunas se justifican por razones políticas o económicas oportunistas que atacan a los valores que se dicen proteger. Combatir el terrorismo y el crimen organizado no puede comportar merma de los derechos de los ciudadanos. El combate contra estas lacras nunca puede darse a cualquier precio. El problema es cuando los propios ciudadanos asumen esos recortes de sus libertades, sin percibir que ese espacio resulta ya irrecuperable y extiende más el ámbito de posible arbitrariedad de los que nos gobiernan.

El impacto de la discriminación por razones económicas, políticas y sociales hace a los ciudadanos más vulnerables a la incidencia de los actores políticos y económicos que se aprovechan y reducen el espacio de libertades a través de manifestaciones xenófobas, antisemitas, islamófobas, reaccionarias, frente al pobre, el migrante o al diferente.

La solidez moral frente a estos fenómenos, la exigencia de un compromiso ético militante a quienes tienen el deber de propiciar las soluciones, constituye un deber democrático para todos, y su omisión, una responsabilidad cierta.

Hay incluso quienes consideran que la libertad de expresión, que constituye uno de los pilares de la democracia, está muerta o agonizante por la acción del poder de las corporaciones o la persecución de las agencias de inteligencia.

El empoderamiento de una sociedad civil vigilante y participativa es uno de los instrumentos esenciales para realizar un auténtico Estado de Derecho. La transparencia en la gestión y la ética de la responsabilidad en el ejercicio de la función pública tiene una fuerza transformadora y contribuye, de manera definitiva, a la consolidación de la auténtica democracia a través de la regeneración y la transformación del sistema de participación política, acabando con la dictadura de la burocracia.

Afirma el Premio Nobel de Economía Joseph Stiglitz, en un artículo publicado en el diario *El País* en 2015, que por «la ausencia de un Estado de Derecho a nivel internacional para resolver las moratorias soberanas, el mundo paga un precio más alto del que debería para tales reestructuraciones». Por ejemplo, los fondos buitre. Esa ausencia retrasa nuevos comienzos y puede conducir al caos.

La evolución de la humanidad es algo que no necesita demasiadas explicaciones, aunque no siempre esa evolución ha sido para bien. Por ello, la fortaleza de la misma ha de cimentarse sobre una base sólida de políticas congruentes entre los factores tecnológicos que permiten el desarrollo social y el factor humano que lo complementa; sin este último los esfuerzos serán en vano. Esta apuesta es la única garantía de viabilidad para un avance real de desarrollo, por tanto, es indispensable el acompañamiento de los derechos y la ética para garantizar la construcción de un auténtico sistema democrático que permita, en términos reales, alcanzar un desarrollo exitoso que se transforme en una base de bienestar para la humanidad.

Se podría afirmar, sin riesgo de debate alguno, que el sistema político y económico del mundo —cuyos gestores nos están robando las palabras como primer paso para robarnos los ideales, los sueños nobles que describen esas palabras— se basa en el mantenimiento, articulación y profundización de la injusticia más radical, a través del mantenimiento de un sistema económico que potencia un capitalismo totalitario, frente al Estado del Bienestar clásico o el buen vivir en unión solidaria con la naturaleza.

De este modo vemos cómo los nuevos derechos emergen frente a lo que podríamos llamar *la contaminación de las libertades*, o lo que es lo mismo, la erosión o degradación que aqueja a los derechos fundamentales frente a determinadas normas tecnológicas. La revolución tecnológica ha redimensionado las relaciones del hombre con su especie, con la naturaleza y con su contexto cultural y de convivencia.

En este contexto, un principio fundamental de la formulación de políticas debería centrarse en garantizar los Derechos Humanos y aclarar las acciones necesarias tanto de los sujetos de derechos como de las entidades responsables para hacerlo, así como las sanciones que correspondan a tales conductas. A nivel nacional y geopolítico, un enfoque basado en los Derechos Humanos podría permitir que los grupos vulnerables tuvieran más autoridad en las conversaciones sobre política mundial e impulsaría a los diseñadores de política a hacer frente a esos aspectos de la economía global y el poder político que crean las condiciones para las violaciones a los Derechos Humanos.

De la imprenta al ciberespacio

El artículo 19 de la Declaración Universal de los Derechos del Hombre reafirma el derecho del individuo a la libertad de opinión y a la libertad de expresión, lo que significa el derecho a no ser perseguido por las opiniones y buscar, recibir y reproducir, sin consideración de fronteras, las informaciones y las ideas emitidas por cualquier medio de expresión que exista.

Es uno de los derechos básicos que la sociedad moderna tiene para ser considerada como democrática y constituye condición *sine qua non* para el desarrollo adecuado de los demás derechos del ciudadano, por cuanto le permite participar en los procesos de decisión. Y además adquiere una importancia fundamental para la salvaguarda de la dignidad humana. En palabras de la que fuera alta comisionada para los Derechos Humanos, Mary Robinson, una opinión y una información secuestradas adormecen y evitan conocer el grado de incumplimiento y el respeto de los derechos fundamentales por parte del Estado y sus estructuras; y además, constituiría el vehículo idóneo para la impunidad y para la corrupción.

El periodismo constituye la vanguardia que las democracias despliegan frente a los ataques que sufren desde diferentes ángulos de poder, del terrorismo, del narcotráfico, la corrupción, el crimen organizado, los grupos de presión económica o política, o los que violan sistemáticamente los Derechos Humanos. Parece claro que la prensa juega un papel esencial en la construcción, consolidación y desarrollo de la democracia. La prensa libre es un punto de apoyo y sostén de la sociedad civil y esta a su vez demuestra su salud si la defiende, por cuanto los periodistas, como cronistas de lo que sucede en cualquier parte del mundo, necesitan ese espacio de libertad para transmitir a todas las sociedades lo que está aconteciendo acerca de los problemas que les acucian, de manera específica en estos tiempos, en los que la crisis económica y política de muchos países se ha convertido en el elemento de amenaza más poderoso para todos nosotros.

En países en los que la vertebración institucional está disminuida o es inestable y los ciudadanos se enfrentan a las estructuras corporativas que pretenden controlar el poder político, económico y financiero utilizando el poder mediático como un actor político más, una prensa libre, protegida de esas estructuras de poder, resulta determinante. En su ausencia, nadie denunciará los excesos del poder, la asociación y la protección de los narcotraficantes, el desprecio por los Derechos Humanos, los fraudes electorales, la corrupción rampante o el control de los medios de comunicación.

Desde luego, la situación que hoy día se vive en varios países, en los que se han desarrollado grandes procesos por violaciones masivas de Derechos Humanos, no sería la misma sin la labor de denuncia de una prensa comprometida en defensa de esos derechos que, con su actuación, y aun con sus excesos, ha permitido que las causas judiciales sigan adelante y que no se instalen ni el olvido ni la impunidad.

Históricamente han existido intentos de eliminar esa realidad cruel, especialmente en los siglos XX y XXI, en gran medida debido a la utilización de la propaganda y los medios de comunicación, en una alianza perversa en contra de la sociedad. Desde el olvido inducido, es decir, como si no hubiera existido el problema, hasta el olvido ordenado por ley —en forma de leyes de punto final, de obediencia debida, o de autoamnistía o de indultos generales—, o por la eliminación pura y simple del hecho o la noticia a través de los aparatos de censura o propaganda. El denominador común de todos estos intentos y planteamientos es la inexistencia de un análisis de las causas y el cierre en falso del fenómeno, que, so pretexto de garantizar la estabilidad política, lo que persigue es garantizar la impunidad como «solución política adecuada».

Es curioso que exista una urgente «necesidad» de acabar las investigaciones con la impunidad y que no se ponga igual énfasis en sancionar las causas que la generaron. Memoria y olvido, como dice Juan Goytisolo, son elementos complementarios e inseparables en nuestras vidas. En esta dinámica perversa tienen mucho que ver los medios de comunicación, de modo que, cuando se han aliado con las víctimas, se han convertido en actores fundamentales para que la impunidad no sea la que triunfe, y cuando lo han hecho con los victimarios, han sido agentes de difusión y propaganda y han contribuido a que los hechos no se conozcan y la impunidad sea el resultado final.

El hombre no puede con el peso de una memoria absoluta y total; por eso necesita desdibujar y seleccionar, para olvidar aquello que le incomoda, y retener solo lo que no le molesta. El resto lo elimina. No existe. Esto es lo que los responsables de las violaciones masivas de los Derechos Humanos han pretendido hacer siempre, en la mayoría de los casos con la colaboración inestimable de medios de comunicación adictos y dependientes del poder de turno y de quien lo detente.

Vivimos en una sociedad globalizada que bien puede titularse *la sociedad de la comunicación universal*. Los mecanismos de comunicación, los instrumentos de difusión y la masividad de las informaciones en la Red han desbordado todas las previsiones, y la utilización de los mismos se ha hecho indispensable para todos y cada uno de los miembros del género humano.

Ciertos Estados, a través de sus instituciones de inteligencia y agencias de información, han sucumbido a la tentación de colocar el ojo de control y conocimiento para invadir terrenos que claramente suponen una vulneración o limitación de tales derechos, bajo la excusa de que con esa limitación se protegen otros valores de suma importancia, como es la seguridad nacional o la de la ciudadanía.

El problema se agrava cuando la protección de la seguridad nacional en detrimento de derechos fundamentales propios de una sociedad democrática se extiende más allá de las fronteras del propio Estado que la instaura, bien mediante coaliciones en la lucha a favor de la seguridad de la ciudadanía, también conocida como la *lucha contra el terror,* o bien mediante presiones implícitas, de carácter económico o político.

Frente a este tipo de coaliciones y/o presiones, los Estados que han suscrito distintos convenios internacionales de protección de Derechos Humanos, y por lo tanto están vinculados por ellos, cediendo una pequeña parte de su soberanía a la comunidad internacional, se ven en la tesitura de incumplir tales obligaciones internacionales o sucumbir a los dictados de otros Estados más poderosos y, en tal caso, soportar ataques absolutamente inaceptables en democracia y que no respetan lo establecido en aquellos instrumentos internacionales. Tal es el caso referido al señor presidente de Bolivia y el registro que sufrió su avión en Viena, por creer que dentro de la aeronave presidencial que procedía de Moscú se hallaba oculto Edward Snowden, porque los servicios de inteligencia norteamericanos decidieron, y varios países europeos aceptaron, España entre ellos, de forma principal, violar las normas de inmunidad diplomática que impedían la invasión de un espacio sometido a la soberanía nacional.

En la historia reciente se han producido diversos ejemplos de alcance universal que han puesto en cuestión que el objetivo de esos Estados sea la protección de la libertad de expresión y de la libre obtención de la información, o el de garantizar la libre difusión de esa información. Es el caso de WikiLeaks y Julian Assange, o el de otros periodistas que están siendo perseguidos por sus opiniones o críticas al poder, por ejemplo en Turquía, en donde más de 160 profesionales de los medios informativos se han visto sometidos a proceso después del extraño «golpe de Estado» del mes de julio de 2016.

Esta realidad ha puesto encima de la mesa una de las cuestiones más delicadas, y más que nunca necesaria, para proteger la integridad de las personas y la propia libertad de expresión: el derecho de asilo por motivos políticos, como un instrumento internacional de defensa de los derechos fundamentales.

Una nueva figura: los alertadores

El Comité de los Derechos Humanos de las Naciones Unidas ha declarado que la libertad de expresión y de información es de suma importancia en cualquier sociedad democrática. Sin embargo, estos derechos, que se consideran tan arraigados en las sociedades democráticas, no dejan de ser objeto de numerosas tensiones entre el Estado y los ciudadanos. En términos generales, hay una clara tendencia por parte de algunos gobiernos a limitarlos.

Y lo cierto es que la ley prevé tal posibilidad, pero esa limitación deberá ser objeto de aplicación restrictiva, cuando sea estrictamente necesaria, y no mediante el ejercicio de auténticas políticas limitadoras de derechos fundamentales. Entre los mecanismos desplegados por algunos gobiernos está el que se deriva, después de los ataques terroristas del 11 de septiembre de 2001 contra EE. UU. por parte de Al Qaeda, de la denominada *guerra contra el terror* que la administración de George W. Bush inició con la invasión de Afganistán y continuó con la de Irak, y que su sucesor Barack Obama mantuvo y extendió en algunos ámbitos, y en la misma línea el nuevo presidente Donald Trump, hasta la actualidad. Este sistema de limitación de las libertades en favor de la seguridad, además de contradecir la idea de los padres de la patria norteamericana de que jamás debería producirse esa inversión de posiciones porque ello significaría la negación del propio sistema republicano, es sin duda el más dañino, porque intenta respaldar con la supuesta protección de la seguridad nacional la intromisión sistemática en los derechos y libertades de los ciudadanos.

Ocurre así con algunos de los programas de vigilancia masiva de las comunicaciones. Ante tal violación del derecho a la intimidad de los ciudadanos, la respuesta oficial fue la previsible: los programas han sido eficaces y han servido porque han «prevenido muchos ataques terroristas», porque eran necesarios para salvaguardar la seguridad nacional. Sin embargo, salvo error u omisión, no se ha probado tal necesidad, ni se ha probado su efectividad y más aún, no se ha probado su idoneidad. De nuevo se repite la historia tantas veces ensayada de que la seguridad es una especie de «cajón de sastre» en el que todo vale y nada se justifica, ni se explica, y si por casualidad se contradice ese postulado, se acusa a quien lo hace de traidor. De alguna forma es la exacerbación de la cultura del miedo sobre los ciudadanos a base de un concierto de mentiras, medias verdades y claras falsedades que se consolidan en el imaginario popular como algo real e inamovible, a pesar de estar demostrado lo contrario, gracias a la manipulación de la información y la *posverdad*, que da lugar a la persecución de aquellos que consiguieron hacer pública la red de mentiras oficiales.

Estamos viviendo un momento en el que estamos en medio de una «guerra» cibernética en la que no somos dueños de nuestro propio conocimiento sino víctimas del desconocimiento y de la desinformación. Obedecemos casi ciegamente a quienes aparecen como expertos en ciberseguridad porque los términos tales como ciberataques informáticos, ciberinteligencia, cibercrimen, ciberterrorismo, etcétera, nos vienen impuestos y nos desbordan y por ende nos transmiten aquello que es conveniente saber. Hay múltiples casos en los que pseudoinformes de inteligencia de organismos aparentemente prestigiosos, expanden una especie que causa el efecto deseado y a la que es imposible que se le haga frente, posteriormente, con la verdad o realidad contrastada que, normalmente será diferente y a nadie interesara porque la otra, se ha instaurado con profusión de mecanismos, en función del interés político, mediático o económico que este en juego, en el imaginario popular expandido exponencialmente por las redes sociales.

Los denominados *alertadores* o *whistleblowers* (personas que, en ejercicio de su libertad de expresión e información, denuncian prácticas abusivas o ilegales provenientes, en este caso, de un Gobierno, con el propósito de informar de la existencia de las mismas) que denuncian la existencia de esos programas se convierten en objetivo prioritario, y se procede contra ellos y contra el medio de comunicación que divulgó dicha información. Sin embargo, en el caso de Estados Unidos, en ninguna instancia policial, fiscal o judicial se ha producido investigación alguna de los comportamientos ilícitos cometidos. Cosa que sí ha sucedido fuera de este país, como en el caso del analista financiero Hervè Falciani, sometido a una orden de extradición de Suiza en España, rechazada por la Audiencia Nacional, que determinó, siguiendo el criterio de la fiscal Dolores Delgado, que no procedía la misma por cuanto el servicio prestado a la Justicia era de superior valor que atender a una petición claramente obstaculizadora de otras investigaciones en diversos países.

Lo cierto es que, en la mayoría de los casos, no se ha ido por el camino de la sanción de los hechos ilícitos o ilegales que se han descubierto, sino por el de la justificación y la razón de Estado que los facilitó, o por el de la imputación de conductas criminales gravísimas a los alertadores. Con ello, la raíz o causa del problema (el mal uso de los servicios de inteligencia o las actividades presuntamente ilícitas o ilegales) quedan ocultos e impunes. De nuevo aquí se presenta el dilema entre la mala razón de Estado, que solo retroalimenta a quien puso en marcha el mecanismo, y la razón democrática de los ciudadanos, que demanda transparencia y seguridad jurídica en el ejercicio de sus derechos.

El fenómeno de los *whistleblowers* va anejo a la evolución de la globalización de la información y a los nuevos paradigmas que la Red está consolidando. Cierto que normalmente la información que filtran aquellos es sensible, bien por su contenido o bien porque su acceso está limitado, y por ello algunos gobiernos identifican el término *whistleblower* con el de *espía*.

Un ejemplo de este tipo de «soluciones» ha sido el uso por el gobierno estadounidense de la Ley de Espionaje de 1917 para procesar a quienes han filtrado a la prensa información oficial de carácter sensible o clasificado. Y todo ello pese a que, como señala el pensador contemporáneo Noam Chomsky, la razón de clasificar información rara vez es proteger la seguridad nacional.

En esta «guerra» contra los *whistleblowers* que, bajo la excusa de proteger esa seguridad nacional, desencadenó el Gobierno de EE. UU., lo que realmente se persigue como objetivo último no es tanto proteger al Estado, sino inmunizarlo del escrutinio público, permitiéndole actuar con toda impunidad y limitación de los derechos más elementales de su pueblo.

Un ejemplo claro fue el de Chelsea Manning, condenada por 20 de los 22 cargos que se le imputaban, entre ellos el de haber vulnerado la Ley de Espionaje. Pese a que se la condenó a 35 años de prisión, no lo fue finalmente por el delito más grave de ayudar al enemigo. Y lo cierto es que la Fiscalía no logró determinar cuál había sido el daño que había causado a la seguridad nacional tras la divulgación de estos documentos.

Mientras que Manning fue condenada y después indultada por Barack Obama en los últimos momentos de su segundo y último mandato, dichas filtraciones, que contribuyeron a informar debidamente a la ciudadanía de la existencia de graves vulneraciones de Derechos Humanos por parte del Estado, nunca se han investigado. El impacto de las imágenes del vídeo, conocido como *Collateral Murder,* del ataque aéreo estadounidense que causó la muerte de Noor-Eldeen y Chmagh, dos trabajadores de la agencia de comunicación Reuters en Irak, fue tremendo. El vídeo, posteriormente difundido por un medio de comunicación, desmontó, con ello, la versión oficial del Pentágono.

Esta actividad quedaría claramente protegida por la legislación internacional en materia de Derechos Humanos, como resalta el Tribunal Europeo de Derechos Humanos, entre otros, en el caso *Sunday Times vs.* Reino Unido, al afirmar que el artículo 10 de la Convención Europea de Derechos Humanos (CEDH) garantiza no solo la libertad de la prensa de informar al público, sino también el derecho del público a estar debidamente informado.

El conocido como caso Manning resultó además paradigmático, ya que, en él, el fiscal declaró en el acto de juicio oral no hacer diferencia alguna entre una fuente que suministra información a WikiLeaks —un medio de comunicación novedoso por cuanto es una plataforma que recibe e imparte información— o a otro medio de comunicación, como el *New York Times*. Desde luego, esto tiene su lógica, dentro de dicha política irracional, por más que algunos medios más tradicionales se nieguen a admitirlo: en ambos casos se está ejerciendo la libertad de expresión e información.

Desde el Departamento de Justicia se han tomado muy en serio tales afirmaciones, siendo varios los ejemplos en los que se ha iniciado la persecución criminal recientemente. Así, en mayo de 2017, la agencia Associated Press denunció que el Departamento de Justicia había consentido el registro de, al menos, 20 líneas telefónicas entre abril y mayo de 2012 al objeto de averiguar la fuente que filtró actividades antiterroristas del Pentágono en Yemen.

Una semana después, se tuvo conocimiento de que el Departamento de Justicia y el FBI accedieron en el año 2010 a los correos electrónicos de James Rosen, el corresponsal jefe de Fox News en Washington, con el objetivo de conocer la identidad de su fuente sobre un ensayo nuclear que Corea del Norte estaba preparando.

En marzo de 2013, Peter Carr, fiscal del Distrito Este de Virginia, declaró que WikiLeaks y su fundador, Julian Assange, estaban siendo oficialmente investigados por el Departamento de Justicia en el marco de un procedimiento del Gran Jurado. Y ello sin posibilidad de acceso a ninguna de las investigaciones que ese Gran Jurado secreto lleva a cabo, con lo cual el derecho de defensa queda totalmente eliminado, máxime después de haberse reclamado en carta al fiscal general que se diera conocimiento de las imputaciones que se están instrumentando contra WikiLeaks y Julian Assange hasta el día de la fecha.

Así las cosas, cabe preguntarse: ¿acaso también estamos ante una guerra contra la libertad de expresión y de información? ¿Nos encontramos ante una persecución del periodismo y de los periodistas por motivos políticos? Si la actuación se dirige exclusivamente contra el señor Assange, quedaría confirmado, en este caso, que se le persigue por motivos claramente políticos.

De acuerdo con toda la normativa en materia de Derechos Humanos, cualquier limitación de un derecho, en este caso el de la libertad de expresión y de información, debe hacerse en términos estrictos, muy restrictivos. La guerra contra el terrorismo no puede legitimar, en modo alguno, el procesamiento de aquellos que denuncian prácticas ilegales o irregulares llevadas a cabo por parte de las autoridades que gobiernan; como tampoco puede legitimar políticas de vigilancia a periodistas o medios de comunicación, ni mucho menos su procesamiento penal por presunta colaboración con el enemigo.

Es el momento de que los ciudadanos, y principalmente los gobiernos, se den cuenta de que sacrificar los Derechos Humanos en aras de una presunta seguridad nacional no es beneficioso ni a corto ni a largo plazo, sino que, por el contrario, elimina los límites al poder de la voluntad del líder, cuyo control y limitación tanto tiempo y esfuerzos han costado, y nos sitúa en los bordes exteriores del Estado de Derecho, a lomos de una política de restricción de derechos de consecuencias imprevisibles para la humanidad.

Quizás lo acontecido en el caso Snowden podría aplicarse en carne propia a líderes de los países más poderosos (Angela Merkel, canciller de Alemania, México, Brasil) o a organismos internacionales, y así comprobar que dicha actuación, sin ninguna causa que la justifique más que el triste abuso del concepto de seguridad nacional que en otros tiempos condujo a la ruina política y a la pérdida de democracias y miles de vidas, puede afectar gravemente a la propia seguridad jurídica de todos. Y quizás motive a la Comunidad Internacional y los Estados para aunar y cooperar en la eliminación de dichas prácticas orwellianas y proteger a quienes las denuncian y a los que les dan voz e imparten la información, sin que por ello puedan ser sometidos a ningún tipo de procesamiento o persecución.

La información es poder, su restricción también. La sociedad en la que vivimos quiere saber, quiere conocer la realidad de los acontecimientos, por muy duros que estos sean. Y eso constituye no solo el ejercicio directo del derecho a recibir información, sino de manera indirecta el ejercicio de otros derechos de índole más política, ya que el acceso a dicha información les permitirá valorar la actuación de sus gobiernos. Cierto es que dicha información se puede limitar para la protección de otros valores superiores, pero, como cualquier limitación, esta deberá ser restrictiva, justificada y limitada en el tiempo.

En los últimos años han sido varios los acontecimientos que han permitido a algunos Estados justificar de manera indiscriminada una limitación masiva a la información. Por ello, es necesaria la protección internacional por parte del resto de los Estados, sobre todo cuando están vinculados por otros instrumentos jurídicos internacionales de protección de Derechos Humanos.

Uno de estos instrumentos es la Convención sobre el Estatuto de los Refugiados, que permite proteger al solicitante de asilo que está siendo perseguido por motivos políticos. Esta Convención protege al perseguido por publicar información, de carácter sensible, que ponga en entredicho la actuación de un Estado; por denunciar la violación de derechos fundamentales por parte de un Estado; y por permitir que la sociedad sepa la versión verdadera de lo acontecido, distinta de la oficial.

El caso Assange

Medios de comunicación como WikiLeaks, que ejercen la libertad de expresión e imparten la información en estado puro, sin parches, de manera independiente, sin las presiones políticas propias de aquellos que controlan algunos medios, dejando con ello que la sociedad sea libre para sacar sus propias conclusiones, y que estas no vengan definidas de antemano, deben ser protegidos frente a ataques políticos o de carácter económico.

Así, siempre he mantenido la necesidad de que la protección

internacional de su fundador, Julian Assange, fuera contundente por la evidente posibilidad de ser entregado, bien sea a Estados Unidos o a cualquier otro país, para su procesamiento en relación con las publicaciones realizadas. Son muchos los indicios existentes para poder concluir convincentemente que hay una persecución por motivos políticos en los términos de la Convención de Ginebra de 1951 y en la de Caracas de 1954. Es obligación del resto de los Estados respetarlas, no pudiendo incumplir sus obligaciones por la mera solicitud de extradición. Lo contrario supondría un incumplimiento de la obligación de *non refoulement,* prevista, entre otros, por el artículo 33 de la Convención del Estatuto de los Refugiados, el artículo 3 de la Convención contra la Tortura y el artículo 3 del Convenio Europeo de Derechos Humanos.

Por la finalidad del asilo, un Estado no podrá argumentar, no solo para no aplicar la Convención, sino para incumplirla, la concurrencia de una cláusula de exclusión. En primer lugar, porque no es su competencia y, en segundo, porque lo contrario desnaturalizaría la figura del asilo.

Como en el caso de Assange, las acciones tramposas y secretas de las élites empresariales y políticas para enriquecerse o mantenerse en el poder, respectivamente, han salido a la luz gracias a los *whistleblowers*. John Githongo descubrió tratos fraudulentos sobre equipamiento militar y otras estafas en Kenia; Abdullahi Hussein filmó en secreto atrocidades contra los Derechos Humanos en Etiopía; Jean-Jacques Lumumba, un banquero del Congo, sacó a la luz graves casos de malversación de fondos que implicaban a la familia Kabila. Todos ellos con grandes riesgos para su seguridad personal y profesional.

No solo en África, sino en el mundo entero, los ciudadanos están ganando conciencia sobre los oscuros y opresivos poderes políticos, económicos y financieros que impactan en sus vidas diarias. Gracias a las revelaciones de estos alertadores en un contexto de nuevas tecnologías de comunicación y aumento de la globalización, podemos discernir más claramente la vigilancia de los servicios de inteligencia y las grandes pérdidas financieras generadas por políticas bancarias que favorecen la evasión de impuestos y el lavado de dinero sobre las necesidades de los ahorradores individuales.

Independientemente de la ausencia de límites al poder de aquellos que realmente controlan aquellas políticas que afectan directamente a nuestros derechos, estamos todavía lejos de entender todos los aspectos del dominio que estos dirigentes tienen sobre nuestras libertades. Sin embargo, Chelsea Manning, Edward Snowden, Antoine Deltour (LuxLeaks), Hervé Falciani (SwissLeaks), Julian Assange (WikiLeaks) y muchos otros *whistleblowers* han iluminado para nosotros estos espacios oscuros y sinuosos, revelando las restricciones a nuestras libertades, así como los daños graves a la salud pública y a los recursos naturales.

Como origen de estas revelaciones, muchas veces son ellos mismos las primeras víctimas. Prisiones de alta seguridad, exilio forzoso, interminables procedimientos legales, amenazas de muerte y otras represalias convierten, injustamente, a estos defensores del interés público en enemigos públicos.

La situación de vulnerabilidad en la cual se encuentran los *whistleblowers* se agrava por los graves riesgos que asumen cuando sus países están controlados por guarniciones militares o peligrosos potentados. Resulta pues esencial proteger a estos testigos directos de las acciones que perjudican el interés público y ayudarles a compartir su información con las autoridades y el público.

Estos vigilantes —ya sean empleados de banco o soldados, obreros o contables— deben poder contar con una comunidad de expertos con la voluntad de ayudarles a enfrentarse a los «demonios» del poder: mala administración, corrupción, impunidad, violaciones de Derechos Humanos y otras atrocidades.

Necesitan medios seguros y a salvo para compartir documentación sensible y evidencias con periodistas y autoridades. Necesitan un equipo de abogados y activistas para escudarlos ante las casi seguras represalias y amenazas que les esperan. La libertad de expresión debe ser amparada por fuertes leyes de protección de *whistleblowers* que se apliquen realmente.

George Bernanos dejó escrito que se necesitan muchos rebeldes para hacer al pueblo libre. Es la información la que hace posible el desarrollo adecuado de los demás derechos del ciudadano, por cuanto permite conocer el grado de incumplimiento y respeto de los derechos fundamentales por parte del Estado y sus estructuras; aquellos que la comparten deben recibir protección internacional frente a los ataques, amenazas o temores de ser perseguidos, precisamente, por impartirla.

Libertades públicas o imperio de la arbitrariedad

Lo cierto es que vivimos en el mundo, y también en España, una situación social y políticamente complicada en un escenario de violencia internacional que está provocando muerte, destrucción y un masivo desplazamiento de seres humanos que huyen de la guerra, y de las penurias para encontrar países cada vez más hostiles que no los acogen con agrado. En esta situación pierden más los más vulnerables, quienes necesitan ayuda, los que buscan refugio frente a la adversidad y que se ven afrontando la propia muerte para llegar a algún lugar de amparo, muchas veces conducidos por mafias que sacan provecho de la desgracia.

Ante una situación tal de crisis que afecta a todos los Estados, cada vez más somos testigos (y el penúltimo ejemplo lo tuvimos con las últimas elecciones norteamericanas y las ofertas programáticas del candidato electo, hoy presidente) de cómo los Gobiernos buscan limitar las libertades públicas esgrimiendo el argumento de la seguridad. Una oferta que es la base de una ola de conservadurismo que empieza a extenderse por demasiados países.

¿Hasta qué punto ese argumento es cierto? Muchas veces un cambio legislativo o la imposición de una norma vienen dados por lo que le conviene al Ejecutivo de turno que las implanta, a fin de evitar problemas en su acción de gobierno. Lo vivimos en nuestro país con las reformas de la Ley de Enjuiciamiento Criminal, que conllevan, entre otras cosas, las limitaciones impuestas por la denominada Ley Mordaza, cuya derogación sería una buena noticia para la ciudadanía y una medida de asepsia democrática. Más espuria aún es la intención de obviar conflictos con otros Gobiernos bien políticos o económicos en detrimento de las víctimas: ahí tenemos, también en este país, las dos reformas (2009 y 2014) que han limitado la Jurisdicción Universal, hasta hacerla desaparecer por constituir un simple riesgo para los intereses diplomáticos, económicos y políticos españoles, pero sin que en ninguno de ellos se incluyan los derechos de las víctimas.

En una sociedad fuerte y saludable, el imperio de la ley impone un equilibrio entre los derechos y las libertades del individuo, por un lado, y los intereses de aquella en su conjunto, por otro. Se consagra el principio de una ley para todos, sin que nadie esté por encima de ella.

En el siglo XXI, cuando estamos flirteando con los viajes a Marte y la robótica se anuncia como un futuro inmediato, nos hallamos de nuevo en la encrucijada de optar por la legalidad y la justicia o sucumbir al imperio de la arbitrariedad y de la ilegalidad internacional. Estas se camuflan con una capa de protección al ciudadano adornada de acuerdos entre potencias cuyo fin último es el más prosaico: los grandes negocios de quienes verdaderamente dominan el mundo y nuestras vidas.

¿Qué es lo que debemos propugnar frente a tanta locura? Es preciso conjugar en el mismo tiempo los valores de la seguridad y de la libertad; el de la justicia con el de la paz; el de la no impunidad con la protección a las víctimas; el de la intolerancia con el de la solidaridad.

Y no acabo aquí: necesitamos contraponer el valor de la libertad frente a la violencia; el de la Justicia Internacional, como el medio de poner fin a esa impunidad, frente a los «Espacios sin Derecho»; el de la universalización de los Derechos Humanos y de la Naturaleza y su defensa día a día, con el de su violación masiva; el de la paz frente al de la guerra. Una paz sostenible, sustentable y compartida, restaurativa y justa.

Quiero hacer hincapié en que ninguna acción de fuerza queda justificada si se produce fuera de los cauces de la legalidad internacional, que define cada uno de los convenios multilaterales y los bilaterales y especialmente las decisiones de Naciones Unidas. Constituyen todo un conjunto de normas, auténtica columna vertebral de la convivencia pacífica, libre y democrática en el mundo. No se pueden obviar, no se deben violar cada vez que interese cerrar los ojos ante una transgresión o un ataque aun siendo injusto. Si lo hacemos, estaremos a punto de pasar de ser una comunidad internacional a convertirnos en un caos internacional regido por la ley del más fuerte, y retrocediendo hasta las épocas más oscuras de nuestra historia.

Turquía, donde se instaura el olvido

Digo todo esto y pienso en Turquía y en el «golpe de Estado» fallido de mediados de julio de 2016. Con la aquiescencia vergonzosa del resto del mundo, asistimos al goteo continuo de detenciones, de expulsiones, de encarcelamientos de periodistas, de funcionarios, de médicos, de jueces, de ciudadanos molestos.

En Turquía, los jueces y los fiscales, como los periodistas, los enseñantes y todos aquellos que cuestionan la deriva del régimen de Recep Tayyip Erdogan hacia el islamismo radical son carne de cañón. Y lo que más preocupa es que las detenciones comenzaron antes del fallido golpe militar y continuaron después. Eso lleva a pensar que esta acción violenta puede haber tenido el objetivo de llevar a cabo una depuración para partir de cero. Pero no para mejorar, sino para eliminar al discrepante.

Miles de personas represaliadas; muertos, heridos... Tres mil jueces y fiscales destituidos por la Junta Superior de Jueces y Fiscales del país a las doce horas de la asonada de ese verano. Puedo atestiguar que, antes de que los violentos hechos se produjeran, instancias como la española Unión Progresista de Fiscales o MEDEL (Magistrados Europeos por la Democracia y las Libertades), que agrupa a más de quince mil jueces y fiscales europeos y es la asociación a la que está afiliada la turca YARSAV, estaban gestionando la libertad o al menos el contacto con los colegas que habían sido detenidos y encarcelados por el régimen de Erdogan.

No se les permitió entrar en determinadas prisiones de Turquía para conocer la situación de jueces y fiscales recluidos tiempo atrás. La situación se ha agudizado aún más y en estos momentos no sé decir cuántos de mis colegas sufren represalias. Gracias a las redes sociales, en ocasiones se han hecho públicas algunas situaciones extremas de personas encarceladas sin motivo, cuyas familias nos pidieron ayuda en forma desesperada sin poder hacer gran cosa, porque los responsables políticos «democráticos» no quieren inmiscuirse en los problemas «internos» de otros países. ¿Desde cuándo los Derechos Humanos y su defensa son cuestiones internas y no universales como lo es su definición? Sin embargo, nuestro Gobierno y el PP acabaron en 2014 con el mecanismo legal de la Jurisdicción Universal que teníamos en España para combatir estos fenómenos represivos.

En Turquía, el olvido se instaura poco a poco. Los intereses estratégicos de la OTAN, Siria, Estados Unidos, Rusia, la Unión Europea y otros intereses económicos sobrevuelan la situación, y la arropan con un manto de silencio bajo el cual la comunidad internacional calla y se muestra indiferente con las víctimas que la padecen.

El desafuero viene de atrás. Recuerdo un artículo de Sami Nair en el periódico *El País* relatando que el comisario europeo para la Política de Vecindad, Johannes Hahn, había afirmado que «el poder turco tenía en sus manos, desde hace meses, listas de personas que apartar "un día u otro" del sistema social y político». Y tras calificarlo de «golpe de Estado de ensueño para cualquier poder autoritario», lo define como «represión desproporcionada sistemática y sin cuartel del presidente turco contra sus adversarios».

Queda en todos nosotros esa impresión de que el golpe fue especialmente «oportuno». Y esto lleva a pensar en que de esa forma se han podido justificar decisiones que antes no era posible implantar. ¿Quién era el enemigo? Sin despreciar al elemento castrense, que merecería un discurso aparte, y solo centrándome en parte de la sociedad civil, lo agrupo en tres bloques.

Primero: los enseñantes, educadores, personas que se dedican por vocación y oficio a formar a las jóvenes generaciones. Elementos de alto riesgo para cualquier régimen que quiera inculcar determinadas nociones en los nuevos ciudadanos.

Segundo: los jueces y fiscales, de ellos aproximadamente tres mil cesados; no se sabe bien cuántos encarcelados... En sus manos está la aplicación de lo que dicta el Derecho. Para ejercer su trabajo necesitan independencia. Una independencia que estorba al poder cuando no es democrático y pretende que la norma sea interpretada de acuerdo con lo que más conviene a los intereses del Gobierno. Jueces y fiscales independientes son elementos a extirpar cuando pretenden hacer su trabajo dignamente.

Tercero: los periodistas independientes, como Dogan Tilic, o como lo fue Hrant Dink, asesinado el 20 de enero de 2007, o como tantos otros que denuncian los abusos, las persecuciones, la corrupción, la violencia, la guerra, y promueven una cultura de paz y de entendimiento.

Parece que Turquía se aleja a pasos de gigante de los Derechos Humanos que debería abrazar para ser uno más en el conjunto de Europa. Bien es cierto que, ante los reproches europeos, el Gobierno turco ha optado por manifestar su opinión deslegitimando unilateralmente a la UE, echándole en cara la crisis de los inmigrantes y refugiados. Extremo del que ningún país puede autoproclamarse limpio en aras de la defensa de los más vulnerables. Antes al contrario, son los discursos y propuestas xenófobas los que ganan terreno, olvidando aquel viejo planteamiento, pero vigente en toda su extensión, de Paulo Freire de que los movimientos migratorios son mecanismos e instrumentos de cultura e integración.

Para averiguar qué ha pasado, y sobre todo qué está pasando ahora, es imprescindible que se conozca la verdad, que podamos profundizar en lo que está ocurriendo. Descubrir esa verdad oculta bajo miles de falsos argumentos. Solo una vigilancia estrecha y comprometida desde las diferentes instituciones internacionales y desde la sociedad civil puede conseguir paliar los nocivos efectos de este nuevo oscurantismo.

La lectura de los sucesos en nuestro vecino mediterráneo quedaría descontextualizada si no atendiéramos a otras graves violaciones de Derechos Humanos que giran en torno a Erdogan y al golpe de Estado. Será necesario investigar y denunciar la represión del pueblo kurdo, la infame lista de casos de desapariciones forzadas y, cómo no, el reconocimiento y perdón público por el genocidio armenio. Este último es uno de los capítulos más oscuros del siglo XX (al que nos aproximamos peligrosamente en España con la impunidad de ochenta años de crímenes franquistas). Y siendo la actual Turquía heredera del viejo Imperio otomano, es inaceptable que la campaña negacionista siga siendo parte de la agenda política, económica, cultural y diplomática de Ankara.

En esta crisis de libertades, la prensa juega un papel fundamental. Acabar con la prensa libre e independiente resulta imprescindible para quienes desean detentar el control de todos nosotros. Defenderla es una necesidad vital para los demócratas. En el capítulo de recorte de derechos, la libertad de información debe sustituirse por la propaganda. Así, por ejemplo, la guerra no existe, pero de citarla se la adjetiva de «quirúrgica», «preventiva», «selectiva», «humanitaria»... Estos voceros sumisos a mandatarios tiranos hablan en nombre del pueblo con la desfachatez de haber secuestrado la voluntad del pueblo. Para ello se apoyan en los medios de comunicación «oficiales», o trabajan a golpe de encuestas de opinión, manipuladas, que miden la «realidad», entre comillas, con estadísticas falsas y criterios seleccionados previamente.

Cuando esas situaciones se ven además amparadas por el silencio de la comunidad internacional, por los intereses que operan bajo la epidermis de los hechos y la escasa información de lo que ocurre en los grandes medios de comunicación, la desazón es aún mayor y la impotencia hace saltar las lágrimas.

La prensa la hacen posible los periodistas. Para que la prensa sea libre, los profesionales del periodismo deben ser independientes, así como los medios que difunden la información. Hoy, y aunque Internet y las redes sociales ayudan, aún siguen siendo necesarios los periodistas amantes de la verdad, a pesar de que ello los convierta en elementos peligrosos por su empeño en relatar lo que ocurre e incluso en investigarlo, contrastar y dar información a la ciudadanía sobre las actuaciones del poder y la situación de represión de la ciudadanía. Son, por tanto, individuos a abatir en cuanto no hablen al unísono con la voz oficial, que no permite que la realidad estropee una buena consigna o un país imaginario.

La crisis de la vergüenza

A todos quienes están sufriendo la persecución por razones políticas e ideológicas y por ser parte de los medios de comunicación debo transmitirles mi gratitud. Gratitud por su fortaleza, por su valentía, por ser capaces de levantarse como David frente a un Goliat terrible, inmisericorde, por dar voz a quienes han sido silenciados y amplificarla para que se escuche por todos los rincones del mundo. De un mundo demasiado sordo a veces.

Me refiero a personas como el escritor y periodista turco Hamza Yalçin, que sufrió en España en agosto de 2017 el ingreso en prisión por una demanda de extradición de las autoridades turcas, bajo imputaciones falsas y meramente políticas y atentatorias a la libertad de expresión. Intervine en este caso *pro bono* como abogado por encargo del propio interesado y de la Fundación FIBGAR, muy preocupado al ver cómo su libertad se vio cercenada al ser detenido por la policía española, en cumplimiento de una orden de detención internacional con origen en las autoridades turcas, en que se le acusaba de delitos relacionados con el terrorismo.

La acusación de «delitos de terrorismo» es un argumento utilizado de forma recurrente por el gobierno que preside Recep Tayyip

Erdogan para eliminar a los informadores cuyo trabajo es contrario o molesto para quienes dirigen el destino de Turquía. El futuro que le esperaba a Hamza Yalçin si la extradición se cumplía y era deportado no contemplaba garantía alguna de legalidad y planteaba, en cambio, muchas incertidumbres sobre el riesgo que pueda sufrir su integridad personal.

El estado de cosas en ese país lleva a pensar que asistimos a un atentado contra la libertad de expresión e información y un arbitrario abuso contra los derechos de las personas. Era, por tanto, inadmisible la idea de que España entregara al escritor Yalçin a un régimen que inspira serias dudas sobre su respeto a los Derechos Humanos.

En el momento de escribir estas líneas, Hamza Yalçin está en libertad definitiva y en Suecia, país donde reside y del que tiene la nacionalidad, al haber aceptado el Consejo de Ministros nuestra petición de denegación de la extradición, lo que suspendió también la vía judicial.

El señor Yalçin estará de acuerdo conmigo si digo que a esta crisis sistémica de apagar voluntades e imponer intereses económicos, que vivimos en menor o mayor grado todos los países y que conduce antes o después al recorte de libertades públicas, habría que llamarla *crisis de la vergüenza*. Con todas sus derivaciones: crisis de la vergüenza terrorista, de la vergüenza de la justificación de la violencia y de la utilización interesada de la misma; la vergüenza de la ausencia de límites a la voluntad de los líderes y la falta de respeto a los Derechos Humanos; la vergüenza de la guerra; la de la falta de entendimiento entre los líderes políticos en temas esenciales; la del abandono de las víctimas; la de comparar a estas con los victimarios; la de secuestrar la libertad y ahogar la discrepancia.

Y la vergüenza de que apenas se inmutan los causantes de esta situación, que, por el contrario, miran hacia otro lado con indiferencia, incluso con desidia, y a la vez protestan y utilizan las peores armas del poder y las represalias cuando alguien como las víctimas les sacuden con un trozo de verdad en el rostro.

Esa gran fosa llamada Mediterráneo

El Mediterráneo es una de las fosas más grandes, en la que languidecen millones de esperanzas, risas y lágrimas, vivencias únicas e irrepetibles, y miles de vidas truncadas absurdamente y para siempre por un mundo esencialmente injusto y cainita, en el que se imponen, frente a los derechos del ser humano, el interés político y económico de quienes dirigen su suerte.

En palabras del responsable en África Central y Occidental de la Organización Internacional de Migraciones (OIM), Richard Danzinger, en una rueda de prensa ofrecida en Ginebra el 12 de octubre de 2017, «el número de muertos en el desierto es al menos dos veces mayor que el de fallecidos en el Mediterráneo». Dio a entender que 30.000 personas habían perecido en el Sáhara desde el año 2014. «En Níger, principal ruta de tránsito, los traficantes tienen cada vez más miedo a las autoridades, lo que puede llevar a abandonar a los migrantes en pleno desierto», apuntó.

En los orígenes y causas de la inmigración late una injusticia social muy profunda que nos sitúa exactamente en donde merecemos estar, en el lado oscuro de la historia de la humanidad, en el fracaso consolidado como personas, al haber robado la dignidad que se nos presume. A estas alturas, esa dignidad, a pesar de ser la piedra angular sobre la que se apoyan todos los demás derechos, ha desaparecido, está secuestrada. Si no fuera por ello, sería imposible que respiráramos el aire, contaminado por la incomprensión y desconocimiento del otro.

Es un hecho que en esta materia hemos retrocedido conscientemente. Si alguna vez las corrientes migratorias tuvieron un sentido integrador de cultura y progreso, en los términos expuestos y defendidos por Paulo Freire, ya hace tiempo que eliminamos ese carácter en favor de puros intereses económicos. En esta época, los migrantes nunca han sido considerados como iguales por los países de destino. Existe un sentimiento racista apenas larvado que justifica clasificarlos por categorías: ilegales, legales, económicos, refugiados; procedentes de países amigos, enemigos, en conflicto…, categorización que los posiciona en situación de preferencia o rechazo inmediato, pero en todo caso capitidisminuidos frente a los nacionales respectivos, incluso en los casos en los que las leyes les confieran formalmente iguales derechos. Siempre serán calificados por el país de origen y por ello serán delincuentes, traidores, mendigos, respetables, confiables o todo lo contrario. Con estas clasificaciones hemos ido construyendo guetos de marginación y de no derecho.

Esta realidad ha supuesto su carácter prescindible. Cuando los necesitamos se los abre la puerta, y cuando dejan de ser útiles se los expulsa y se los sustituye por otros más baratos. Sea en caliente o en frío, lo cierto es que se les aleja, y en ese camino se instauran auténticas mafias, incluso auspiciadas oficialmente, que se nutren del comercio y tráfico de personas en una espiral sin fin contra los escasos derechos de aquellos que permanecen en el limbo de la indiferencia. Y ello ocurre sin demasiada diferenciación, salvo para los que corresponden a la categoría superior, pero no porque sean aceptados como integrantes de la misma sociedad en la que están, sino porque siguen siendo rentables. No acontece igual con aquellos que, habiendo nacido incluso en el país de destino, o siendo menores que fueron llevados allí con escasos años o meses de vida, son devueltos a los países de origen de sus progenitores, en donde no tienen arraigo ni, incluso, posibilidades de sobrevivir más allá del horizonte delincuencial que les aguarda.

Desde luego esas expulsiones deberían catalogarse como delictivas, porque no miran por los derechos de los afectados, sino por el interés difuso de los ciudadanos del país o los derechos supuestamente perjudicados por los migrantes, a los cuales no se ha dudado en explotar a favor de esos mismos ciudadanos. Constituyen, por tanto, una especie de categoría biodegradable que antes se denominaba *esclavitud* y que ahora se llama *inmigración.*

Si existe un fenómeno en el que la falta de ética y moralidad en los gobernantes y la falta de integridad moral en la sociedad se perciben con una nitidez que hace daño es el de la inmigración. Todos mienten ocultando ese carácter racista que surge simplemente por la suerte de haber nacido en uno u otro lugar del mundo, y en función de ello detentar más o menos derechos, o ningún derecho. Nadie debería tener más derechos que otros por su lugar concreto de nacimiento. Deberían ser el desarrollo de vida que cada persona afronte en el lugar donde se halla, los aportes, el trabajo, la contribución a la prosperidad, la defensa de los que vienen, la defensa de quienes menos tienen, la contribución a la prosperidad de la sociedad combatiendo contra la corrupción... los elementos que definieran el derecho a considerar esa tierra como propia y, por tanto, el derecho a permanecer en ella. Es un derecho que tienen los que nacen en un lugar, pero que no debería excluir a quienes nacieron en otra parte del mundo y contribuyen a fortalecerlo. Esto debería ser causa suficiente para impedir expulsiones. Desafortunadamente, esos aportes al bienestar se olvidan pronto y, de haber sido sustento de la sociedad, pasan a ser causa de todas las desgracias y autores de la sustracción de la tranquilidad, por lo que deben ser encerrados, ahora incluso habilitando prisiones cuando está prohibido hacerlo, o «desaparecidos». Las corrientes migratorias que siempre tuvieron lugar, a veces con violencia y otras sin ella, pero siempre como vehículo de integración y mestizaje, han pasado a ser una amenaza con la que hay que acabar.

Lo que temíamos y habíamos visto en otros países, como EE. UU., lo estamos padeciendo incluso en la Unión Europea: el miedo al terrorismo ha hecho que se busquen enemigos externos como el Estado Islámico para justificar, cuando las causas están dentro, el cierre de los cupos migratorios y aplicar políticas claramente discriminatorias. Hemos visto el triunfo de un presidente en los Estados Unidos cuyas posiciones xenófobas, por mucho que quiera aparentar moderación, sonrojan y asustan cuando decide culpar a todos los musulmanes o a todos los mexicanos de los males que aquejan a su país.

Recuerdo la barbaridad de Trump acusándolos del aumento del consumo de los opiáceos y de los estragos que produce este, con casi 60.000 muertos en 2017. Por supuesto añadiendo la necesidad de un muro cuya construcción considera que debe correr a cargo del Gobierno mexicano. Pero el presidente norteamericano olvida el fracaso de la política antinarcóticos, claramente represiva, y la ausencia de políticas preventivas, así como los recortes sanitarios o la falta de control en la fabricación y expendición de recetas de fármacos, a base de los compuestos que contienen los principios activos de aquellas drogas.

El ministro que hablaba con los muertos

Nos echamos las manos a la cabeza y con estupor decimos: ¿cómo es posible?, ¿qué está pasando? En una especie de respuesta autoprotectora del previsible desastre, afirmamos: «Bueno, esto es transitorio, pasará». Sin embargo, normalmente, las cosas no se resuelven por sí mismas. Hay que ayudar al azar con medidas protectoras de los Derechos Humanos y con medidas que implementen políticas racionales y democráticas, a la vez que aplicando una sistemática confrontación contra la corrupción y el crimen organizado.

Resuenan en mi cabeza las declaraciones del ministro García-Margallo, en mayo de 2015, cuando afirmaba que aquellos que se embarcan para morir en el Mediterráneo no eran asilados, sino migrantes económicos. Tal aseveración me dejó perplejo. Pienso que solo pudo ser fruto de las dotes adivinatorias del ministro sobre la intención de terceros o propia del arte de hablar con los muertos. ¿A qué se refería el ministro? No lo sé, porque el asilo es la institución jurídica de protección internacional por excelencia: ante la imposibilidad de que nuestro país de nacimiento o residencia nos proteja de un peligro real y actual, será un tercer Estado el que dispense dicha protección.

Nuestro ordenamiento jurídico reconoce la condición de refugiado al que, «debido a fundados temores de ser perseguido por motivos de raza, religión, nacionalidad, opiniones políticas, pertenencia a determinado grupo social, de género u orientación sexual, se encuentra fuera del país de su nacionalidad y no puede o, a causa de dichos temores, no quiere acogerse a la protección de tal país». ¿Cómo podemos saber quién es refugiado?

Cuando el ministro hablaba de «asilados o inmigrantes económicos», para insinuar que los primeros tienen derecho a un trato mejor que los segundos, lo que motiva devoluciones en caliente y otras prácticas difícilmente justificables jurídicamente, lo que hace es comparar a personas que sufren persecuciones individuales con aquellas otras que residen en lugares en los que el verbo adecuado no es *vivir*, sino *intentar sobrevivir*.

¿Y qué podemos hacer? ¿No podemos absorber esa masa poblacional? Efectivamente, no podemos asumir solos la solución a las problemáticas que causan la migración económica y la necesidad de protección internacional, porque ambas tienen causas complejas y distintas.

Sin embargo, nuestro deber es concienciarnos de que, en este planeta cada vez más pequeño, todo nos atañe. Como decía el Cremes de Terencio, hace miles de años: «Hombre soy, nada humano me es ajeno». Tener conciencia de que nuestro *modus vivendi* es causa, al menos parcial, de la miseria de terceros, donde nuestras empresas y gobiernos actúan con criterios de eficiencia económica y olvido de los Derechos Humanos. Conciencia de que la acción coordinada, responsable y sin reservas de los Estados y la exigencia de información y acción política críticas son la única solución a dichas problemáticas.

En un mundo en el que la comunicación es esencial, ejercicios de desinformación (o pura mentira) de nuestros gobernantes no pueden ser tolerados. Menos aún cuando provocan un sentimiento de deshumanización hacia quienes luchan por la supervivencia. No nos equivoquemos: es así como se alimenta la xenofobia, convirtiendo a los otros en la parte excluida del nosotros.

Porque cuando creíamos que era imposible que los movimientos políticos de extrema derecha o neofascistas o neonazis volvieran a aparecer, estamos constatando el aumento de los mismos y la adquisición de un peso específico en Europa, a través de la propagación del discurso del odio, plasmado en la islamofobia, el antisemitismo o la criminalización de la inmigración como causante de unos males que solo las políticas equivocadas de los diferentes grupos políticos han provocado.

De modo que tenemos que encontrar el punto de equilibrio, comenzando por cumplir los compromisos y la responsabilidad respecto a los refugiados reclamantes de asilo, así como potenciar las medidas de transparencia y acuerdos comerciales respetuosos con los Derechos Humanos con los diferentes países que se ven más afectados por la inmigración; implementar políticas compartidas con todos los Estados implicados y reafirmar la protección humanitaria para los afectados. Las medidas pasan además por reorientar las corrientes migratorias con exhaustivos estudios sobre la capacidad de acogida de migrantes; persecución implacable de las mafias que se nutren del tráfico de seres humanos; describir y ejecutar políticas de integración interna de los inmigrantes, efectivas e igualitarias; proporcionar aportes económicos sustanciales para desplegar políticas de inversión, empleo y desarrollo sostenible en los países de origen.

En todo caso, las políticas migratorias no pueden estar presididas por la represión, porque ello no disminuirá los flujos migratorios, ya que mientras existan las guerras, los conflictos armados internos, los desastres naturales y humanos, la migración estará siempre en las mentes de quienes no tienen otra alternativa. Podrá detenerse a diez mil, a cien mil o a un millón de personas, pero solo engrosarán la estadística de quienes buscan un destino favorable, a la espera de la siguiente oleada en cualquier frontera que intente impedir el acceso a un lugar mejor para vivir, al menos en la mente de quienes se han visto forzados a huir o partir de su país de origen.

La cultura de la legalidad

Cuando hablamos de la cultura de los Derechos Humanos, muchas veces nos olvidamos de que la cultura de la legalidad es el elemento que tenemos que asumir a lo largo de nuestra vida para poder defender con convicción una serie de criterios y principios que a veces nos llevan a enfrentarnos con aquellos que desconocen esos derechos.

Desgraciadamente, en esa batalla entre el interés económico, político y diplomático y la defensa de los Derechos Humanos y las víctimas, todavía sigue perdiendo la segunda. Es decir, la cultura de los Derechos Humanos todavía no ha arraigado en forma definitiva en el mundo. Y la prueba la tenemos en que ahora la gran salvación nos viene de China. Ya sé que es una tontería hablar de esto, porque todo el mundo lo sabe. Y claro, como es una tontería ya no lo hablamos. Pero no deja de ser paradójico que China, en cuyo ADN no está, precisamente, la defensa de los Derechos Humanos, sino su violación sistemática, sea la tabla de salvación económica para casi todo. Sin lugar a dudas, en ese músculo económico es donde encuentran acomodo todas las disculpas y todas las dispensas para las autoridades de esa superpotencia.

No sé si recuerdan la noticia que se produjo en Bangladesh en enero de 2013. El hundimiento de un edificio impresionante donde murieron más de mil personas. En realidad, lo que no se contó y pocos prestaron mayor atención al hecho, después de pocos días en los que la masacre fue noticia, es que ese edificio, además de las deficiencias criminales de la construcción, en la que se cruzó también la corrupción, acogía trabajo esclavo que era utilizado para la confección de productos textiles para las grandes marcas occidentales que tienen sus tiendas abiertas en la Quinta Avenida de Nueva York, en los campos Elíseos de París, en Picadilly Circus de Londres, en el centro de Madrid o en otras múltiples ciudades. De estos comercios se obtienen beneficios millonarios para sus accionistas. En ese contexto, una eficaz campaña de comunicación, utilizando adecuadamente todos los medios de esa naturaleza, hizo que la noticia desapareciera de la parrilla y quedó en el olvido de todos, salvo en el de las víctimas y sus familias.

Ese desconocimiento de la legalidad y esa falta de interés por lo que sucede en el mundo y que perjudica a los más vulnerables hace que seamos especialmente selectivos con lo que debemos atender o descartar de nuestras cómodas conciencias consumistas. Ante tamañas agresiones a la seguridad de todos, apenas nos indignamos y, desde luego, no activamos la acción o la respuesta adecuada. Si todos sumáramos el grado de indignación y lo potenciáramos en forma conjunta, los márgenes de la impunidad hace tiempo que serían mucho más estrechos.

Me vienen a la memoria todos los argumentos que durante décadas se han empleado para justificar la impunidad frente a violaciones permanentes y masivas de Derechos Humanos. Con ello se olvida que, en la defensa de aquellos, la obligación de denunciar y perseguir a quienes los quebrantan es universal. No podemos permanecer silentes ante estos hechos, más propios de quien actúa con miedo y con la amenaza del poder que ostenta que de quien tiene y defiende la razón.

En ningún caso debería plantearse la confrontación entre el deber de legalidad y el cumplimiento de todos los derechos y garantías, por la sencilla razón de que aquel se nutre con el respeto y cumplimiento de estos. No obstante, en los últimos tiempos se han confrontado uno y otros.

En la confrontación de una legalidad más que cuestionable y la pérdida de derechos esenciales, la balanza se ha inclinado a favor de la aplicación exorbitante de aquella en detrimentos de estos. Lo más grave de esta situación es que tales medidas han sido apoyadas por casi todos los países, por muy progresistas que sean, y por colectivos amplios que han decidido renunciar a su libertad en favor de la seguridad. Olvidando las sabias palabras de Benjamin Franklin: «Aquellos que cederían la libertad esencial para adquirir una pequeña seguridad temporal no merecen ni la libertad ni la seguridad».

Afortunadamente, en varios países las víctimas y los organismos de Derechos Humanos confrontaron esta violación clara en sus diferentes fases y contextos, dando lugar a la incoación de procesos en el caso español, en el que se iniciaron procedimientos por torturas de un ciudadano alemán al que se vinculó con Al Qaeda; otro por rendición y traslados en acciones de las agencias de inteligencia norteamericanas, conocidos como los *vuelos de la CIA*; o por presuntas torturas generalizadas en Guantánamo contra las máximas autoridades responsables del penal, que yo mismo adelanté, con consecuencias graves para quienes así procedíamos. De alguna forma se establecieron los límites de la legalidad y lo inasumible de bordear la legalidad o salirse de sus cauces.

Esta misma dinámica, y mucho antes en el tiempo (en 1988, y más tarde en 1994-1995), ocurrió con los Grupos Antiterroristas de Liberación (GAL). La impunidad en la que se movían las autoridades presuntamente responsables de acciones ilícitas era inasumible para el Estado de Derecho, porque la guerra sucia contra ETA contaminaba toda la acción legal contra el terrorismo, de modo que la decisión no podía ser otra que la de aplicación, sin fisuras, de la legalidad. Creo sinceramente que, en España, gracias a las decisiones de esta naturaleza, en este tipo de delitos, como también en los casos de narcotráfico o crimen organizado, los jueces y fiscales nos pusimos de parte del Estado de Derecho y superamos los difíciles momentos en los que algunos sufrieron la tentación de actuar por fuera de los límites que marca aquel. De esta forma ganamos la batalla a la ilegalidad, fortaleciéndonos a todos los niveles.

Lo más trascendente en este ámbito es conseguir que, por la modulación de este tipo de acciones y por la convicción de que no hay otra alternativa que la de la ley y su control, asumamos que la cultura de la legalidad es la única alternativa y que, además, es mucho más rentable estar dentro de esa legalidad que fuera o al margen de ella. Esta educación es la que nos impulsará a dar forma a una sociedad más justa y más intransigente con las acciones que pongan en riesgo dicha cultura.

Contra la corrupción, escuelas

Vivimos en una sociedad pluricultural. Vivimos en múltiples universos, no hay una sola cultura. Hay una y otra, y otra más, y entre todas construimos la cartografía universal de los valores, de la convivencia, del progreso, de los derechos, de los deberes, de la cultura, de la paz. La interculturalidad es un valor universal y sustenta el derecho fundamental a la cultura, a la interacción, al diálogo, al encuentro, al mestizaje.

Solo cuando asumamos esta diversidad, sin apriorismos, sin discriminación, aceptando la igualdad y el respeto al otro, hasta sentir que mi derecho es el del otro, y viceversa, estaremos en condiciones de afirmar que estamos construyendo armonía y convivencia y comunidad. Es decir, se trata de tener conciencia plena de esta realidad diversa, y a partir de ahí estaremos legitimados para exigir, si no cumplen, a quienes nos gobiernan, nos representan políticamente o nos juzgan, mayor compromiso y responsabilidad.

La democracia es lo que nosotros queremos que sea y depende de la responsabilidad y de la formación. Dos términos que se complementan en el universo de la educación, porque de lo que se haga en colegios e institutos con los niños, niñas y adolescentes va a depender el futuro de un pueblo, sustentado en un sistema de valores y contenidos democráticos que protejan y garanticen la convivencia en paz y armonía.

Para conseguir esta meta, debemos pasar de la mera formulación de la norma al contenido y desarrollo de la esencia de la misma. Para ello, no debemos tener dudas de que la educación es la piedra angular de la responsabilidad ciudadana, y por ello se deben invertir todos los esfuerzos para que esa educación no sea sectaria ni parcial, sino integral, de modo que el alumnado interiorice los derechos y deberes que alumnos y alumnas tienen como ciudadanos, y los pongan en práctica.

Cuando a Víctor Hugo un grupo de empresarios le preguntó qué podían hacer para combatir la corrupción, este les contestó con contundencia: «Hagan ustedes escuelas». Y de eso se trata, de transmitir un sistema de valores universales que forme a los ciudadanos adultos del futuro como personas íntegras e integrales.

Sin embargo, en este período tan extraño y reaccionario, de

los últimos años que nos ha tocado vivir en todos los ámbitos de la vida pública española, quizás la política de la educación es la más lacerante e irracional. Así lo viene demostrando con creces la Ley de Mejora de la Calidad Educativa (LOMCE), olvidando de nuevo que la educación es una cuestión de Estado que debe contar con el acuerdo y sensibilidad de todos o gran parte de los grupos políticos del arco parlamentario, y con el consenso y debate de los demás sectores populares implicados en el marco de ese proyecto.

La insistencia en destruir lo que de bueno ha aportado la educación pública, la obsesión por la enseñanza de materias que deberían ubicarse en el ámbito estrictamente personal o familiar de formación, pretiriendo lo que es una obligación del Estado (contribuir a la formación de ciudadanos libres y democráticos que respeten y defiendan los Derechos Humanos), es algo paradigmático en este gobierno, más atento a conservar la poca cuota de credibilidad que le queda que a la defensa de los valores constitucionales que han de guiar su acción.

La LOMCE ha sido impuesta desde la soberbia de la mayoría absoluta parlamentaria conservadora de la legislatura 2011-2015 y su prolongación, olvidando el consenso con los sectores del ámbito educativo (ni profesorado, ni padres, ni alumnos, ni sindicatos, ni demás grupos políticos se sienten escuchados). Solo el sector más duro de la Iglesia católica ha sido consultado, de ahí que la nueva ley considere la religión como asignatura evaluable cuya puntuación, por tanto, se tiene en cuenta para todos los aspectos o niveles del baremo académico. Los profesores de religión, por cierto, son nombrados por el Arzobispado, pero pagados con dinero público.

Si tuviera que definirse la LOMCE en una sola palabra, esta sería *antidemocrática* —profundamente antidemocrática—. Esta afirmación se sostiene en varios hechos contrastados, tales como la organización que adopta de los centros docentes. El Consejo Escolar —marco en el que se encuentran los diferentes actores implicados en la educación (representantes del profesorado, padres, Administración y alumnado)— pasa a ser un órgano meramente consultivo, con una dirección nombrada por la Administración.

Esta ley contradice la Declaración Universal de los Derechos Humanos, que proclama como ideal común para todos los pueblos y naciones del mundo el que tanto los individuos como las instituciones promuevan, mediante la enseñanza y la educación, el respeto a los derechos y libertades del ser humano; quebranta la Declaración de los Derechos de la Infancia, porque olvida prioridades esenciales en la educación de los ciudadanos, necesarias para generar un sistema integral de derechos y deberes; y minusvalora que la propia idea de la educación debe dirigirse hacia una formación crítica, constructiva, humanista y transformadora de la persona y del entorno social, mejorándolos.

En definitiva, es una ley inasumible en un Estado social, democrático y de derecho tal y como queda proclamado por la Constitución española, ya que, al definir la educación como motor que promueve la competitividad de la economía y el nivel de prosperidad, antepone las necesidades de los mercados a la verdadera formación del alumnado, a la construcción de una sociedad más libre, justa, sin discriminación, equitativa, solidaria, transparente, cohesionada, respetuosa con los derechos de la Madre Naturaleza y en paz.

Decía Jovellanos que la educación es el primer origen de la felicidad industrial. Creo que una educación abierta que forme a los ciudadanos en democracia constituye la base sobre la que construir cualquier posibilidad de bienestar y prosperidad. Para ello, los modelos deberán ser mucho más integradores y abiertos ante la diversidad del mundo, porque viajamos hacia un inexorable mestizaje de culturas y tradiciones. Es un objetivo irrenunciable propiciar una verdadera educación para la ciudadanía y de la ciudadanía.

Debemos poner por delante la formación, la educación de la infancia y la adolescencia en valores, en la tolerancia, en la aceptación del otro. Reformas de la enseñanza que rechacen las tendencias interesadas y destinadas a favorecer el individualismo frente al esfuerzo en común, y el negocio privado de la educación frente a la oferta pública educacional, mucho más igualitaria y justa, ajena al adoctrinamiento sectario, a veces religioso, a veces político, oferente de valores conservadores y restrictivos de derechos que pueden atentar a los logros conseguidos en una lucha democrática consolidada.

Las sucesivas reformas llevadas a cabo en España, auspiciadas por el Partido Popular, han alzaprimado la enseñanza privada frente a la pública, huyendo de un relato diverso y compartido de desarrollo, promoción, formación y defensa de los Derechos Humanos, democracia, defensa de los más vulnerables, combate de la desigualdad y en pro de la transparencia y la participación.

Esa revisión conservadora de la educación contribuye a cercenar opciones y posibilidades de aproximación y conocimiento de valores que después resultarán esenciales para afrontar los desafíos que aguardan a las nuevas generaciones. Eliminar materias como la Educación para la Ciudadanía, que buscan dotar a los niños, niñas y adolescentes de unos principios básicos y de los materiales adecuados con los que, desde la infancia, integren y sustenten la propia mochila ideológica personal, esencial para la convivencia y para el fortalecimiento de la democracia, es una de las irresponsabilidades más graves de los sucesivos gobiernos del Partido Popular, que han antepuesto el interés político partidista al interés común de todos.

Ni duermen ni reposan: el deber de memoria

Hay una canción de mi admirado Víctor Manuel que refleja perfectamente el dolor por las víctimas y la ignominia de los olvidos impuestos por Decreto o Ley, prescindiendo de los que sufrieron la pérdida. Sus estrofas son dardos de acero en el corazón de los perpetradores de los crímenes franquistas:

> Cómo voy a olvidarme, si el olvido es memoria.
> ¿De qué debo olvidarme? ¿Están hablando en broma?
> Cómo voy a olvidarme, solo olvidan los bobos que reescriben la historia,

para borrarlo todo...
Cómo voy a olvidarme de tantos humillados, de las familias rotas.
Que se abran las cunetas, que se miren las fosas.
Y que sea la justicia sobre todas las cosas.
Que los mal enterrados ni duermen ni reposan.

¿Cuánto tiempo tenemos que esperar para que España sea capaz de asumir que ochenta años después no hemos cumplido el mínimo ético con quienes murieron injustamente en una guerra que acabó, por medio de un golpe de Estado, con el sistema democrático de la República y que fueron perseguidos con saña durante la posguerra, o torturados por un régimen fascista como el franquismo? ¿Cuánto más debe acontecer para que asumamos que se sigue cometiendo una injusticia constante y permanente contra las víctimas y su memoria desde hace más de cuarenta años, en los que la nueva España constitucional no ha hecho sino desconocer esos derechos? ¿Qué fenómeno debe producirse para que dejemos la dualidad de buenos y malos y pongamos toda nuestra fuerza en reparar a las víctimas, empezando por reconocerles la condición de tales?

Realmente estas preguntas retóricas deberían tener respuestas sencillas y contundentes: hagámoslo, sin rencor; demos una mano a la justicia para que esta anteponga los derechos de las víctimas y tome, apoyándose en las normas del derecho internacional de los Derechos Humanos y del derecho humanitario, las riendas de la reparación y del descubrimiento de la verdad, para que, profundizando en ellas, hallemos los mecanismos de no repetición. Simplemente tendríamos que hacer ese esfuerzo de ponernos en el lugar del otro, abandonar las reservas mentales y confiar, al menos en las cuestiones esenciales, en quien no piensa como tú, y a partir de ahí escribir con renglones rectos la historia en común.

Por más que le doy vueltas al tema, soy incapaz de comprender qué pasa por las mentes de los magistrados del Tribunal Supremo cuando rechazan en forma sistemática cualquier posibilidad de solución que afecte a la protección de las víctimas de delitos relacionados con el franquismo y que se ejecutaron durante la Guerra Civil o con posterioridad a ella, y que se extendieron de forma considerable a múltiples colectivos u organizaciones, y cuyos negativos efectos sobre las víctimas aún persisten. Como tampoco entiendo que no exista la capacidad en el Gobierno del Partido Popular de abandonar ese tic posfranquista de protección de no se sabe qué esencias heredadas del mismo. Estoy seguro de que llegará el día en el que cada cual asuma su responsabilidad histórica y acepte que la historia es lo que es, y que no adelantamos nada o muy poco con su ocultación sistemática o con la deformación de una verdad que está bajo la tierra, que está en los archivos, que permanece en la tradición oral de cada cual, con sus matices, sus deformaciones y parcialidad. Nos falta la elaboración de una memoria colectiva común, aunque diversa.

Rechazar oficialmente que se remueva esa tierra física que ha formado, durante décadas, túmulos de olvido y sinrazón, a través de mecanismos oficiales y artificios legales, con excepción del intento que supuso la Ley de Memoria Histórica de 2007, resulta excesivamente complaciente con los perpetradores. Quienes se oponen a que la tierra se remueva y deje salir la verdad que contiene olvidan que, por mucho que se trate de ocultar aquella, acaba por salir, y deja de tener sentido la mentira y la ocultación ante los huesos destrozados, los cráneos con los orificios de balas asesinas o los restos destruidos por el paso del tiempo, que, en sí mismo, es el mejor juez para dejar al descubierto la sinrazón de quienes niegan la verdad y la memoria.

Tampoco consigo hallar una respuesta coherente cuando analizo las razones por las cuales el Tribunal Supremo se niega con argumentos más que discutibles, a los que lo único que les da coherencia es, precisamente, no querer hallar una respuesta garantizando el derecho de las víctimas. Derecho a la verdad (Comisión de la Verdad), a la Justicia (no necesariamente penal, aunque sin despreciarla) restaurativa, que, partiendo de la verdad compartida, otorgue a las víctimas los mecanismos necesarios para que no tengan que suplicar una reparación que en derecho les pertenece. Y derecho a la reparación simbólica, como la conversión del Valle de los Caídos en un lugar de memoria, y a la eliminación de símbolos y vestigios del régimen que nos sometió a todos y que revictimizan a todos, incluidos quienes piensen que, por su ideología conservadora, le deben algo.

Desde luego, no son cuestiones jurídicamente irresolubles las que impiden la acción de la justicia, porque las disposiciones internacionales nos marcan el camino, sino de voluntad contraria por razones ideológicas. Es decir, el Tribunal Supremo, amparándose en una legislación (Ley de Amnistía) que, en sí misma, no impide, sino que exige la investigación ágil e independiente como un *prius* para su aplicación, se ha negado a facilitar cualquier vía de solución de este problema, que continúa atenazando a la sociedad española, en casos como los de la exhumación de víctimas, el de la búsqueda de los «bebés robados» , la constitución de una comisión de la verdad, la intervención de los jueces como garantes de la dignidad que merecen quienes fueron asesinados o desaparecidos, la restitución de aquellos bienes ilegítimamente sustraídos; la anulación de las resoluciones judiciales formalmente dictadas de acuerdo con el sistema legal vigente, pero inaceptable desde un punto de visto humano, constitucional y democrático. Sí, el Tribunal Supremo ha tenido la oportunidad y sigue teniendo las claves para que las víctimas y la sociedad española, en general, recibamos la reparación que se nos debe y podamos pasar la página definitivamente.

Ante esta realidad, las únicas razones que podrían explicar la permanencia de esta injusta situación son:

1. La banalización del franquismo, considerándolo, explícita o implícitamente, como algo bueno o algo no tan malo y, desde luego, no comparable al nazismo. Y, a partir de ahí, justificar todas las acciones pasadas o presentes como inocuas y, por ende, considerar justificadas todas las expresiones de la dictadura a la vez que negar cualquier posibilidad

de reconocimiento de la categoría de víctima a quienes sufrieron sus consecuencias, de forma directa en sus personas, bienes o familia.

2. La transformación o acomodación de una realidad histórica diferente a las necesidades de encubrimiento de la misma, a través de una especie de posverdad muy parecida a la construida en el régimen nazi, para ocultar no solo los crímenes, sino también para ofrecer una narrativa justificativa de la indiferencia y de la ausencia de respuestas, después de la vigencia de la Constitución. Se ha modulado una «realidad» que parte de la superación del franquismo y que se basa en que la represión que conllevó no fue real, con la pretensión de que esa realidad construida se convierta, *de facto*, en la única oficialmente aceptada. La expresión *General Franco* para referirse al dictador en alguna sentencia del más Alto Tribunal español es un síntoma de que el virus sigue estando vivo y explica la frivolidad de quienes piensan que el franquismo fue algo positivo y de quienes tampoco aceptan su presencia de hecho en la actualidad, y, por el contrario, defienden la negación o el desconocimiento de los derechos de las víctimas o justifican la permanencia de los símbolos fascistas, o la de asociaciones o fundaciones que denigran por sí mismas a las víctimas.
3. La exposición de argumentos pseudojurídicos para justificar lo inexplicable, y que pasan por la utilización de normas como la Ley de Amnistía de 1977, cuando esta, debidamente interpretada por quien puede hacerlo (jueces y tribunales) nos llevaría a la certeza de la reparación en su más amplio sentido. Bastaría con aplicar a las víctimas del franquismo los mismos criterios de la llamada *justicia anamnética* —o justicia en cuyo núcleo justificativo se encuentran los derechos de las víctimas—, que para las víctimas del terrorismo o de otros tipos de violencia, y hacerlo en forma proactiva, promoviendo la defensa y el reconoci-

miento para quienes sufrieron los efectos de los crímenes más graves contra la humanidad.

La Transición no fue la panacea

La idea de que la Transición fue la panacea, el bálsamo que curó todas las heridas, es una gran falacia. Si así hubiera sido, no estaríamos ahora tratando de reconstruir la memoria y ahogándonos en la impunidad más rampante. Lo impactante es que, cuando se trata de la aplicación de la Ley de Amnistía, todas las interpretaciones son contrarias a considerarla como algo que puede modificarse.

España es el único caso en la Unión Europea que se ha negado en redondo a realizar una evaluación sobre el pasado violento y sobre la impunidad desplegada, primero de hecho y después de derecho, durante la dictadura. Como digo, la interpretación restrictiva y contraria al derecho internacional de la Ley de Amnistía de 1977, como lo han demostrado los últimos informes de Naciones Unidas sobre España (en el caso del Comité contra las Desapariciones Forzadas de personas, el Grupo de Trabajo de Detenciones Arbitrarias y Desapariciones y el relator Pablo de Greiff sobre el Derecho a la Verdad, la Justicia, la Reparación y las Garantías de no Repetición), deja bien clara la decisión de inhibirse de pedir perdón a las víctimas o reconocerlas como tales, ni la más mínima modificación de la política de desconocimiento de la verdad, o cualquier otra que implique alterar el *statu quo* de la Transición.

La Ley de Amnistía de 1977 citada, como todas las amnistías, fue un mecanismo de transición. Esas leyes están previstas como tales en instrumentos internacionales, y específicamente en la Convención de Ginebra de 1949, pero no es menos cierto que existen límites para su aplicación, y en todos los casos quedan excluidos de su aplicación los crímenes contra la humanidad, los genocidios, los crímenes de guerra. La Ley de Amnistía de octubre de 1977 fue una ley para las víctimas y no para los victimarios. En España se produjo el fenómeno de que las víctimas pidieron perdón a los verdugos. Y debería haber sido al contrario, que los perpetradores pidieran perdón a las víctimas y a los demócratas; quizás por ello se ha pretendido que la amnistía se extienda a esos crímenes. Pero se olvida que, a la hora de interpretar los decretos leyes de amnistía de 1976, en la Circular de la Fiscalía del Reino de 1 de agosto de ese año, expresamente se excluía de la aplicación a esos crímenes.

De las cárceles salieron los que estaban en prisión por orden del Tribunal de Orden Público por delitos de opinión, políticos, sindicalistas, terroristas; pero ni uno solo de los represores pasó, como exigía la Ley de Amnistía, por delante del juez para reconocer: «Yo ordené este asesinato, estas torturas», o para explicar dónde están los más de 130.000 desaparecidos. En ningún caso se llevó adelante la mínima investigación efectiva, que es lo que exigen las normas internacionales y la jurisprudencia internacional e incluso la nacional, aunque en España el Tribunal Supremo luego haga valer lo contrario, es decir, la impunidad más absoluta en este ámbito.

De nuevo he de dejar constancia, para evidencia de quienes se ocultan tras interpretaciones contrarias a los derechos de las víctimas, que la referida Ley de Amnistía es la excusa para no resolver este problema, porque es inaplicable cuando se trata de crímenes internacionales (genocidio, de lesa humanidad y de guerra), sin que puedan oponerse argumentos basados en la prescripción o falta de regulación en el sistema interno, porque aquellos derechos y la sanción de los comportamientos ilícitos que los provocaron están amparados por criterios de legalidad internacional (artículo 14. 2 del Pacto de Derechos Civiles y Políticos de 1966) y, en la alternativa de proteger a las víctimas o no hacerlo, la opción no puede ser otra que la primera.

Por lo demás, tenemos ejemplos de interpretaciones jurisprudenciales que se encuentran en el límite de lo aceptable, de acuerdo con los principios básicos que gobiernan el Estado de Derecho, y se asumen. La oportunidad en la interpretación del Derecho es algo que en muchos países se reconoce como principio, y en otros, como el español, se aplica de hecho cada vez que se considera necesario para la protección de la ciudadanía o para revertir situaciones gravemente atentatorias al propio sistema. Si esto es así, ¿por qué cuando se trata de interpretar las normas que afectan a los derechos de las víctimas del franquismo, la interpretación es la más perjudicial para sus derechos? La respuesta ya está dada y es perturbadora. Por ello y para eliminar ese aroma de impunidad, debemos actuar con los parámetros de protección integral ya citados y cumplir, a través de los mecanismos que deben implementarse y de los que ya están en vigor, la obligación de protección de las víctimas.

Esta protección conlleva la materialización de una serie de medidas que hagan posible el ejercicio de los derechos connaturales a la posición de víctimas: el derecho irrestricto de acceso a la justicia y, con ello, el derecho a la utilización de todos los mecanismos de investigación legales e independientes para garantizar la respuesta efectiva desde la misma; el derecho de acceso a todos los archivos sin otros límites que los derivados de su conservación.

Todos, y las víctimas en particular, tenemos derecho a ese acceso, sin que se pueda acudir, para prohibirlo, a la existencia de un supuesto derecho a la seguridad del Estado, que jamás puede oponerse a la seguridad jurídica de los ciudadanos; el derecho a que la Justicia actúe en todos los ámbitos con la misma finalidad de protección y reparación; el derecho a obtener respuestas legales y protectoras frente a la impunidad decretada por el Estado; el derecho a que se garanticen realmente los derechos a la verdad y a la reparación.

Tenemos derecho a obtener respuestas oficiales de todas las instituciones implicadas y la reparación simbólica a todos los niveles; el derecho a la memoria, debidamente protegida frente al negacionismo y las agresiones de quienes quieran destruirla; el derecho a la no repetición, partiendo de una lucha real y efectiva contra el olvido y la indiferencia, cuyas consecuencias hemos visto a lo largo de la historia de la humanidad.

En este momento de nuestra historia, pensábamos que la democracia en España estaba consolidada, y sin embargo, hemos comprobado que se pueden producir hechos que la pongan en cuestión, generando confrontaciones que pensábamos que estaban superadas y que no lo estaban tanto, y que nos ponen frente a nosotros mismos, y a los políticos como representantes del pueblo ante la responsabilidad de haber fracasado en la defensa de los derechos.

¿No será que, aparte de concausas como la corrupción o los déficits y regresión en la protección de derechos consolidados en los últimos años, tenemos aún la losa del franquismo que no ha permitido poner fin a las lacras de la impunidad y el olvido de las víctimas?

España vive en brazos de la mentira oficial desde hace demasiado tiempo. Lo reconozco, no como crítica a mi país, sino como autocrítica para todos. No es verdad que haya una convicción de defensa de los Derechos Humanos. Hay parcelas de defensa de los mismos, pero no con carácter general. No hay una conciencia como la que se ha generado en otros países de verdad, memoria, justicia, reparación y garantías de no repetición. No la ha habido, nunca ha existido. Lo que sí ha existido es olvido oficial, impuesto. Hasta el punto de que, después de cuarenta años de dictadura y otros tantos de democracia, más de la mitad de la población española no tiene ni idea de lo que fue la dictadura de Franco, ni de lo que aconteció durante ella, y ni siquiera hay un censo formal de desaparecidos (desde 114.000, según las primeras estimaciones de las propias víctimas, hasta entre 130.000 y 150.000, según dictámenes periciales, o a los casi 200.000, según estimaciones periodísticas), o se desconoce que España es el país con más desaparecidos del mundo, después de Camboya. Es un caso paradigmático, único en la historia. Y todavía alardeamos de ser líderes en la defensa de los Derechos Humanos. Y el gobierno pretende justificar su actitud en los Comités de las Naciones Unidas y como miembro actual del Consejo de Derechos Humanos de la ONU. ¿Cómo podrá mantener esa doble condición de defensor de los Derechos Humanos y de las víctimas y a la vez negador de todo tipo de reconocimiento y protección de las víctimas del franquismo?

Me repugna la doble moral y la doblez de aquellos políticos que desmerecen la noble función de la política, actuando de cara a la opinión pública como paladines de la defensa de las víctimas cuando en realidad hacen lo imposible para que ese derecho quede vacío de contenido. Y los jueces —salvo un número discreto de ellos— que no están haciendo nada, y de forma notoria quienes estaban en una posición idónea para ello, es decir, el Tribunal Supremo, y no lo hicieron. Este, de forma sistemática e inamovible, desconoce, en todas sus salas, la obligación de interpretar las normas en función de las directrices que el derecho internacional de los Derechos Humanos establece y que los diferentes organismos que lo aplican se encargan, de forma reiterada, de recordarnos.

El deber de memoria

De acuerdo con el filósofo español Reyes Mate, el deber de memoria nace de Auschwitz porque aquello fue pensado como un proyecto de olvido. No debía quedar ningún resto físico del pueblo judío para que se olvidara su contribución metafísica a la historia de la especie. Recordaba cómo el proyecto tuvo lugar y por eso hablamos de crimen contra la humanidad, pero no se consumó porque Hitler fue vencido y eso nos obliga a recordarle. Concluía en que honrar la memoria de Auschwitz es entender el alcance del deber de memoria.

Si, como dice el poema de Antonio Machado, *Pueblo Blanco,* que inmortalizara Joan Manuel Serrat, «solo el olvido camina lento bordeando la cañada, donde no crece una flor ni trashuma un pastor», más lenta es la construcción y recuperación de nuestra memoria colectiva. En España, las instituciones han decretado el olvido oficial respecto a los crímenes franquistas y se ha «prohibido» la memoria, lo que es especialmente peligroso.

Solo recientemente, después de la frustrante, por su cortedad y por la oportunidad perdida, Ley de Memoria Histórica de 2007, algunas comunidades autónomas como Navarra o Andalucía están decididas a afrontar estos temas, aunque nuevamente aparece para algunos el fantasma de la Transición para plantearse la oportunidad de una Comisión de la Verdad. Pero, realmente, el impulso una vez más viene de la mano de la sociedad civil y de las víctimas, en lo que de hecho puede ser una nueva revictimización si se mantuviera el abandono o desinterés del Estado en una materia que debería ser exclusiva iniciativa suya.

Desde luego, quedan pendientes muchos puntos oscuros de la dictadura, por lo que no estoy de acuerdo con quienes hacen alarde de un falso progresismo cuando afirman que todos sabemos lo que pasó y por eso es mejor apostar por la reconciliación. Olvidan que la reconciliación, aparte de ser, como el perdón, algo estrictamente personal, necesita de un apoyo, un reconocimiento de responsabilidades, unos términos de referencia sobre la responsabilidad de cada uno y unos acuerdos en los que participen las víctimas, para que tenga sentido y pueda ser asumida por la sociedad. Ese es el mecanismo que el Gobierno español ha decidido apoyar para Colombia, a la vez que lo niega para las víctimas del franquismo.

Cuando oigo razonar a figuras políticas de todo signo sobre la necesidad de olvidar, cerrar heridas y superar los crímenes franquistas impunes desde hace décadas, me vienen a la mente los miles de familias españolas víctimas de aquella barbarie que llevan años esperando verdad, justicia y reparación ante un muro de incomprensión: «Dejad en paz a los muertos», les dicen, «olvidad lo que sucedió, cerrad ese capítulo, cerrad las heridas por el bien de todos».

Pero los muertos se niegan a yacer en paz en las cunetas mientras sus familias les recuerden. No todos fueron insignes poetas como Miguel Hernández, pero todos murieron, como él, por sus ideas, por sus convicciones políticas, por defender la legalidad institucional durante la guerra.

En el caso del franquismo, el Gobierno español se ha olvidado de la democracia. Las sucesivas condenas y denuncias internacionales por la pasividad judicial española, auspiciada desde el Tribunal

Supremo, frente a los crímenes franquistas han hecho poca mella y se sigue defendiendo el abandono de las víctimas. Estas condenas han sido no solo abundantes, sino también definitivas para evidenciar aún más si cabe la parálisis institucional española. Tan solo se salva del naufragio judicial la encomiable acción en Argentina con la tramitación de la querella por tales crímenes, de acuerdo con el principio de Jurisdicción Universal.

España es el país del mundo con mayor número de fosas comunes, muchas de ellas aún ocultas en cunetas y descampados. Tanto los miles de víctimas asesinadas durante la Guerra Civil y la cruenta posguerra como sus familias no han recibido aún la justicia que se merecen. Pero el único lugar donde el olvido no se produce es en la mente y en los corazones de las víctimas y, por esta razón, nunca cejarán en su lucha. Puede ser que la justicia no funcione, puede ser que legalmente se imponga el silencio o la amnistía por crímenes contra la humanidad, puede que olviden que la democracia es incompatible con la impunidad, pero lo que nunca se conseguirá es acallar la necesidad de verdad por parte de las víctimas.

En forma recurrente, cuando se piensa que ya no existe nadie que reclame frente al olvido impuesto oficialmente, la voz de aquellas se alza de nuevo y todo vuelve a empezar. He seguido el proceso en decenas de países, he hablado con miles de víctimas y siempre obtengo la misma conclusión: la persistencia de las víctimas es memorable. Esta convicción la he visto en muchos lugares de los distintos continentes, y también mucho más cerca, el 14 de abril de 2016, en el Cementerio Civil de Valencia, cuando contemplé los ojos llorosos de Pilar Alcorisa mientras recibía los restos de su padre, asesinado en 1947 por la Guardia Civil, ocupando el lugar de su hijo Pedro, que seguía luchando contra la dictadura franquista.

De igual forma, quienes creemos que el derecho a la verdad y la justicia son elementos imprescindibles de la reparación y de las garantías de no repetición seguiremos peleando, día a día, porque la memoria no se pierda en las mesas de negociación de los partidos políticos.

No tengo duda de que el franquismo ejecutó un plan sistemático de eliminación de todos aquellos que no habían participado en el golpe militar. Ni tampoco de que se trata de crímenes de lesa humanidad y que la investigación por la desaparición de las personas que aún hoy se encuentran en cunetas y fosas comunes no prescribe, por mucho que el Tribunal Supremo haya prohibido la vía penal tras concluir el proceso contra mí por esta causa. En este caso, la jurisprudencia establecida por sus señorías no procede de una correcta aplicación del Derecho. Estoy convencido de que lo saben de sobra, pero que han decidido cerrar los ojos. Ellos sabrán por qué... o por quién.

Este juicio contra un juez por haber abierto una causa a quienes cometieron crímenes contra la humanidad durante el franquismo ha sido el único celebrado en España. Por alucinante y paradójico que parezca, no ha habido otro. Y, desgraciadamente, es muy probable que sea el único. En su propia existencia estará por siempre la vergüenza de nuestra Justicia. No por el hecho de haberme enjuiciado, sino porque jamás se haya juzgado a los responsables de los crímenes cometidos contra miles de víctimas y, por tanto, nada se haya hecho por repararlas desde el Poder Judicial. La impunidad, en este caso, tiene claros responsables.

Pero también a causa de ello la sociedad española se merece respuestas más contundentes que las aportadas por la Ley de la Memoria Histórica, aprobada el 26 de diciembre de 2007 y casi desconocida desde 2011. Su entrada en vigor fue el comienzo, negado durante setenta años, pero ahora la urgencia de los hechos nos hace ser más intransigentes con quienes han preconizado la indulgencia del olvido. A la sociedad española, a toda ella, se le debe una verdad que sigue oculta bajo la tierra y bajo cientos de miles de documentos y archivos oficiales. Deberíamos estar preparados para conocerla y recuperarla, pero se nos ha privado de ella sin ni siquiera consultarnos. Nos han conducido al punto en el que ninguna persona debería estar, el de aceptar la mentira y el silencio como respuesta en una democracia que nunca será completa sin garantizar ese derecho.

Frente a esta realidad y al revisionismo o negacionismo que se constata en los últimos años, precisamos efectuar una serena y profunda reflexión sobre la memoria, el olvido y el grado de justicia que estamos dispuestos a aceptar para que no se perturbe nuestro «apacible» pasado. Para ello, tendremos que definir qué parte de autocrítica estamos dispuestos a asumir y qué porcentaje de olvido hemos aceptado, para poder afirmar a qué tanto por ciento de coherencia y autorrespeto hemos descendido. Asimismo, tendremos que aceptar que, de una u otra forma, no hemos sido capaces de construir una narrativa respetuosa con la verdad histórica y no podremos transmitir a las generaciones futuras la dignidad de quienes nos precedieron y lo perdieron todo para conseguir un mundo mejor para las generaciones venideras. Mucho me temo que, en cierta medida, la sociedad española tiene parte de responsabilidad por no haber sido lo suficientemente valerosa para reconocer la realidad santificadora de la impunidad a cambio de nada.

Hemos renunciado, a través de aquella Ley de Amnistía y de una supuesta transición sanadora, a explicar a las generaciones venideras que fuimos nosotros quienes no les contamos la verdad y que además nos negamos a hacerlo, sin ningún riesgo para la seguridad de nadie y tan solo por pura cobardía; que no fuimos capaces de abordar la losa del franquismo y preferimos sentarnos en ella para que nos amarrara aún más al «todo está atado y bien atado»; que fuimos tan indiferentes durante los cuarenta años siguientes como lo habíamos sido durante los precedentes, con la diferencia de que en aquellos no hubo ningún obstáculo para actuar y en estos existía la represión del régimen fascista imperante. O por qué no fuimos capaces, desde las instituciones, especialmente desde la Justicia, de dar respuestas sobre el paradero de decenas de miles de desaparecidos, y por el contrario, abandonamos a las víctimas a su suerte; de por qué se las denigró negándoles la condición de tales, y, con ello, a toda la sociedad española y mundial; o por qué no tuvimos coraje para combatir el negacionismo y la posverdad de unos crímenes contra la humanidad, cuya cobertura estaba excluida de la Ley de Amnistía de 1977.

Nelson Mandela, después de haber estado casi veintinueve

años privado de libertad, dijo con satisfacción: «No sé si acertamos, pero lo intentamos». Sin embargo, en nuestro país ni siquiera lo intentamos, más allá de la tímida Ley de Memoria Histórica de 2007, que ni siquiera fue asumida ni votada por todos. O por qué tampoco se le prestó demasiada atención a la reflexión del juez Richard Glodston, primer presidente de la Comisión de la Verdad en Sudáfrica, cuando, ante la magnitud de los crímenes del apartheid y la inmensidad del dolor padecido, proclamaba la necesidad de que la verdad quedara establecida para evitar la desmemoria como algo fundamental para que la sociedad evite el riesgo cierto de repetición en el futuro. Una herida, cuando afecta al núcleo de nuestra salud colectiva, no se cura por sí misma, sin una asepsia adecuada, hasta el punto de que, si no se limpia y se sutura adecuadamente, puede gangrenarse y afectar a todo el organismo.

La verdad cierra las heridas

La construcción de la verdad en sociedades postraumáticas forma parte de un proceso de madurez democrática que, todavía hoy, en nuestro país no se ha alcanzado. El acceso de las víctimas a la verdad, a la justicia, a la reparación y a la garantía de no repetición es un derecho humano reconocido que no puede quedar reducido a la nada, a pesar del especial empecinamiento de determinados sectores sociales y políticos de este país. La consecución de la verdad es un proceso lento en el que no faltan atolladeros sociales que lo hacen todavía más arduo.

A pesar de estos obstáculos, se trata de un proceso vital, una tarea que no puede en ningún caso quedar pendiente porque, de lo contrario, se vuelve un lastre que termina pudriendo y encizañando a las sociedades. El Parlamento alemán ha puesto sobre la mesa —todavía a estas horas— el lastre que supone el primer genocidio moderno, el holocausto armenio de 1915. Hoy, un siglo después, el Bundestag ha reconocido que lo sucedido en el Imperio otomano fue un genocidio, y hoy, un siglo después, esta declaración se ha traducido en algo más que un enfrentamiento diplomático con Turquía, uno más. Este hecho evidencia que este tipo de conflictos no desaparecen ni se solucionan con el transcurso del tiempo.

Es público y notorio que determinados sectores de la sociedad española están anclados en juicios erróneos sobre las repercusiones que la creación de una comisión de la verdad pudiera tener en la sociedad.

Las generaciones que vivimos el franquismo deberíamos hacer el esfuerzo de darlo a conocer a quienes no lo vivieron y no saben el precio que se pagó. Por eso la Fundación Internacional Baltasar Garzón impulsa particularmente, y formando parte de la Plataforma que se titula por la Creación de una Comisión de la Verdad, la creación de la misma para la investigación de los crímenes franquistas, que debería, con un carácter integrador e independiente, acoger los testimonios no solo de las víctimas que aún viven y que arrastran sus maltrechos cuerpos reivindicando con entereza y valor su derecho a ser oídas, en demanda de una respuesta del Estado hasta ahora inexistente, sino también los testimonios de los que causaron el dolor y de los expertos, así como el análisis de todos los documentos necesarios.

Se trata de contribuir a través de sus conclusiones a fijar no solo la verdad histórica, sino la reparación personal y colectiva que se debe a las víctimas. Con ello se conseguiría cerrar definitivamente la herida que aún sigue abierta y divide a los españoles.

No es creíble pensar que la creación de una Comisión de la Verdad que repare a las víctimas vaya a quebrar o amenazar un sistema democrático. Es más, en mi opinión, es justo todo lo contrario: contribuiría al fortalecimiento de la democracia. Este es un problema que arrastramos, un problema que está sobre la mesa, y hasta que no lo abordemos seguiremos siendo testigos de este divorcio de la sociedad.

Como valor añadido en España tenemos un elemento franquista subyacente que se manifiesta socialmente a través de fundaciones y proyectos que enaltecen la figura del dictador y que impiden que avancemos. Esto en otros países sería impensable, además de inaceptable e incluso delictivo. En Alemania, por ejemplo, el enaltecimiento del nazismo está penado con cárcel. El Código Penal Alemán —Strafgesetzbuch— castiga la exhibición de símbolos nazis y su propaganda. Una persona no puede ir al Reichstag en Berlín y hacerse una foto con el saludo nazi porque sería detenido (y esto ha ocurrido en los últimos años con varios turistas).

En España el panorama es completamente distinto, y cualquier persona visita con toda libertad el Valle de los Caídos o inclusive puede ir a las puertas del Congreso de los Diputados y gritar jovialmente «¡Viva Franco!» porque no le va a ocurrir nada; ni le van a detener, ni le van a amonestar y, por supuesto, no se le va a juzgar. Esto porque nuestro Código Penal no recoge como delito el enaltecimiento de una ideología.

Una Comisión de la Verdad o mecanismo de construcción de la memoria no puede prescindir de la participación activa y proactiva de las víctimas. Es cierto que este consorcio puede hacer más complejo el proceso, pero debe quedar meridianamente claro que el objetivo no es constituir comisiones técnicas, sino comisiones participativas donde la verdad se construya de abajo hacia arriba y no a la inversa.

En la actualidad existen experiencias de este tipo de comisiones en las que la participación de las víctimas es un elemento clave, véase por ejemplo el caso colombiano, donde la principal polémica pivotó, precisamente, sobre este elemento: la idoneidad de la participación de víctimas y familiares. Al final se llega a una única conclusión, y es que no vale cualquier tipo de comisión, sino que solo son válidas y eficaces, para nuestro propósito, aquellas en las que tengan participación las víctimas.

Son estas, en definitiva, las reflexiones a las que nos vemos abocados: memoria ascendente y empoderamiento de las víctimas para construir una verdad exitosa en clave social e histórica, es decir, una verdad que reconforte a las víctimas y que al mismo tiempo responda de manera rigurosa y veraz a las exigencias de la Historia como fuente de conocimiento del pasado.

6

Las víctimas

Todas las víctimas tienen el vestido del dolor
hecho a la medida del que lo infiere
y todas ellas constituyen el espejo en el que se refleja
la vergüenza de los responsables oficiales.

Nada se podrá cerrar sin ellas

Numerosos expertos independientes de la ONU reiteran una y otra vez su preocupación y condena a España por hacer caso omiso de sus obligaciones internacionales. Frente a todos ellos, el gobierno del Partido Popular, inasequible al desaliento, redujo drásticamente la protección de derechos como el de reunión o manifestación, aumentó la desigualdad y las barreras a la inmigración, radicalizó la vida política en el Estado eliminando cualquier posibilidad de desarrollo de la Ley de Memoria Histórica y de justicia para las víctimas del franquismo, además de haber finiquitado, de hecho, el principio de Jurisdicción Universal.

Lo que a lo largo de la historia de los últimos cuarenta años estamos viendo en el mundo es que se ha producido una reacción —progresiva, pero una reacción, al fin y al cabo— frente a la represión sistemática desde el poder contra la sociedad. Y siempre ha habido una constante, la de las víctimas, la de los movimientos y organizaciones de víctimas. Nunca ha habido voluntad por parte del Estado de solucionar las cuentas, al tiempo de cometerse los hechos, con quienes ejercieron la represión. Ha existido siempre una fuerte oposición a responder institucionalmente frente a la impunidad y una aceptación sumisa de la misma.

Las víctimas han sido las que han conseguido que las instituciones, que los Estados no caigan en la trampa fácil o en la posición cómoda de olvidar o inducir a los ciudadanos para que acepten la oficialidad del olvido. Las iniciativas desde del Estado han sido prácticamente inexistentes, con excepciones muy concretas. Ha sido solo el impulso de la sociedad organizada el que ha llamado insistentemente a la puerta de las conciencias y las ha removido para resistir.

En estos casos, y cuando las crisis democráticas se producen por las eventuales regresiones en la protección de derechos por parte del gobierno de turno, la reacción de las víctimas y la sociedad civil ha evitado que esos ataques autoritarios se consumen. De alguna forma esta es una de las lecciones aprendidas con el dolor de la pérdida de los ausentes. Así, aquellas y los movimientos sociales exigen cambios, más democracia, más acciones directas.

Es esencial que este fortalecimiento se nos introduzca en las venas, para que definitivamente nos saque del nirvana de la indiferencia.

Porque nosotros ¿qué podemos hacer? Desde la sociedad civil, aquellos que tenemos sensibilidad con estos temas debemos continuar exactamente con lo que estamos haciendo, no nos queda otra, seguir reflexionando, seguir escribiendo, seguir denunciando, seguir planteando argumentos jurídicos, históricos, culturales, sociales y políticos, para consolidar y poner en práctica los derechos a la verdad, a la reparación, a la memoria, a las garantías de no repetición como elementos imprescindibles de nuestra convivencia.

Desde luego, y frente a quienes se oponen a ello, desde la óptica del falso patriotismo, la intolerancia, el fundamentalismo y la xenofobia o el racismo, hay que continuar reclamando aquellos derechos, como elementos integradores de un futuro en armonía y una paz sostenibles.

En España, las víctimas de los crímenes franquistas solo ocuparán el sitio que les corresponde, de forma equivalente a las víctimas del terrorismo, cuando finalmente cerremos la Transición mediante la reparación histórica a la memoria de las víctimas. Mientras el Valle de los Caídos exista como panteón de Franco y como símbolo u homenaje solo a los vencedores y no a los vencidos en la Guerra Civil, que además murieron por cientos en su construcción, la Transición no habrá cerrado sus puertas, abriendo un espacio diferente de encuentro y memoria compartida.

Es tiempo, pues, de reconocer y aceptar que, entre los grandes cambios que, a partir del momento de cierre oficial de la Transición, en 1982, se incorporaron en la España democrática, no estuvieron ni están los derechos de las víctimas del franquismo, o al menos no totalmente.

En esa conquista española de la galaxia del progreso material sigue faltando la conquista más importante de la justicia y de la ética, reconociendo el fracaso de una guerra y de la dictadura. Es el tiempo de que, sin enfrentamientos, recuperemos la mirada solidaria no solo hacia el futuro, sino también hacia el pasado. La recuperación de la memoria histórica es una forma de hacer justicia que no excluye otras, pero que exige su presencia. Si un pueblo no está maduro para soportar el peso de esa memoria, no puede estar preparado para soportar las adversidades que le puedan venir.

Fundamental es reconocer que solamente la solidaridad como parte de nuestro entramado moral más cercano, el mirar al otro, el aceptar al otro, nos garantiza que alguien nos mire y nos acepte y sobre todo nos respete. Con esta nueva visión solidaria y tolerante quizás superemos el estigma que siempre acompañó a España de ser un país violento, que nació de manera violenta, en un parto que hizo desaparecer al 66 por ciento de los españoles. Expulsándolos de sus tierras y mandándolos al exilio.

Aún nos falta mucha educación en valores democráticos. Y ello se debe a un déficit en el aprendizaje democrático frente a la autosuficiencia de saberlo todo y considerarnos por encima de todos, cuando, en realidad, no somos maestros de nada. Lo cierto es que, a la vista de cómo nos manejamos aún en la actualidad, no hemos sido capaces de dotarnos de una ciudadanía verdadera y de un sentimiento de corresponsabilidad hacia la ley y de un patriotismo profundo hacia la Constitución y las leyes que nos gobiernan, patriotismo al que llamaba el presidente de la Segunda República española, Manuel Azaña, el patriotismo «basado en las zonas templadas del espíritu», y no el patriotismo del banderazo ni el patriotismo de la sangre o la nacionalidad.

Que los muertos no tienen el mismo valor en las diferentes partes del mundo es cosa sabida; pero que en forma reiterada acontezcan hechos de este tipo y que no se produzca ninguna clase de reacción política, ni diplomática, ni judicial, ni social, resulta llamativo y triste, muy triste.

Si se hiciera un recuento de los muertos «colaterales» en los diferentes conflictos existentes en el mundo, resultarían unas estadísticas que asustarían incluso al más indiferente. ¡Ah! la indiferencia, esa compañera fiel de todos los dictadores, represores, autócratas, fundamentalistas, terroristas. De ella se aprovechan todos, incluso la generalidad de los ciudadanos. Los primeros para continuar su escalada bélica a favor de los «pueblos oprimidos», o para liberar a quienes no reclamaron ser liberados, o para masacrar a los discrepantes; los segundos, porque aquello que perjudica a los demás no va con ellos, no les afecta. ¿Cuántas veces acudimos a la modorra de la indiferencia para no hacer nada? A veces me pregunto qué tiene que suceder para que se muevan nuestras cómodas conciencias consumistas, qué tiene que acontecer para que pasemos de una actitud de simples espectadores a la de protagonistas de la historia, es decir, a implicarnos de lleno en los problemas de los demás, que en definitiva son los nuestros, porque nuestra es la responsabilidad como parte de una sociedad concreta en la que vivimos y de la comunidad internacional de la que extraemos beneficios y con la que tenemos obligaciones.

Todas las víctimas tienen el vestido del dolor hecho a la medida del que lo infiere y todas ellas constituyen el espejo en el que se refleja la vergüenza de los responsables oficiales. Y de hecho, muchas veces tengo presentes a tantos seres que en su desesperación todo lo perdieron, o a quienes todo se lo quitaron, desde su libertad hasta su vida, y a quienes en forma impenitente les fue negada, les sigue siendo negada toda forma de justicia. Solo el esfuerzo de miles de gargantas secas de gritar ha hecho que a veces el milagro se produzca. Que la Justicia entreabra sus puertas.

En España quizás ahora, porque hemos decidido desenmascarar a los autores y a sus cómplices y porque somos conscientes de que nuestro compromiso debe llegar hasta el final, hemos redescubierto las viejas verdades: que la violencia engendra violencia, que el terrorismo niega la esencia del ser humano, que el fanatismo es enemigo de la razón, que la guerra jamás es gloriosa excepto para los vencedores, que todas las vidas humanas son sagradas, que el Estado se degrada cuando mata, tortura o secuestra a sus ciudadanos.

La lucha contra la impunidad es la lucha por la libertad y debe desarrollarse en forma coordinada, firme y sin fisuras, como una especie de manos unidas que transmitan sinergia y fuerza en todos y cada uno de los ámbitos a los que dicho cáncer extiende sus macabros efectos. Es preciso sumar y no restar. Es tiempo ya de que los reproches dejen paso a los debates y de que los silencios cedan su puesto a la palabra, y el olvido interesado a la memoria con el fin de poner en común historia, comprensión y soluciones.

Durante mucho tiempo las víctimas apenas contaron en la balanza de la justicia. Esto es un hecho constatado. Apenas pasaron de ser un número al que se le asignaba una cantidad, una sombra cuya presencia perturbaba, un grupo de personas a las que se les pedía que no molestaran demasiado; sin embargo, el papel de las víctimas en los últimos años se ha convertido en algo esencial, tanto por su nivel de compromiso, equivalente al del sufrimiento padecido, como por su solidaridad y entrega, así como por su participación en los movimientos humanitarios y asociaciones impulsoras de acciones transcendentes para la humanidad, como la creación de la Corte Penal Internacional, y por la vertebración de un movimiento ciudadano comprometido, que repudia la violencia y la combate con manos unidas de paz.

Pero el título de víctima, cuando se trata de delitos de terrorismo y de crímenes contra la humanidad, corresponde a toda la sociedad y es a esta a la que las propias instituciones deben representar y defender y no utilizar para fines partidistas. Entre esas instituciones, la Justicia, que a veces guarda un silencio difícilmente justificable.

Es tiempo de sensibilidad, pero de una sensibilidad de fondo, no epidérmica, que esté acorde con la gravedad del momento y la complejidad de la meta que nos proponemos: erradicar la corrupción, la impunidad y las zonas libres de Derechos Humanos.

El nacimiento de la víctima universal

Para la formación de esta nueva e incipiente conciencia universal han tenido que producirse genocidios: el judío, el tibetano, el camboyano, el somalí, el ruandés, el bosnio, el timorense, el chileno, argentino, kosovar, checheno, y tantos otros. Solo después de cincuenta años de inactividad internacional, nos hemos dado cuenta de que ha surgido un nuevo concepto, una nueva realidad, la de la universalización de las víctimas, surgida de la aplicación de los medios de destrucción masiva, de la guerra inteligente y sus tecnologías ultramodernas, de la actuación de la televisión transmitiendo al segundo las imágenes en vivo de la internacionalización de los conflictos.

Todo ello ha determinado que no se hable ya de víctimas somalíes, tutsis, hutus, albanokosovares, bosnias o chechenas, sino de víctimas en sentido global o universal, marcado por una nueva visión del genocidio como crimen internacional por antonomasia, que debe ir acompañado de una remodelación de su concepto tradicional.

Los crímenes contra la humanidad, la guerra y el genocidio

han derribado las fronteras morales de la nacionalidad, la raza y la clase que existían como argumentos de inactividad, y han hecho nacer un nuevo universalismo moral basado en aquel concepto de víctima universal, que pierde toda relación tribal étnica o familiar y se apoya exclusivamente en esa nueva ética de obligación moral universal hacia los desconocidos, necesaria para el porvenir de la humanidad.

Se apunta una nueva conciencia universal, una nueva moral internacional propiciada por los desastres del siglo XX y vehiculizada por la televisión. Para que triunfe este nuevo planteamiento y para la consolidación del concepto de víctima universal, es preciso solucionar y curar adecuadamente las heridas del pasado mediante la aplicación de la ley, sin acudir a soluciones políticas que olviden precisamente a las víctimas.

Transición no es sinónimo de *justicia*

En este punto, es precisa una aclaración: la diferencia entre procesos de transición y justicia transicional. Y esto para afirmar que no toda transición de una sociedad desde una dictadura hacia la democracia puede catalogarse como de justicia transicional. Un ejemplo claro lo tenemos en el caso español. Hubo transición (1975-1978), pero no hubo justicia para los crímenes de la dictadura, ni ordinaria ni transicional. Este último concepto que incluso comenzó a utilizarse después, en los años ochenta, no puede concebirse para representar procesos previos a la existencia misma del Estado ni a la existencia de la Declaración Universal de los Derechos Humanos, como lo hacen algunos autores que remontan sus orígenes hasta la antigua Grecia (Cortés Rodas). El elemento justicia en su definición hace la gran diferencia. Este término representa ese ideal de lo justo como un valor necesario que acompañe la transición a la justicia retributiva o a una forma alternativa o complementaria.

Tampoco todos los procesos de justicia transicional obedecen a unas mismas características que se desarrollaron en la conclusión de las dictaduras o períodos represivos, principalmente en Latinoamérica, en los que se fue desde la acción de la justicia selectiva y transicional, con mezcla de retribución y restauración, a la impunidad más rampante. El concepto mismo de justicia transicional ha evolucionado para adaptarse a las transiciones de Europa del Este y en la actualidad para identificar un sinnúmero de procesos nacionales e intentar con ese mecanismo la superación de masivas violaciones a los Derechos Humanos (Sudáfrica, Colombia, Timor Oriental y Ruanda).

Un sistema de justicia transicional solo puede quedar definitivamente legitimado por su aceptación por las víctimas. Esto tiene sentido porque el mismo proceso en sí debe ser instrumento de la reparación, además de las medidas de reparación personales y colectivas que se diseñen. Con ello no se rompe el principio de igualdad entre partes que rige el proceso penal ordinario, sino que se expande en tanto en cuanto, con el establecimiento de la verdad, en una situación en la que la justicia retributiva es pactada, la víctima pasa a ser parte del órgano jurisdiccional, e incluso el victimario, si participa abiertamente en el mecanismo, perdiendo este esa condición si no respeta las reglas del juego establecidas.

Estoy convencido de que la impunidad es la herencia negativa de la sociedad, que deja una marca en la conciencia individual y colectiva de un pueblo o de una sociedad determinada que le impide dar respuesta adecuada a los problemas presentes y futuros que le afectan. En definitiva, la impunidad, sea cual fuere su origen, altera la historia y produce consecuencias sobre la familia y el propio entorno social en el que se desarrolla, aparte de deformar el conocimiento crítico de lo cotidiano, de la información, o de la participación política.

Allá donde reina o ha reinado la impunidad, se produce una especie de vacío que no se llena con meras reflexiones teóricas, sino con una actitud crítica y una acción beligerante frente a ella. La inactividad en este campo es tanto como una especie de culpabilidad consciente, y además constituye la base para que la impunidad se extienda a otros campos y finalmente contribuya en forma decisiva a que el fenómeno criminal vuelva a producirse.

El bacilo de la peste, decía el doctor Rieux en *La peste* de Camus, no muere ni desaparece jamás, puesto que puede permanecer durante decenios dormido en los muebles, en la ropa, y esperar pacientemente en las alcobas, en las maletas, los pañuelos y los papeles, y puede llegar un día en que la peste (el fascismo, la represión), para desgracia y enseñanza de los hombres, despierte a sus ratas y las mande a morir en una ciudad dichosa.

Yo sí exijo respeto. Respeto para las víctimas que no necesitan leer onomatopeyas de cuchillazos, recrear las manchas de sangre de sus perpetradores, ni banalizar con los esfuerzos de unos pocos para proteger a muchos. La mañana en que los criminales contra la humanidad sepan que ni un solo juzgado investigará sus fechorías, y desafortunadamente así acontecerá ahora con las torturas en la prisión de Guantánamo, tras el cierre definitivo de las causas que se tramitaban en España por estos hechos; la tarde en que estén verdaderamente tranquilos, inmersos en la barbarie que ellos mismos crearon; la noche en que fantaseen con veranear en las playas de Levante y volver después a torturar, exterminar, violar y hacer desaparecer a civiles…, entonces será cuando muchos temblaremos. Mientras tanto, por favor, respeto y decisión en la defensa de las víctimas.

El ejemplo de Colombia

El ser humano es el elemento común en la relación intrínseca entre los Derechos Humanos y la paz. En un mundo actual, complejo y convulsionado, la paz y los Derechos Humanos emergen como un todo, único e indivisible, cuyo destinatario es el individuo, individual y colectivamente reconocido.

Así, la paz solo puede existir en circunstancias de respeto por el bienestar y la realización del ser humano, el cual solo puede ser el fruto de un esfuerzo amplio por garantizar los Derechos Humanos, que pueden ser la causa de la paz o la ausencia de ella, al igual que el resultado de su cumplimiento.

Distintos instrumentos de Derechos Humanos han mostrado esa interdependencia con la paz. El preámbulo de la Declaración Universal de los Derechos Humanos del 10 de diciembre de 1948 proclama que la libertad, la justicia y la paz en el mundo tienen por base el reconocimiento de la dignidad intrínseca y de los derechos iguales e inalienables de todos los miembros de la familia humana.

La comprensión de la dignidad humana está, a fin de cuentas, enraizada en la idea de que somos capaces de escoger el camino de la verdad. Es decir, la dignidad aparenta ser la iluminación y es un estado de justicia descrito como una condición en la que la sabiduría, el valor y la compasión están plenamente desarrollados.

Ahora bien, así como los conceptos de paz y Derechos Humanos evolucionan, lo hacen también los vasos comunicantes entre ambos. Siempre pueden surgir nuevas formas de relacionarlos, de interpretarlos, y aparecer nuevas tensiones y necesidades que requieran la protección reforzada en nombre de la humanidad. El presente de los Derechos Humanos nos lleva hacia nuevos planteamientos y visiones, como la realizada por el sociólogo João Boaventura de Sousa Santos, con aportes valiosos frente a la necesidad de que existan nuevos lenguajes y perspectivas de construir y evaluar los Derechos Humanos desde otras latitudes y realidades diferentes de aquellas que les dieron origen inicialmente.

Así, en el plano latinoamericano, lejos de garantizar un goce efectivo de los Derechos Humanos en su integridad, se constata la creciente necesidad de avanzar en la aprehensión de esos derechos, más allá de su incorporación formal en los sistemas jurídicos nacionales, que también está siendo demandada desde la exigencia constitucional.

Los retos, a nivel internacional, son aún mayores si nos referimos a los derechos económicos, sociales, culturales. De un lado, los mecanismos para su protección y garantía siguen siendo supeditados a la progresividad, capacidad y voluntad de los Estados. De otra parte, hemos de hacer frente a las tensiones que se generan entre estos derechos y los aspectos relacionados con la libre determinación, los derechos colectivos ancestrales frente a otros relacionados con el desarrollo y la sostenibilidad y los derechos de la Naturaleza o la Madre Tierra.

En este contexto, puede afirmarse que, si bien la guerra llega a ser la negación de los Derechos Humanos, también lo son el subdesarrollo, la represión, la pobreza, la contaminación, las privaciones socioeconómicas de todo tipo. Según el informe de desarrollo humano 2013-2014 del PNUD, «en su conjunto, la región latinoamericana sufre la pesada carga de la violencia, con más de 100.000 homicidios registrados por año. La mayoría de los países de la región tienen tasas de homicidio con niveles de epidemia, según la clasificación de la Organización Mundial de la Salud, tasas mucho más altas que en otras regiones. Los costos humanos y sociales de esta violencia son demasiado altos».

Pese a que algunos estudiosos del tema consideran que este nivel de violencia obedece al legado que dejan los conflictos armados internos que caracterizaron el pasado en la región, como una cualidad del posconflicto (caso de Centroamérica), el motivo de esta ausencia de paz «apolítica o criminal» puede encontrar respuesta en la ausencia misma de garantías en el goce de los Derechos Humanos, y en las políticas públicas carentes de una perspectiva integral en la defensa y promoción de esos derechos.

Y es precisamente este el panorama que caracteriza a toda América Latina: una demanda cada vez más creciente de lucha contra la desigualdad, la exclusión, la falta de oportunidades, la pobreza, la concentración de tierras, de servicios y de oportunidades. Este panorama es el principal generador de violencias, que, al no ser contrastado con mecanismos idóneos de solución de controversias y acceso efectivo a la justicia, impide la construcción, mantenimiento y proyección de la paz en estas sociedades.

Las relaciones humanas son siempre conflictivas y la superación pacífica y positiva de estas situaciones es precisamente la forma de convivencia armónica de las distintas culturas, pueblos, religiones, sexos, razas y demás diferencias que puedan servir de excusa para la división, el antagonismo, el odio o la incomprensión.

Al remitirnos a la realidad colombiana, último conflicto armado vigente en la región, el país enfrenta un doble reto. El primero de ellos es dar fin al conflicto con las FARC, lo que implica, de una parte, llevar a buen término los resultados del acuerdo de paz de La Habana y de las normas establecidas para su implementación y para garantizar la verdad, justicia especial para la paz, la reparación, y garantías de no repetición; gestionar nuevos acuerdos con otros grupos armados como el ELN, ya en marcha en Ecuador; lograr un justo equilibrio entre los derechos de las víctimas y la igualdad de actuación frente a los distintos actores armados involucrados; obtener la legitimidad que requiere el proceso a través de lo justos que sean considerados los acuerdos; y la veracidad de su cumplimiento ante la sociedad civil, desconfiada y confundida por una cada vez mayor polarización política, que contribuye negativamente al desenvolvimiento del proceso.

Y, por otra parte, el gran reto de saber aprovechar la oportunidad que ofrece el proceso de paz y la justicia transicional, para transformar las realidades que han determinado la formación de problemáticas estructurales que han generado o prolongado el conflicto armado en Colombia durante más de cincuenta años.

En este contexto y, a diferencia de otras transiciones y procesos internacionales, más allá de la transformación política a través de un acuerdo de paz, Colombia se enfrenta a la necesidad de garantizar la no repetición de los hechos violentos del pasado, para lo cual deberá intervenir y adoptar medidas que van más allá de la ausencia de conflicto armado o del fin de las hostilidades: educar para la paz.

Así, las bases de esta política deben contemplar no solo el fenómeno de la violencia política, sino también de la violencia social y económica y las causas profundas de la misma, así como la influencia del conflicto armado en su generación y persistencia. Solo si somos capaces de profundizar en este fenómeno, sin apriorismos ni prejuicios, podrá definirse un panorama verdaderamente real, y en ese escenario, resolver los variados problemas que acompañan la violencia o surgen de ella en la experiencia democrática de Colombia desde hace tiempo, y cuyo estudio y resolución se soslayan a causa de aquella hasta un momento posterior que nunca llega. Todo parece que es absolutamente importante, pero nada es trascendente y su irresolución es fruto del olvido, la indiferencia y el desconocimiento de los verdaderos intereses de los ciudadanos como primeras víctimas del conflicto.

La paz solo será posible si es el fruto de medidas diferenciadas, que cuenten en su formulación con la participación ciudadana, que acerquen más al individuo al Estado y que le ofrezcan la confianza de sentirse sujeto de derecho con respuestas claras y precisas, en el marco de una política integral y respetuosa con los Derechos Humanos que cuente con los recursos económicos, técnicos y humanos, tanto a nivel internacional como nacional, regional y local.

El valor de los que sufren

Cuando hablo de paz en Colombia, no puedo dejar al margen, como algunos pretendieron, a las víctimas y a la cantidad de justicia a que han tenido que renunciar en favor de la consolidación de aquella.

La verdad, la justicia, la reparación y las garantías de no repetición no se conseguirán en su plenitud, ni siquiera en una parte suficientemente satisfactoria. Es decir, se ha llegado precisamente hasta donde ha sido posible, y este mínimo es intocable; se ha obtenido el punto de equilibrio necesario presente en todo proceso de justicia transicional. Pero la justicia no debe ser simulada, sino real.

El acuerdo de paz alcanzado entre el Gobierno colombiano y las FARC, su firma el 26 de septiembre de 2016, su no aprobación en el plebiscito y la aprobación por el Congreso y su validación por la Corte Constitucional, demuestran que la paz es muy costosa; como también es muy duro ver la tristeza y el dolor y simultáneamente la alegría contenida de las víctimas. Después de décadas de intentos frustrados, de agonía y sufrimiento de las víctimas, quienes han firmado la paz con seguridad deben tener en cuenta dicha renuncia, y por ello no puede permitirse el incumplimiento de una sola línea de ese acuerdo que ayuda a avizorar un final de paz sostenible y justa.

Si algo me ha quedado claro en toda la sucesión de hechos que han conformado la realidad colombiana en estos últimos seis años es que nadie como las víctimas ha tenido tanta capacidad de renuncia a derechos que legítimamente les pertenecen. Solo han demandado, de forma insistente, como en el caso de los paramilitares, en el marco de la Ley de Justicia y Paz, verdad y justicia.

Discrepo de quienes afirman que el Acuerdo de paz en Colombia entre el Gobierno y las FARC sacrifica totalmente a la justicia en favor de la paz, como también discrepo de los que sostienen que la justicia tradicional retributiva (una determinada cantidad de años de cárcel) sea la única alternativa posible. Si fuera así, jamás acabaría el conflicto, y eso se debe decir alto y claro por quienes defendieron el no en el plebiscito de octubre de 2016. Por el contrario, la justicia restaurativa, en la que tampoco está ausente la retribución a las víctimas a través de la verdad y las garantías de no repetición, puede y debe garantizar la responsabilidad de los perpetradores y su sanción. Por ello la verdad es imprescindible, y la condena a quienes no contribuyan a la misma, cierta y definitiva. La justicia, desde la perspectiva de las víctimas, no solo se define por el número de años a imponer a los perpetradores, sino por la certeza de que estos reconozcan sus crímenes sufran una sanción que, al ser proactiva, será más gravosa para quien la sufra que mantenerse simplemente en una celda a la espera de que se cumplan los años de reclusión. Tendrán que reconocer sus acciones delictivas, mirar a las víctimas y aceptar el reproche de los inocentes, deberán contribuir a construir la paz, trabajarán en favor de la comunidad…, y si no lo hacen, que cumplan pena en una cárcel ordinaria.

Las élites no deben decidir por la ciudadanía. Es decir, la paz no puede ser para el pueblo, pero sin el pueblo, a modo de paz ilustrada. A la gente se nos llena la boca de buenas palabras, pero quienes han sufrido tanto y tienen la generosidad del perdón deberían ver el resultado de la paz en la igualdad, en una modalidad de impuestos redistribuidos, en las mismas oportunidades para los sectores del campo que para los industriales, para los ricos de la City y los pobres y abandonados campesinos e indígenas, con un sistema de salud universal, una educación asegurada, una renta mejorada, con inversiones que repercutan en el bienestar general…, y que esa paz no quede reducida a un reparto de posiciones políticas y económicas que traicionarían la fe de un pueblo que lucha por esa felicidad que nace de las entrañas de cada uno de nosotros.

Pero, además, este acuerdo debe servir para lograr conquistas sociales en Colombia. Tanta desigualdad en esta sociedad no puede soportarse por más tiempo.

El país debe avanzar en la despolitización de las víctimas, y otorgarle un mismo tratamiento o estándar a los derechos de las víctimas sin perjuicio o distinción de quien sea el que los reclame. Para poner un ejemplo, aquellos que exigían mayores condenas para los grupos paramilitares, en el marco del proceso de paz que devino en la Ley de Justicia y Paz, son quienes hoy proclaman la necesidad de sacrificar la justicia, inclusive frente a graves violaciones, en aras de la paz y la reconciliación.

Para evitar la revictimización se necesitan medidas claras de dignificación de las víctimas. Requieren satisfacción y garantías de no repetición, tales como los perdones públicos, los reconocimientos de responsabilidad, la entrega de bienes... Hechos que supongan reparación, de forma clara y palmaria, para las víctimas y la sociedad, a cambio del sacrificio parcial de máximas como la justicia o la reparación integral. En el marco de los acuerdos definitivos, las víctimas de las FARC deben asumir la presencia pública y el desempeño de cargos de elección popular por parte de quienes estaban fuera de la legalidad. Tal esfuerzo deberá ir acompañado de un reconocimiento, dignificación y restitución de derechos, en el más amplio sentido. Si esto no se llevara a cabo, Colombia perdería la oportunidad de superar las condiciones de exclusión, desigualdad, impunidad e injusticia que han caracterizado al país en los últimos sesenta años.

Por último, un legítimo proceso de justicia transicional requiere de la participación de las víctimas en la formulación, implementación y seguimiento de las políticas públicas que los involucran o afectan. En ningún caso se puede prescindir del principal elemento legitimador del proceso.

Durante todo este tiempo, las mujeres han sido las más cruelmente tratadas, porque no solo han sufrido los efectos del conflicto, sino que también han tenido que enarbolar frente al gobierno, los militares, los paramilitares y a veces frente a toda la sociedad, la bandera de la confrontación con los violentos, la exigencia de justicia, la dirección de la unidad familiar, en un país en el que la violencia contra las mujeres es notable y en el que el machismo está sumamente arraigado.

Han resistido y se han convertido en gestoras de paz y de reconciliación. Han vivido en carne propia todos los horrores de la guerra y sin embargo han decidido tomar el camino de esperanza hacia una nueva vida, sin olvidar el pasado, pero caminando hacia delante y ayudando a otros a avanzar con ellas.

Abrir este camino hacia la reconciliación en el sentido más profundo será tarea de todos, pero sobre todo de las fuertes, poderosas y magníficas mujeres colombianas, las que trabajan para un presente y un futuro de paz para sus hijos y nietos, las que luchan con uñas y dientes para recuperar sus vidas destrozadas por la cruenta guerra que ha asolado Colombia durante tanto tiempo. Porque hay un rayo de esperanza, y es a ellas a las que ilumina.

Los héroes de Guatemala

De nuevo, y a pesar de esta contundencia y de la jurisprudencia establecida por tribunales internacionales, en forma constante y reiterada, la sombra de la duda y la amenaza de la impunidad se ciernen sobre las víctimas del genocidio en Guatemala, pretendiendo proteger a uno de sus máximos exponentes, el exgeneral y dictador Efraín Ríos Montt. La valentía de un pueblo y de sus instituciones se demuestran por la contundencia en la protección de los derechos de sus ciudadanos y por la entereza de los tribunales frente a quienes los desconocen y generan espacios antidemocráticos de vergüenza, corrupción y olvido de la primera y fundamental regla de una democracia, cual es que el poder reside en aquel y que todo abuso debe ser sancionado, antes o después, para garantizar la propia supervivencia del Estado de Derecho.

Tengo la convicción de que la Justicia es una necesidad mucho mayor para las víctimas y para la sociedad en general que para las instituciones. Los representantes de estas, en muchas ocasiones y por intereses espurios e inconfesables, buscan el ocultamiento, el silencio, el olvido, la trampa, el delito y la protección de los perpetradores. Las víctimas están al borde de agotar su paciencia. Demasiadas veces han sido engañadas, utilizadas, y pocas veces defendidas. Cuando se trata de delitos internacionales y que afectan a la esencia del ser humano que resulta humillado y masacrado, son inaceptables las trampas que los Estados hacen para «pasar página» y las justificaciones, a veces vacías de contenido, para no actuar.

Nunca entenderé cómo es posible que los jueces y fiscales alberguen la más mínima duda a la hora de defender a las víctimas. No es que se trate de una interpretación más o menos formalista o restrictiva, sino de la esencia del concepto de la justicia que carece de sentido si no se desempeña para proteger a quien lo precisa. Las trampas, los artificios de la ciencia procesal jurídica nunca pueden ser utilizados para dificultar la entrada en el núcleo del asunto. Siempre he dudado de quienes se proclaman expertos procesalistas y después demuestran que son expertos en rehuir la confrontación con las consecuencias de sus decisiones.

Por el contrario, he sentido el dolor de jueces y juezas y miembros del Ministerio Público que se han jugado la vida por la defensa de los derechos de los demás; han hecho frente a todo un sistema dictatorial hasta vencerlo o perderlo todo; he visto cómo abogados y defensores de Derechos Humanos han dado sentido y valor a sus actuaciones para que otros vivan mejor. He visto cómo en Guatemala, en donde tanto tiempo reinó la dictadura y la represión más atroz de mano de represores como Ríos Montt, un puñado de juezas y jueces y abogados y fiscales, y de víctimas, como la premio Nobel de la Paz Rigoberta Menchú, haciendo frente a todo un aparato de impunidad procedente de las épocas represivas que habían corrompido ciertas estructuras del Estado, plantaron cara y oposición valerosas a ese lado oscuro del poder para imponerse sobre el mismo y triunfar. Es cierto que son pocas las veces que el débil triunfa sobre el fuerte, pero ocurre, y la única forma de lograrlo es actuar, y hacerlo con rabia, con indignación, con energía. Solo con que triunfemos una vez, seremos capaces de conseguir justicia para todas las que le sigan. La fuerza de uno tiene que ser seguida por la fuerza de todos y, con ellos, gritar y dar forma al «Nunca más» que nos han mostrado los más humildes y vulnerables en múltiples países.

El digno país de monseñor Romero

Un ejemplo de perseverancia ha sido la actuación en El Salvador a través de largos años de impunidad y mentiras oficiales, de engaños e incumplimientos de los acuerdos de la Comisión de la Verdad; de imposiciones de leyes de amnistía que se representan como el sistema más fácil para enterrar a los desaparecidos, a los masacrados, a los torturados.

Durante el conflicto armado en El Salvador (1980-1992), mujeres, niños y personas ancianas fueron eliminados de manera sistemática y sin testigos, en despliegues operativos cuyo único objetivo era exterminar masivamente a la población civil. Para el Ejército salvadoreño y sus bandas afines, «limpiar» las zonas rurales implicaba eliminar a aquellas personas que pudieran brindar suministros, escondites o información a las fuerzas insurgentes.

Durante años de impunidad han triunfado los perpetradores, con la protección de las autoridades y con la omisión de quienes, habiendo sido parte de la insurgencia, cuando llegaron al poder no hicieron sino poner dificultades para dar respuesta a las decenas de miles de víctimas. Pero estas nunca se rindieron, nunca dejaron de exigir justicia en forma incansable. La Iglesia católica tuvo una relevancia particular por la posición de monseñor Romero, del jesuita español Ignacio Ellacuría y de otros compatriotas que lo pagaron con su vida. Pero la lucha continuó hasta conseguir que, por esta vez, la justicia triunfara de la mano de la decisión de la Corte Interamericana de Derechos Humanos, al resolver el caso de las masacres del Mozote.

En 2013 tuve ocasión de acompañar a centenares de víctimas y presentar denuncias en la Fiscalía, y de apoyar asimismo la presentación de una demanda de inconstitucionalidad de la Ley de Amnistía de 1993. Finalmente, conseguimos que la Corte Constitucional declarara esa nulidad constitucional, y como ocurriera en otros países como Perú, Chile, Argentina y Guatemala, los victimarios estén siendo investigados y sometidos a proceso. Y como el ejemplo se demuestra andando, apoyar otras iniciativas desde la Universidad de Seattle, presentando demanda en Estados Unidos, solicitando la desclasificación de documentos de la CIA en lo relativo a la matanza de Santa Marta y de las responsabilidades del general salvadoreño Ochoa, presunto responsable de los operativos de represión en los años ochenta, que causaron centenares de víctimas. La mención la traigo a colación para afirmar que no son las instituciones de los Estados las que toman la iniciativa, sino las víctimas, la sociedad y todos aquellos que sienten la necesidad de que las palabras *Estado de Derecho* tengan un sentido integral, que propicie la protección que se le presume y que no sea simplemente la excusa para justificar las conciencias de quienes piensan que con la aprobación de las normas y con colocarlas en las estanterías de la biblioteca oficial ya han cumplido, cuando en realidad con estas actitudes se hacen más responsables aún.

El interminable calvario indígena

La población indígena en América Latina se calcula en unos 40 millones de personas pertenecientes a 400 grupos étnicos, de los cuales el 80 por ciento vive en extrema pobreza motivada en gran medida por cuestiones de raza. Es un hecho constatado que los pueblos indígenas de todo el mundo, y en especial los de América Latina, han sufrido constantes agresiones *a gran escala* y una privación reiterada y constante de sus derechos más elementales: la vida, la libertad, la dignidad..., que se ha encubierto con normas aparentes de protección, pero que en realidad no se aplican.

Ocurre desde la conquista de sus territorios por los europeos, pasando por los sucesivos gobiernos militares, gobiernos corruptos, depredadores, alianzas con el crimen organizado, favorecimiento a grandes corporaciones para la explotación de recursos naturales, hasta las actuales prácticas abusivas de esas mismas empresas multinacionales. En todos estos casos los pueblos indígenas se han convertido en víctimas de vulneraciones de los Derechos Humanos más elementales y en víctimas de crímenes internacionales (genocidio, lesa humanidad, de guerra). Por supuesto que a los indígenas no se les ha tenido en cuenta en los planes de desarrollo de los Estados. Más bien se les ha considerado un obstáculo que casi siempre les ha supuesto la sustracción de sus tierras y represiones masivas.

El hecho de que esta situación se haya prolongado durante siglos y continúe siendo un asunto de actualidad podría llevarnos a caer en la desesperanza. Sin embargo, ha existido de manera paralela todo un movimiento de reconocimiento, reclamación y exigencia de respeto a sus derechos. Esas iniciativas han sido esencialmente impulsadas por las víctimas y por los miembros de aquellas comunidades damnificadas. Pero también ha despertado la sensibilidad de otros muchos colectivos y operadores jurídicos que consideran esencial para la dignidad de cada Estado y de cada nación cumplir y hacer cumplir los estándares que materializan el respeto que merecen estas poblaciones.

Los mecanismos han proliferado según el país y la región, apareciendo una pluralidad de instancias con múltiples herramientas a las que las víctimas pueden acudir para reclamar la aplicación del derecho que tanto tiempo y esfuerzo ha costado desarrollar. Así, podemos encontrar en ese catálogo mecanismos jurisdiccionales y no jurisdiccionales, herramientas convencionales y extraconvencionales, algunas universales en el marco de las Naciones Unidas y otras regionales, como el Sistema Interamericano. Pero, además, se han desarrollado incluso herramientas específicas de protección y tutela de los derechos de las comunidades indígenas, consiguiendo a nivel internacional y regional establecer un conjunto de instrumentos que los protegen de las graves violaciones de Derechos Humanos cuando no sean tuteladas por el Estado. De entre todas estas herramientas, el operador jurídico no debe olvidar otro instrumento que también está a su alcance: la Jurisdicción Universal.

En el espectro de esos crímenes, los pueblos indígenas, por su naturaleza y sus singularidades, se presentan como víctimas potenciales de crímenes internacionales y, como tales, son actores legitimados para solicitar la protección de otros Estados en virtud de la Jurisdicción Universal.

No es retórico reiterar aquí que las injusticias contra los pueblos originarios y los abusos contra los miembros de las comunidades indígenas derivan del mismo sistema colonial que casi sin excepción fue asumido por los nuevos Estados que se conformaron tras su independencia de las respectivas metrópolis, pero que continuaron con los mismos sistemas represivos contra los indígenas. En torno al discurso de la construcción nacional, o de la cultura nacional, o de la identidad como nación, todos aquellos que tenían una identidad propia y milenaria pasaron a ser víctimas de la «integración nacional», constituyendo en realidad una mera agregación o una absorción que, por lo general, no han respetado ni la diferencia ni la diversidad. Solo la presión, incluso la sublevación de las comunidades y de los movimientos indígenas, ha hecho que ese planteamiento cambie y se dulcifique.

Por otra parte, algunas de estas políticas pseudoindigenistas han estado guiadas por oscuros intereses económicos multinacionales que tienen por objeto la explotación de los recursos naturales.

Probablemente, la única posibilidad de subsistencia de los pueblos indígenas vaya de la mano del reconocimiento y protección internacionales. Es decir, cada país tiene obligaciones respecto a las etnias o grupos con identidad cultural, lingüística, política y económica propias. Esta postura cobra especial relevancia si se tiene en cuenta que las comunidades o nacionalidades indígenas no coinciden necesariamente con los países que se aceptan como tales en el marco de las Naciones Unidas. En muchos casos, los territorios ancestrales de los pueblos o nacionalidades originarias respectivas son más amplios que los marcados por una distribución política que no tuvo en cuenta para nada esos territorios, ni las particularidades culturales y de identidad en los que políticamente se ubican, y ello plantea graves problemas.

La creación de la Comunidad Internacional de los Pueblos

constituye un gran reto para la humanidad si queremos mantener y proteger la identidad y los derechos de unas nacionalidades que no tienen posibilidad de subsistir sin un adecuado sistema de protección individual y colectiva. De aquí que resulte esencial la aprobación, ratificación y cumplimiento de una auténtica convención de las comunidades indígenas del planeta, en la que, a modo de carta fundamental de derechos, se incluyan todos aquellos que los amparen y todas aquellas obligaciones que exijan de la comunidad internacional y de cada país, e incluso el desarrollo de un sistema de justicia indígena autónomo.

Actualmente existen países que no han integrado el reconocimiento a los pueblos originarios en sus constituciones nacionales, socavando los derechos ancestrales de aquellos y no respetando sus modos tradicionales de vida.

Una primera obligación para los Estados respecto de los pueblos originarios es la de cumplir sus compromisos derivados de la normativa constitucional y de la internacional fijada en los tratados y convenios, y la de otorgar participación política a las organizaciones ancestrales como factor de equilibrio y reconocimiento de su derecho propio.

Sin embargo, lo que se aprecia dentro de las sociedades respectivas es una clara discriminación por razones étnicas de parte de quienes consideran a los pueblos indígenas ciudadanos de segunda categoría y responsables de cualquier incidencia negativa por su falta de integración al sistema ordinario. Ante esta realidad prefabricada, se justifican cualesquiera agresiones o persecuciones, normalmente aliadas con la explotación de recursos naturales y políticas extractivas que, antes o después, degeneran en represiones, ataques violentos y crímenes contra la humanidad de los que son víctimas los componentes de las comunidades respectivas. Es decir, se trata de intereses muy potentes de parte de grandes corporaciones que ven mermado su poder económico por la presencia y acción comunal de los pueblos originarios y sus acciones reivindicativas pacíficas, que «alteran» la cuenta de resultados de aquellas corporaciones.

Por tanto, para contrarrestarlos, o se utiliza la violencia, como ha ocurrido en Colombia cuando las comunidades se han opuesto a los cultivos ilícitos, o se inician campañas para erradicar los laboratorios clandestinos dedicados a la elaboración de drogas tóxicas como la cocaína, para financiar a la guerrilla, a los paramilitares o a las bandas criminales. O se les persigue para que abandonen las tierras adquiridas, normalmente con infracción de las normas que reconocen los derechos indígenas y los resguardos donde habitan, en favor de terratenientes con conexiones económicas o intereses financieros con determinadas instancias oficiales y para viabilizar grandes inversiones con gran impacto medioambiental, sin renunciar en estos caso a la amenaza, la violencia u otros métodos de presión contra los miembros de los territorios o defensores de Derechos Humanos que acudan en su defensa o para reivindicar la defensa de la naturaleza.

Los pueblos indígenas se ven obstaculizados en la reclamación de sus derechos sobre los territorios ancestrales. Tanto en África como en América, la privación de la tierra y de los recursos naturales lleva a las poblaciones indígenas a caer en la pobreza y la dependencia de los recursos externos a la comunidad. Por ello es necesaria la implementación de mecanismos ágiles y adecuados para inmatricular las tierras a nombre de las respectivas comunidades.

Las actividades extractivas de grandes empresas transnacionales en territorios indígenas han contribuido y contribuyen a la contaminación ambiental con los residuos derivados de la explotación de combustibles fósiles, explotaciones agropecuarias, minas a cielo abierto de metales preciosos, tala indiscriminada de árboles y selvas. Todos estos procesos de producción son altamente contaminantes e incluso provocan pérdida de vidas humanas por la utilización de productos químicos como los glifosatos para la erradicación de cultivos ilícitos, ocultándose esta realidad en aras de presentar resultados para que el índice exigido se cumpla y de ese modo las ayudas económicas no se pierdan. Es decir, se prioriza lo económico sobre la vida humana y la protección de indígenas y campesinos de los territorios afectados. Debido a la contaminación que genera la disminución de los recursos agrícolas, forestales y acuíferos, se produce una migración de indígenas hacia las ciudades. La problemática de las migraciones es una de las duras realidades que deben enfrentar las comunidades. Especialmente las mujeres indígenas se encuentran en una mayor vulnerabilidad en el circuito migratorio, siendo víctimas en muchos casos de redes de trata y tráfico de personas.

A su vez, se observa con preocupación la continuidad de prácticas y expresiones racistas sobre las comunidades indígenas. Las históricas expresiones racistas resultan preocupantes, y es responsabilidad de los organismos estatales el velar por su integridad y en parte por los medios de comunicación social.

El Comité para la Eliminación de la Discriminación Racial de las Naciones Unidas ha puesto de manifiesto, por ejemplo, que esta dominación y explotación en África se materializa a su vez en las relaciones laborales que mantienen los indígenas con quienes detentan el poder económico y político, o en el constreñimiento por la expansión turística, achicando su territorio, llevando, incluso, a un riesgo extremo de desaparición de la propia comunidad, como es el caso de los habzabe en Tanzania. La Relatoría Especial manifestó que la discriminación racial contribuye fuertemente a limitar las oportunidades laborales de los indígenas.

Otro de los ámbitos afectados es el de la educación, con nivel de escolarización mínimo. La exclusión y la extrema pobreza impiden el acceso de los niños, niñas y adolescentes a las instituciones educativas. Resulta necesario que los Estados impartan educación pública que tenga en perspectiva el respeto de las particularidades culturales. Lo mismo acontece en la esfera universitaria.

He tenido ocasión de comprobar que en países como Bolivia, Ecuador, Colombia, Paraguay, México, Guatemala, Argentina, Chile, Brasil, Perú, Guatemala, El Salvador, Tanzania, EE. UU., la presencia de miembros de los pueblos originarios en cualquier acto oficial, social o político es vista con prevención. Las suspicacias llegan al extremo de que, cuando piden tener voz, son rechazados y tomados como algo folclórico para mantener la atención de los turistas. Son vistos con una simpleza que resulta aterradora, porque en muchas de estas actitudes se percibe un contenido racista y discriminador que subyace en amplios sectores de la población. Su sabiduría ancestral, su comunión con la tierra, su cosmovisión son rechazados por simple desconocimiento o porque son un peligro para los intereses económicos que detentan los que, de una u otra forma, siguen siendo explotadores y apropiadores de aquellos territorios.

La comunidad internacional no solo tiene el deber moral, sino el jurídico de procurar protección a esas comunidades en la misma medida en que propicia o ha permitido su destrucción paulatina. Los indígenas son actores pasivos o víctimas a las que se ha segado la voz y la vida. Una comunidad internacional y una sociedad que claman contra la matanza del 11 de septiembre del 2001 en Estados Unidos no pueden permanecer silentes ante ataques contra ciudadanos indefensos en Afganistán, matanzas de indígenas en Colombia o en Guatemala, persecuciones en México, o la negación de sus derechos en Ecuador. Si ignoramos los hechos, no merecemos respeto y convivimos con una farsa.

Pero no basta con denunciar esta doble moral del «todo vale», que por una parte proclama la solidaridad y por otra consiente el despilfarro y la rapiña de la ayuda internacional, sino que hay que hacer algo positivo para cambiar las cosas, cada uno desde nuestros puestos y responsabilidades. Quizás la fuerza de la palabra, de la acción dinámica contra la corrupción o la desidia de los que gobiernan, y la denuncia o persecución de los que masacran, torturan o desprecian la vida en una comunidad universal puedan ser los componentes del camino largo y difícil que nos aguarda, pero, a la vez, único para recuperar la dignidad sustraída. Un camino por el que merece la pena transitar y que pasa por el reconocimiento claro y definitivo del derecho a su propia identidad cultural, tanto individual como colectiva; del derecho a la tierra y al territorio, generando sus propias normas de control, regulación y respeto; del derecho a una organización social y a su costumbre jurídica. Es decir, el respeto al derecho consuetudinario y a la resolución de sus conflictos dentro de esas normas de uso y por sus autoridades tradicionales. Y el derecho a la participación política en las decisiones estatales.

Pero, sobre todas las cosas, el motor de los pueblos indígenas es su lucha pacífica y permanente por ser reconocidos, aceptados y respetados como el resto de los seres humanos. No parece que esto sea mucho pedir.

7
Los defensores

La lucha constante en defensa
de los Derechos Humanos es una necesidad.
(Homenaje a Carlos Slepoy y Marcos Ana)

No puedo hacer reflexiones sobre las víctimas sin recordar a dos de los campeones en Derechos Humanos que nos dejaron hace poco. El abogado argentino español Carlos Slepoy fue esencialmente el defensor de las víctimas de los crímenes más horrendos, y en ese papel se transformó en uno de los motores más potentes de la justicia frente a los poderosos, garantizando que esta se humanizara y descendiera, por una vez, de los estrados de la indiferencia al piso del dolor de los más vulnerables.

Sus aportes a la definición de los crímenes internacionales y a la elaboración de los instrumentos jurídicos para perseguirlos son reconocidos en todo el mundo. Y, en ese contexto, Carlos Slepoy nos enseñó a construir la verdadera dimensión de la justicia y de la dignidad del ser humano. Jamás desfalleció en su combate contra la impunidad, sin limitación de fronteras. En su labor de defensa de las víctimas de crímenes de genocidio o lesa humanidad, defendió su universalidad, y por ende la obligación de la justicia de cualquier país de actuar frente a los perpetradores de los mismos.

Carli, como cariñosamente se le conocía, ha sido uno de los divulgadores más preclaros e influyentes de la experiencia española en la persecución de aquellos crímenes. Y con su discurso firme y didáctico ofreció al mundo la verdadera dimensión del derecho como instrumento de protección de la sociedad frente a los abusos del poder. Sus artículos doctrinales y de opinión y sus conferencias han contribuido decisivamente a asentar los cimientos del edificio de la Justicia Universal.

Inasequible al desaliento, la muerte le sorprendió cuando trabajaba y asesoraba a diferentes colectivos para iniciar de nuevo acciones penales en España contra los responsables de los crímenes franquistas. Descanse en paz. ¡Ahora y siempre!

Mi otro recuerdo es para el poeta y luchador Marcos Ana, quien nos dejó escrito: «Mi pecado es terrible: quise llenar de estrellas el corazón del hombre [...]. Mas no hay sombra ni venganza recorriendo por mis venas. ¡España! solo es el grito de mi dolor que sueña». Las soledades del encierro las sombreó de palabras. Desde entonces no dejó de escribir. Ni de recordar sin acritud: «La memoria es dignidad, pero en mí no hay habitación para el rencor».

Con una enorme generosidad, en momentos muy difíciles, Marcos Ana me incluyó un día en su abrazo solidario, uniéndome a aquellos por los que luchó y que han sido el motor de su memoria y de su denuncia: millares de demócratas españoles que perdieron la libertad o su vida y que continúan abandonados en cunetas y fosas. En aquel momento, Marcos Ana, con Almudena Grandes, con Pedro Almodóvar, con miles de ciudadanos en la calle, utilizó de nuevo la palabra como arma contundente contra quienes pretendían, dijo, «devolver a la noche oscura de los asesinos». Marcos Ana clamaba justicia para todas las víctimas y en ese grito me arropaba; extraña situación para un juez. Aún hoy, el pensarlo me estremece. Y su pérdida, aunque esperada, como la de todos, me duele dentro.

La calidad humana que le caracterizaba la definió muy bien José Saramago en el prólogo que dedicó al libro del poeta *Decidme cómo es un árbol:* «Un soplo de aire fresco que llega para derrotar al cinismo, a la indiferencia, a la cobardía [...]. Agradezcámosle la sencillez, la naturalidad con que es un hombre. Entero, auténtico, completo».

Así es. Resurgir de las cenizas de la opresión, luchar contra la impunidad y ser capaz de llevar como bandera un mensaje de dignidad, de memoria y ternura es propio solo de personas únicas, que se han forjado en la mirada hacia el otro. Y él lo ha dejado marcado en cada verso.

Devuelvo ahora la palabra a Marcos Ana y sea su poesía mi homenaje mediante este fragmento de *Pequeña carta al mundo*.

Si llegáis ya tarde un día
y encontráis frío mi cuerpo,
buscad en las soledades
del muro mi testamento.
Al mundo le dejo todo,
lo que tengo y lo que siento,
lo que he sido entre los míos,
lo que soy, lo que sostengo:
una bandera sin llanto,
un amor, algunos versos…

La solución vendrá de la mano de la verdadera democracia, que dé vida a una sociedad firmemente cohesionada con derechos y deberes definidos en justo equilibrio, con las necesidades que aquella precisa en su conjunto. Es decir, debe consagrarse el principio de la no impunidad y de la igualdad. Una ley para todos, sin que nadie esté por encima de ella. Una ley democrática y justa que controle y limite el ejercicio del poder, y el ejercicio torcido del mismo, y que propicie una sociedad más igualitaria, más justa. El empuje hacia una igualdad cada vez mayor entre los hombres es, como ya observó en el siglo XIX Tocqueville, irresistible. Cada superación de esta o aquella discriminación, en función de la cual los hombres han sido divididos en superiores e inferiores, en dominadores y dominados, en ricos y pobres, en amos y esclavos, representa una etapa, desde luego, como dice Norberto Bobbio, no necesaria, pero por lo menos posible, del proceso de incivilización; en el sentido de que el resultado debe ser la lucha clara y definitiva contra las tres fuentes principales de la desigualdad: la clase, la raza y el sexo.

De ahí que la gran lucha, el compromiso democrático, se funde en la justicia como base de la seguridad humana, que aparece como uno de los grandes retos para la sociedad moderna. En la defensa de los Derechos Humanos no podemos ser indiferentes. En este ámbito, como en ningún otro, se impone la aplicación del principio de Indignación Activa que defiende este libro: todos debemos compartir el esfuerzo y desarrollar aquella parte del trabajo que nos corresponde, sin miedo y con enérgica decisión, porque ninguna sociedad democrática se va a quebrantar por el hecho de que se aplique la ley y la justicia.

Anexo

El Comité de la CEDAW refiere una serie de casos que ha conocido en materia de interrupción voluntaria del embarazo, esterilización forzada y acceso a servicios de salud obstétrica. Estos son algunos de ellos.

Casos del Comité de la CEDAW

En relación con el trabajo del Comité de la CEDAW, podría destacarse el caso de A. S. contra Hungría, que terminó con dictamen de 14 de agosto de 2006. En esta ocasión, la demandante era una mujer húngara romaní, madre de tres hijos. Los hechos ocurrieron en enero de 2001 cuando, estando embarazada, la señora A. S. se presentó en el hospital correspondiente y el sanitario que la trataba le indicó que el feto había fallecido en el útero y debía ser extraído mediante cesárea. Estando en la mesa de operaciones, se le entregó para su firma un formulario de consentimiento para la cesárea, en el cual, y manuscrita, se encontraba una nota del médico en la que se leía: «Habiendo sido informada de la muerte del embrión dentro de mi útero, solicito firmemente mi esterilización [se utilizó un término en latín desconocido para la actora]. No tengo intención de volver a dar a luz, ni deseo quedar embarazada».

Tras la intervención, y antes de irse del hospital, la víctima se enteró de su esterilización cuando preguntó por su estado de salud y cuándo podría intentar tener otro hijo.

El Comité para la Eliminación de la Discriminación contra la Mujer entendió que se habían violentado los artículos referidos al derecho de la mujer a recibir la información específica y adecuada conducente a asegurar la salud y bienestar de la familia, incluida la planificación y el derecho a la libre decisión en cuanto al proceso reproductivo, pues la esterilización forzosa la priva de la opción de la elección.

Un segundo caso para resaltar es el de Alyne da Silva Pimentel Teixeira contra Brasil, finalizado por dictamen de 25 de julio de 2011. Acudió al Comité María de Lourdes da Silva Pimentel, madre de la víctima, toda vez que Alyne falleció como resultado de los hechos. Alyne, brasileña, de ascendencia africana, que se hallaba en su sexto mes de embarazo, se dirigió el 11 de noviembre de 2002 a un centro de salud por sufrir náusea severa y dolor abdominal. Se le prescribió una serie de medicamentos, y fue enviada a casa. El 13 de noviembre regresó tras empeorar su estado y se detectó mediante ultrasonidos que el corazón del feto no latía. Se le indujo el parto del feto muerto. Catorce horas después del parto se sometió a Alyne a un raspado para eliminar las posibles partes restantes de la placenta, tras lo cual su condición empeoró.

El 15 de noviembre, con hemorragia continua, se determinó que Alyne debía ser trasladada a un hospital con instalaciones preparadas para aquella situación. El único disponible, el Hospital General de Nueva Iguazú, rechazó sin embargo la utilización de su única ambulancia para el traslado, demorándose este durante ocho horas. Finalmente, a las siete de la tarde, Alyne falleció con hemorragia digestiva como causa oficial de la muerte, derivada de dar a luz a un feto muerto.

Este caso permite ver cómo impacta día a día, hora a hora, en la vida y muerte de una mujer la discriminación por cuestión de sexo. Agravándose en este caso, y así lo indicó el Comité, por su concurrencia con la discriminación por motivos de origen de ascendencia africana, y con su extracción socioeconómica.

En el caso de L. C. contra Perú, finalizado por dictamen del Comité de la CEDAW, de 17 de octubre de 2011, los hechos eran los siguientes: violada por un adulto desde los once años, con trece quedó embarazada por esos abusos, intentando suicidarse el 31 de marzo de 2007. Los daños en su columna vertebral llevaron a los médicos a recomendar cirugía para evitar el agravamiento de los mismos y la invalidez. Se programó la cirugía para el 12 de abril del mismo año. Siete días antes, un examen ginecológico constató el embarazo, lo que provocó la suspensión de la intervención quirúrgica. Tampoco se le proporcionó medicamento alguno por estar contraindicado para el embarazo. Si bien es cierto que el aborto terapéutico estaba despenalizado en el momento de autos en Perú, la ausencia de un procedimiento claro y eficiente para llegar a él se reflejó, en este caso, en una solicitud de aborto por parte de la madre, que resultó infructuosa tanto en vía administrativa como judicial. Finalmente, L. C. sufrió un aborto espontáneo el 16 de junio y fue operada de la columna el 11 del mes siguiente.

De la negativa a la intervención resultó una afectación directa y grave de la salud física de L. C., que se entiende vencida por el interés por no afectar al nasciturus, así como de la psicológica, que fue directamente obviada. En este sentido, es meridiano el párrafo 8.15 de la resolución: «En vista de lo que precede, el Comité considera que, debido a su condición de mujer embarazada, L. C. no tuvo acceso a un procedimiento eficaz y accesible que le permitiese establecer sus derechos a los servicios de atención médica que su estado de salud física y mental requería. Estos servicios comprendían tanto la operación de columna como el aborto terapéutico. Ello resulta tanto más grave si se tiene en cuenta que se trataba de una menor, víctima de abusos sexuales».

Esta revisión a vuela pluma de la actividad del Comité para la Eliminación de la Discriminación a través de tres casos paradigmáticos demuestra, a nivel internacional, la necesidad de tratamiento específico desde la perspectiva de género de los derechos reproductivos. En los tres casos referidos (esterilización forzada, mortalidad materna e imposibilidad de acceso a la interrupción voluntaria del embarazo por motivos terapéuticos, aun estando despenalizada en el ordenamiento jurídico [en este último caso, la imposibilidad práctica de acceso al aborto se sitúa encima de otra violación anterior: el abuso sexual que dio lugar al embarazo]) se constata la presencia de un doble gravamen para la mujer por el hecho de serlo y por la violencia psicológica que comporta.

Casos del Comité del Pacto Internacional de Derechos Civiles y Políticos

El primero de ellos es el caso K. L. contra Perú, finalizado por dictamen de 24 de octubre de 2005. Karen Noelia Llanto quedó embarazada en marzo de 2001, con diecisiete años de edad. En junio, la ecografía que se le realizó detectó una anomalía en el feto, anencefalia, de lo que fue informada Karen, así como del riesgo que para su vida suponía continuar con el embarazo, pudiendo optar por continuar o interrumpirlo. Decidiendo la actora esta última opción, se le informó que debía concurrir la autorización por escrito del director del hospital, que la denegó.

A pesar de la despenalización del aborto terapéutico en el ordenamiento jurídico peruano, los médicos adscritos al Ministerio de Salud entendieron que no había lugar a la interrupción voluntaria del embarazo. Así, Karen dio a luz a una bebé anencéfala que falleció a los cuatro días de nacer.

Ante esta ausencia de recurso administrativo o judicial, el Comité indicó que los sufrimientos psicológicos derivados de los hechos son constitutivos de penas o tratos crueles, inhumanos o degradantes.

Otro caso similar al anterior de ausencia de acceso efectivo a la interrupción voluntaria del embarazo en casos despenalizados es el de L. M. R. contra Argentina, finalizado por dictamen de 29 de marzo de 2011. L. M. R., fue diagnosticada con una edad mental de entre ocho y diez años por una discapacidad mental permanente. En junio de 2006 se descubrió que estaba embarazada como fruto de una violación. La ley argentina permitía el aborto de mujeres con discapacidad mental que hubiesen sido violadas y, en virtud de dicha posibilidad, se comenzaron los estudios para activar la interrupción voluntaria del embarazo. Pero el hospital recibió orden judicial de paralizarlo y se abrió un proceso que finalmente impidió el aborto. Recurrida ante la Corte Suprema de Justicia de la Provincia de Buenos Aires, se dejó sin efecto, indicándose que podía proseguirse con la interrupción del embarazo. Sin embargo, siguieron a tal resolución presiones sociales que terminaron por provocar la negativa del mismo hospital a continuar el procedimiento. Finalmente, se realizó de modo clandestino, ante la negativa de otros centros sanitarios, el 26 de agosto de 2006.

En este caso, quedó demostrado que los derechos reproductivos pueden ser violentados no solamente por las autoridades administrativas, sino también por jueces o la misma sociedad en su conjunto. Un derecho reconocido, pero sin instrumentalización efectiva, es un derecho vulnerable y que puede verse desvirtuado.

Casos del Tribunal Europeo de Derechos Humanos

Caso Ternovsky contra Hungría (2010). Anna Ternovsky, la actora, deseaba dar a luz en su casa, práctica no prohibida por la normativa húngara. Sin embargo, el Decreto 218/1999 establece la posibilidad de perseguir a los profesionales sanitarios que asistan dicho tipo de partos. Esta prohibición supone una disuasión efectiva para los profesionales de la salud.

En este contexto, la Organización Mundial de la Salud, sobre la base de un estudio holandés, indica que, en caso de embarazos sin riesgo de mujeres primíparas, el parto doméstico es tan seguro como el hospitalario; y, sin embargo, con relación a los embarazos sin riesgo de mujeres multíparas, el parto doméstico es mejor que el parto hospitalario.

Así, en palabras del TEDH, «la mujer ha de dar a luz en aquel lugar en el que se encuentre segura». La enseñanza de este caso es que destaca el hecho de que las obligaciones del Estado de no interferir en la vida privada han de medirse en el conjunto del ordenamiento. En este caso no existía una norma prohibitiva, pero sí una disuasión a los profesionales por medio de otras previsiones del ordenamiento.

En 2007 se produjo el caso Evans en Reino Unido. La demandante fue informada en octubre del año 2000 de que tenía tumores precancerosos en ambos ovarios y que debían ser extirpados. Sin embargo, antes podrían extraerse una serie de óvulos para su uso en un procedimiento de fecundación in vitro. Ante la imposibilidad de congelar los óvulos sin fertilizar por negativa del personal sanitario, la entonces pareja de la actora, J., aseguró a esta que no se separarían, que quería que fueran padres juntos. Así, en noviembre de 2001 se someten al procedimiento por el que se extrajeron los gametos y se fecundaron once óvulos, creándose seis embriones que fueron almacenados. El 26 de noviembre le fueron extirpados a la señora Evans los ovarios, y se debía esperar dos años antes de una posible implantación.

A mediados de 2002, la pareja se separó y J. escribió a la clínica pidiendo la destrucción de los embriones. Esta notificó a la actora que se encontraba obligada a dicha destrucción, fruto de la desaparición del consentimiento de su expareja.

En este contexto es en el que se encuentra el conflicto del derecho a decidir si ser padre o madre y cuándo y en qué condiciones de cada una de las partes. El Tribunal no consideró que «el derecho de la demandante a que se respete su decisión de convertirse en madre genética tenga más peso que el derecho de J. a que se respete su decisión de no tener un hijo genéticamente relacionado con ella».

Sin embargo, a esta decisión se opuso el voto particular de los jueces Türmen, Tsatsa-Nikolovska, Spielmann y Ziemele, que entendieron que el derecho a convertirse en una madre genética vence al derecho de J. de no convertirse en padre. La diferencia entre una y otra conclusión radica en la integración por estos jueces de la perspectiva de género al caso.

Por último, los casos de Open Door y Dublin Well Woman contra Irlanda, de 1992, y Waves y otros contra Portugal, de 2009. En ambos casos, los Estados denunciados tomaron medidas para impedir acciones de información con relación al aborto precisamente por estar este proscrito en dichos países. En ambos casos, el Tribunal dijo que la prohibición de la información no es un caso de limitación legítima y proporcional del artículo 10, referente a la libertad de expresión.

Pero lo que más interesa en estos casos no es el hecho de que la prohibición en sí no sea justificada, o que no sea siquiera eficiente, pues la información puede encontrarse en otros lugares. Lo central es que dicha información redunda en la autonomía de las mujeres y en el empoderamiento de las mismas a la hora de decidir sobre el ejercicio de sus derechos reproductivos. En este sentido, las prohibiciones de esta naturaleza trascienden del derecho a la libertad de expresión, de transmitir y obtener información, y conculcan el núcleo mismo de los derechos reproductivos en tanto que la decisión informada es prerrequisito para el ejercicio real y con garantías de los mismos.

Bibliografía

ARON, Raymond: *Paz y guerra entre naciones*, Alianza Editorial, Madrid, 1985.

BLANCO, Amalio: «El deber de la memoria», *El País*, 31/XII/2003.

BRIOSCHI, Carlo Alberto: *Breve historia de la corrupción*, Taurus, Barcelona, 2010.

CIFUENTES PATIÑO, María Rocío (profesora del Departamento de Desarrollo Humano, Universidad de Caldas, Colombia): Trabajo Social n.º 11, 2009, ISSN 0123-4986, Bogotá.

CORTE EUROPEA DE DERECHOS HUMANOS: Case of The Sunday Times v. The United Kingdom (Application no. 6538/74), 26 de abril de 1979, disponible en: <http://hudoc.echr.coe.int/sites/eng/pages/search.aspx?i=001-57584#{"itemid":["001-57584"]}>.

DUFFY, Michael: «Primary Documents - U.S. Espionage Act, 15 June 1917», *Firstworldwar.com,* 22/VIII/2009, disponible en: <http://www.firstworldwar.com/source/espionageact.htm>.

GARZÓN, Baltasar: «Justicia igual para todos», 12/II/2014.

— y HORMAZÁBAL, Hernán: «Carlos Slepoy Prada, el defensor de las víctimas», *El País*, 18/IV/2017.

GAYRAND, Jean François: *El G9 de las mafias en el mundo*, Tendencias, 2009.

GLOVER, Jonathan: *Humanidad e inhumanidad. Una historia moral del siglo* XX, Cátedra, Madrid, 2007.

IGNATIEFF, Michael: «La Carga de EE. UU.», *El País*, 8/II/2003.

KURTENBACH, Sabine: Informe «Las peculiaridades de la situación posconflicto de América Latina», Instituto GIGA de Estudios Latinoamericanos de Hamburgo.

LOCKE, John: *Carta sobre la tolerancia*, Tecnos, Madrid, 2008.

MAQUIAVELO, Nicolás: *El Príncipe*, Biblioteca de Obras Maestras del Pensamiento, Editorial Losada, Buenos Aires, 1996.

MARCO AURELIO: *Meditaciones*, RBA, Barcelona, 2008.

MATE, Reyes: «La causa de las víctimas. Por un planteamiento anamnético de la justicia de las víctimas». Segunda conferencia del III Seminario de Filosofía de la Fundación Juan March, martes 8 de abril de 2003.

O'BRIEN, Alexa: «Department of Justice spokesman for Eastern District of Virginia confirms grand jury investigation 'ongoing'», *AlexaObrien.com,* disponible en: <https://alexaobrien.com/archives/2202>.

PARADINAS, Marcos: *El fin de la homofobia: derecho a ser libres para amar*, Catarata, Madrid, 2016.

SAIZ, Eva: «El soldado Manning, condenado a 35 años por las filtraciones a Wikileaks», *El País,* 22/VIII/2013, disponible en: <http://internacional.elpais.com/internacional/2013/08/21/actualidad/1377090640_718161.html>.

SANDEL, Michael J.: *Lo que el dinero no puede comprar*, Debate, Barcelona, 2013.

SPEVILLE, Bertrand de: *Superando la corrupción*, Planeta, Barcelona, 2011.

STAVENHAGEN, Rodolfo: Informe del Relator Especial sobre la situación de los Derechos Humanos y las libertades fundamentales de los Indígenas, A/HRC/6/15/Add.2 y A/HRC/11/11, pág. 12.

TATE, Julie: «Bradley Manning sentenced to 35 years in WikiLeaks case», *The Washington Post,* 21/VIII/2013, disponible en:

<http://articles.washingtonpost.com/2013-08-21/world/41431547_1_bradley-manning-david-coombs-pretrial-confinement>.

«Un vídeo muestra cómo militares estadounidenses matan en Bagdad a un fotógrafo de Reuters», *El País,* 6/IV/2010, disponible en: <http://internacional.elpais.com/internacional/2010/04/05/actualidad/1270418411_850215.html>.

VILLORO, Luis: *Los dos discursos de Maquiavelo*, Instituto de Investigaciones Filosóficas UNAM, lib. I, cap. XLIV, s.f., p. 17.

VV. AA.: «Seguridad ciudadana con rostro humano: diagnóstico y propuestas para América Latina», Informe Regional de Desarrollo Humano 2013-2014.

ZAFFARONI, Raúl: *El Derecho latinoamericano en la fase superior del colonialismo*, Ediciones Madres de Plaza de Mayo, Buenos Aires, 2015.